SNULT 러시아어 vol. 2

SNULT 러시아어 vol. 2

초판 1쇄 인쇄 2019년 6월 15일
초판 1쇄 발행 2019년 6월 20일

편저자 서울대학교 언어교육원
펴낸이 오세정
펴낸곳 서울대학교출판문화원

출판등록 제15-3호

주소 08826 서울 관악구 관악로 1
대표 전화 02-880-5252 | 팩스 02-889-0785
도서 주문 02-889-4424, 02-880-7995
이메일 snubook@snu.ac.kr
홈페이지 www.snupress.com

ISBN 978-89-521-1995-7 94790
978-89-521-1167-8 (세트)

Seoul National University Language Test

SNULT 러시아어 vol. 2

서울대학교 언어교육원 편

서울대학교출판문화원

서울대학교 언어교육원은 1967년 '국가공인 언어능력 검증기관'으로 선정된 이래, 그동안 국내 최고의 공신력으로 정부기관, 공공기관, 금융기관 및 일반기업에서 직원의 해외파견, 승진, 입사, 각종 교육훈련, 또는 인사고과를 위한 외국어 능력 시험을 시행해 왔습니다. 규모가 작았던 초기에는 해당 언어권의 전문가들에게 개별적으로 출제를 의뢰했지만, 응시 인원이 증가하고 평가 언어가 많아지면서 각종 언어 간 유형과 난이도가 표준화된 시험이 필요하게 되었습니다. 이에 서울대학교 언어교육원은 오랜 연구 끝에 SNULT(Seoul National University Language Test)라는 독자적인 외국어 능력 시험을 개발하게 되었습니다. 이후 언어교육원에서는 국내 외국어 교육환경과 수요자의 요구를 반영하여 SNULT 시험의 공정성과 신뢰성을 높이기 위해 꾸준한 연구와 노력을 거듭해 왔습니다.

그러나 SNULT 시험을 준비하는 수험자들이 참고할 만한 안내서나 문제집이 없어서 불편을 겪었고, 많은 사람들이 SNULT 문제집의 필요성을 제기해 왔습니다. 이번에 서울대학교출판문화원에서 출간되는 SNULT 기출문제집은 시험을 채택하고 있는 여러 기관과 전국 각지에서 SNULT 시험을 준비하고 있는 수험자들의 요청에 부응하여 만들어지게 되었습니다. 그런 의미에서 서울대학교 언어교육원과 서울대학교출판문화원의 공신력을 바탕으로 출간되는 이번 SNULT 기출문제집은 수험자들에게 외국어 능력 시험 대비를 위한 믿음직스러운 길잡이가 되어 줄 것이라 믿습니다.

오늘날 외국어 실력은 개인의 경쟁력 및 국가의 발전과 미래를 결정짓는 중요한 요소가 되었습니다. 세계가 일일생활권이 된 지구촌 국제 무대에서 활동해야 하는 우리 모두에게 외국어 능력은 세계 시민으로서 갖춰야 할 필수적 자질이며, 국가 경쟁력의 척도가 되었습니다. SNULT는 다양한 전문 분야에서 일하고 있는 한국인들의 외국어 능력을 측정하는 국내 최고의 신뢰도와 효율성을 갖춘 시험입니다. 아무쪼록 이 책이 SNULT 시험을 준비하는 모든 사람들에게 큰 도움이 되기를 바랍니다.

2018년 12월

서울대학교 언어교육원장

차례

SNULT란 무엇인가

SNULT(Seoul National University Language Test)는 서울대학교 언어교육원이 출제하고 TEPS관리위원회가 주관하는 국내 최고 권위의 외국어 능력 평가입니다.

SNULT(Seoul National University Language Test)는 서울대학교 언어교육원이 출제하고 TEPS관리위원회가 주관하는 국내 최고 권위의 외국어 능력 평가로 6개 언어(일본어, 중국어, 프랑스어, 독일어, 스페인어, 러시아어)를 평가하고 있습니다.

SNULT는 정부기관·공공기관·금융기관 및 일반기업의 의뢰를 받아 해외파견 요원이나 유학생을 선발할 평가 도구의 필요에 의해 개발되어 1967년부터 기관 대상으로만 시행되다가, 2008년 8월 제1회 SNULT 정기시험부터는 일반인도 응시할 수 있게 되었습니다.

현재 SNULT는 신입사원 선발, 각급 기관·단체의 직원 인사고과 등의 용도로 사용되고 있으며, 최근 공신력 있는 외국어 능력 평가에 대한 요구가 증가하여 시험의 중요성이 강조되고 있습니다.

완벽한 보안 속에서 해당 언어의 박사학위를 소지한 연구원, 원어민, 교수 등 최고의 전문가들이 출제·검토한 후 녹음과 인쇄를 거쳐 시행하고 있으며, 지난 50여 년간의 시험 데이터와 성과를 바탕으로 높은 신뢰도와 타당도를 지니고 있습니다.

SNULT는 6개 외국어 능력을 언어 간의 객관적인 난이도 및 형평성을 고려하여 언어에 따른 성적 편차를 최대한 줄이도록 고안되었습니다. 외국에서 개발된 언어능력 평가와 비교해도 충분한 경쟁력을 갖추고 있으므로, 수험자들은 SNULT를 통해 자신의 학습 투여 시간에 따른 공정한 평가를 받을 수 있습니다. 또한 응시 절차가 간편하고 경제적인 효율성이 우수합니다.

SNULT 러시아어 시험이란

SNULT 러시아어 시험은 외국어 부문에서 공신력 있는 어학능력 평가 요구가 증가함에 따라 서울대학교 언어교육원에서 자체 개발한 시험 모델입니다. 문제의 난이도 조정 작업은 언어교육원이 주관해 온 각종 러시아어 시험 측정 결과를 토대로 러시아어를 전공한 교수와 연구원, 러시아인 교수, 그리고 영어와 제2외국어 전공 교수와 연구원 등의 협의를 통해 이루어졌습니다.

SNULT 러시아어 시험은 청해(Аудирование, 50문항)와 독해(Чтение, 50문항) 두 영역으로 이루어져 있고 총 100문항으로 구성되어 있습니다. 청해 영역은 실생활의 다양한 상황에서 접할 수 있는 대화문과 담화문을 통해 필수적인 사항에 대한 이해 능력을 측정하고 있습니다. 독해 영역은 다양한 영역을 포괄하는 지문을 통해 중요한 문법과 어휘 관련 사항을 확인하고 있으며, 문제 유형으로는 세부 내용 파악, 주제·대의 파악, 논리적 추론 등이 있습니다.

SNULT 러시아어 시험에 대한 수요가 점차 증가하여 시험 준비에 도움을 줄 교재의 필요성이 커짐에 따라 서울대학교 언어교육원에서는 본 문제집을 발간하게 되었습니다. 문제집은 모의시험 두 세트와 풀이를 통해 최신 출제 경향을 한눈에 파악하고 실전 감각을 기를 수 있도록 구성되어 있습니다. 특히 풀이 부분에서는 영역별 특징에 맞춰 자세한 해설과 번역, 학습을 돕는 참고 사항을 수록하였습니다.

서울대학교 언어교육원이 출제하는 SNULT 러시아어 시험과 동일한 형식의 문제 유형으로 구성된 본 문제집은 SNULT 러시아어 시험 준비를 위한 효과적인 길잡이가 되어 줄 것입니다.

SNULT 구성(러시아어)

영역	영역별 설명		문항수	시간	배점
청해	Part I	한 문장을 듣고 이어질 대화로 가장 적절한 답 고르기	15	50분	100점
	Part II	짧은 대화를 듣고 이어질 대화로 가장 적절한 답 고르기	15		
	Part III	긴 대화를 듣고 질문에 가장 적절한 답 고르기	10		
	Part IV	담화를 듣고 질문에 가장 적절한 답 고르기	10		
독해	Part I	문법적으로 가장 적절한 답 고르기	10	50분	100점
	Part II	빈칸에 가장 적절한 어휘 고르기	10		
	Part III	지문을 읽고 빈칸에 가장 적절한 답 고르기	15		
	Part IV	지문을 읽고 질문에 가장 적절한 답 고르기	15		
			100	100분	100점

☑ SNULT 러시아어 시험은 청해(Аудирование)와 독해(Чтение)의 두 영역으로 이루어져 있으며, 각각 50문항으로 시험시간은 50분씩 총 100분입니다.

☑ 청해 영역은 정확한 청해력 측정을 위해 듣기로만 진행되며 문제지에 내용이 인쇄되지 않습니다. 청해 영역의 지문과 문제는 2회, 선택지는 1회 들려 드립니다.

SET 1

청해

독해

Part I

| 문제 1~15 | 다음 문장을 듣고 자연스러운 대화를 이룰 수 있는 가장 적절한 응답을 고르시오.

01

М: Поздравля́ю с днём рожде́ния!
Ж: ______________________

(a) Не́ за что.
(b) Хорошо́. А у вас?
(c) Спаси́бо, что по́мните!
(d) У вас сего́дня день рожде́ния?

| 해설 | 생일 축하 인사에 대한 적절한 응답을 찾는 문제이다. 'поздравля́ю 축하합니다'에는 주로 'спаси́бо 감사합니다'로 답한다. 따라서 (c)가 가장 어울리는 답이다. (a)는 감사하다는 말에 대한 응답이고, (b)는 안부를 되물을 때 사용하는 표현이다. 그리고 (d)는 오늘이 상대방의 생일이냐고 물어보기 때문에 이 상황에서 사용될 수 없다.

번역

남: 생일을 축하합니다!
여: ______________________

(a) 천만에요.
(b) 좋아요. 당신은요?
(c) 기억해 주셔서 감사합니다.
(d) 오늘이 당신의 생일입니까?

참고

• Поздравле́ния 축하 표현

Поздравля́ю Я хочу́ поздра́вить Мне хо́чется поздра́вить Разреши́те поздра́вить Позво́льте поздра́вить	*кого́ с чем*

Поздравля́ю вас с Рождество́м! 메리 크리스마스!

Я хочу́ поздра́вить вас с Но́вым го́дом. 새해를 축하합니다.

Мне хо́чется поздра́вить вас с новосе́льем. 이사를 축하드립니다.

Разреши́те поздра́вить вас с пра́здником. 명절(기념일)을 축하드립니다.

Позво́льте поздра́вить вас с Междунаро́дным же́нским днём.
국제 여성의 날을 축하드립니다.

02 Ж: Ты уже́ поза́втракал?

М: ________________________________

(a) Нет, за́втра я бу́ду до́ма.

(b) Да, я отли́чно пообе́дал.

(c) Ещё не успе́л, вот иду́ в столо́вую.

(d) По́сле за́втрака я люблю́ почита́ть газе́ты.

| 해설 | 일상생활에서 자주 들을 수 있는 식사와 관련된 대화이다. 동사 'поза́втракать 아침식사를 하다'와 발음이 유사한 'за́втра 내일'와 'за́втрак 아침식사'라는 단어가 사용되어 정답을 찾는 데에 혼란을 줄 수 있다. (a)는 내일 집에 있을 것이라는 대답이고, (d)는 아침식사 후에 신문 읽는 것을 좋아한다는 말이기 때문에 대화의 맥락에 어울리지 않는다. 점심을 잘 먹었다는 (b)도 질문에 대한 답이 될 수 없다.

번역 여: 너는 벌써 아침을 먹었니?

남: ________________________________

(a) 아니, 나는 내일 집에 있을 거야.

(b) 응, 나는 점심을 잘 먹었어.

(c) 아직 그러지 못해서 지금 식당으로 가는 중이야.

(d) 나는 아침식사 후에 신문 읽는 것을 좋아해.

참고

• 식사와 관련된 동사

есть/поéсть 먹다

пить/вы́пить 마시다

перекýсывать/перекуси́ть 요기하다

зáвтракать/позáвтракать 아침식사를 하다

обéдать/пообéдать 점심식사를 하다

ýжинать/поýжинать 저녁식사를 하다

• 러시아 식당의 종류

я идý + 나는 간다	в столóвую 구내식당에 в кафé 카페에 в закýсочную 스낵바에 в буфéт 간이식당에 в бар 바에 в ресторáн 레스토랑에

03 M: Ско́лько вам лет?

Ж: ____________________

(a) Пять раз в год.

(b) У нас три сы́на.

(c) Три́дцать пять лет наза́д.

(d) Ско́ро испо́лнится со́рок.

| 해설 | 나이를 묻는 질문에 적절한 답을 찾는 문제이다. 모든 답에 숫자가 들어가 있으나 (a)는 'пять раз 다섯 번', (b)는 'три сы́на 아들 3명'이므로 적절한 응답이 될 수 없다. (c)는 'наза́д 전에'라는 단어 때문에 주어진 질문에 부합하지 않는다. 나이를 말할 때 여격을 쓰는 것에 주의한다.

번역 남: 당신은 몇 살입니까?

여: ____________________

(a) 1년에 다섯 번요.

(b) 저희는 세 아들이 있어요.

(c) 35년 전에요.

(d) 곧 마흔이 되어요.

참고

Количественные числительные 기수

1 оди́н	11 оди́ннадцать		
2 два	12 двена́дцать	20 два́дцать	200 две́сти
3 три	13 трина́дцать	30 три́дцать	300 три́ста
4 четы́ре	14 четы́рнадцать	40 со́рок	400 четы́реста
5 пять	15 пятна́дцать	50 пятьдеся́т	500 пятьсо́т
6 шесть	16 шестна́дцать	60 шестьдеся́т	600 шестьсо́т
7 семь	17 семна́дцать	70 се́мьдесят	700 семьсо́т
8 во́семь	18 восемна́дцать	80 во́семьдесят	800 восемьсо́т
9 де́вять	19 девятна́дцать	90 девяно́сто	900 девятьсо́т
10 де́сять		100 сто	1000 ты́сяча

나이 표현

Мне 나는 Тебе́ 너는 Ему́/Ей 그/그녀는 Нам 우리는 Вам 당신은 Им 그들은	+	1 год. 2-4 го́да. … 살이다. 5-20 лет.

나이를 말할 때는 기수를 사용한다. 이때 1 다음에는 명사의 단수 주격이 오고, 2부터 4까지는 단수 생격, 그리고 5부터 20까지는 뒤에 복수 생격이 온다. 21 이상은 마지막 자리의 숫자에 따라 같은 원칙을 적용한다.

Анто́ну 1 год. 안톤은 한 살이다.

Ка́те 23 го́да. 카쨔는 스물세 살이다.

Отцу́ 45 лет. 아버지는 마흔다섯 살이다.

04 Ж: Извини́те, как я могу́ доéхать до Центра́льного ба́нка?

М: ____________________

(a) Банк рабо́тает с девяти́.

(b) Туда́ хо́дит пя́тый трамва́й.

(c) Вам ну́жно проéхать до ба́нка.

(d) В авто́бусе нет свобо́дных мест.

| 해설 | 'Как я могу́ доéхать'는 목적지까지 가는 방법을 물을 때 자주 사용하는 표현이다. (a)와 (d)는 질문과 상관없이 은행과 버스에 대한 일반적인 정보를 담고 있기 때문에 정답이 될 수 없다. (c)의 'Вам ну́жно проéхать 당신은 타고 가셔야 합니다' 부분은 이 문장을 정답으로 생각하게 만들지만 'до ба́нка 은행까지'라는 내용이 있어서 논리적으로 답이 될 수 없다. 주의할 점은 러시아어에서 대중교통 수단이 운행하는 것을 표현할 때 동사 'ходи́ть 걸어 다니다'가 사용되며, 버스나 전차 등의 번호를 말할 때 기수만큼 서수도 자주 사용한다는 것이다.

번역 여: 실례합니다만, 중앙은행까지 어떻게 갈 수 있습니까?

남: ____________________

(a) 은행은 9시부터 영업합니다.

(b) 5번 전차가 거기까지 갑니다.

(c) 당신은 은행까지 타고 가셔야 합니다.

(d) 버스 안에는 빈 좌석이 없습니다.

참고

• 대중교통 수단의 번호 표현

기수: Тудá хóдит трамвáй нóмер пять.

서수: Тудá хóдит пя́тый трамвáй.

숫자의 이름: Тудá хóдит пятёрка.

• Поря́дковые числи́тельные 서수

1 пéрвый	11 оди́ннадцатый		
2 вторóй	12 двенáдцатый	20 двадцáтый	200 двухсóтый
3 трéтий	13 тринáдцатый	30 тридцáтый	300 трёхсóтый
4 четвёртый	14 четы́рнадцатый	40 сороковóй	400 четырёхсóтый
5 пя́тый	15 пятнáдцатый	50 пятидеся́тый	500 пятисóтый
6 шестóй	16 шестнáдцатый	60 шестидеся́тый	600 шестисóтый
7 седьмóй	17 семнáдцатый	70 семидеся́тый	700 семисóтый
8 восьмóй	18 восемнáдцатый	80 восьмидеся́тый	800 восьмисóтый
9 девя́тый	19 девятнáдцатый	90 девянóстый	900 девятисóтый
10 деся́тый		100 сóтый	1000 ты́сячный

05 M: Ты зна́ешь, когда́ начина́ется конце́рт?

Ж: ______________________

(a) На пять мину́т.

(b) Че́рез два часа́.

(c) В конце́ртном за́ле.

(d) На про́шлой неде́ле.

| 해설 | 공연 시작 시간을 묻는 질문이므로 적절한 응답은 (b)이다. (a)에 나오는 'на + 시간'은 주로 '~을 예정으로'라는 의미를 가지기 때문에 'На ско́лько? 얼마 동안을 예정으로?'에 대한 대답으로 사용된다.

번역 남: 공연이 몇 시에 시작되는지 아니?

여: ______________

(a) 5분 예정으로.

(b) 2시간 후에.

(c) 콘서트홀에서.

(d) 지난주에.

참고 • **Вре́мя** 시간 표현

주격	~이다	Сейча́с два часа́. 지금은 2시이다.
대격	~ 동안	Я чита́л кни́гу два часа́. 나는 책을 2시간 동안 읽었다.
за + 대격	~ 만에	Я прочита́л кни́гу за два часа́. 나는 책을 2시간 만에 다 읽었다.
с + 생격 ~ до + 생격	~부터 ~까지	Я чита́л кни́гу с двух часо́в до пяти́. 나는 책을 2시부터 5시까지 읽었다.
по́сле + 생격	~ 이후에	Я подойду́ к тебе́ по́сле двух. 나는 2시 이후에 너에게 들르겠다.
к + 여격	~ (무렵)까지	Я подойду́ к тебе́ к двум часа́м. 나는 2시 (무렵)까지 너에게 들르겠다.
на + 대격	~ 예정으로	Я подойду́ к тебе́ на пять мину́т. 나는 5분 정도 너에게 들르겠다.
че́рез + 대격	~ (지난) 후에	Конце́рт начина́ется че́рез два часа́. 공연은 2시간 후에 시작된다.
в + 대격	~에	Конце́рт начина́ется в два часа́. 공연은 2시에 시작된다.
대격 + наза́д	~ 전에	Конце́рт зако́нчился два часа́ наза́д. 공연은 2시간 전에 끝났다.

06 Ж: Ты подгото́вился к экза́мену по фи́зике?

М: ______________________

(a) Да, я изуча́ю фи́зику.

(b) Да, я пригото́вил борщ.

(c) Да, я занима́лся це́лый день.

(d) Да, я ра́ньше занима́лся фи́зикой.

| 해설 | 질문을 잘 이해하면 응답을 어렵지 않게 고를 수 있다. 물리학 시험 준비를 다 했느냐는 질문에 'я пригото́вил борщ 보르쉬를 요리했다'라고 답하는 (b)는 문맥에 전혀 맞지 않는다. 평소에 물리학을 배운다는 (a)나 예전에 물리학을 공부한 적이 있다는 (d)는 공부와 관련된 내용이지만 시험 준비와 관련이 없기 때문에 적절한 응답이 될 수 없다.

번역 여: 너는 물리학 시험 준비를 다 했니?

남: ______________________

(a) 응, 나는 물리학을 배워.

(b) 응, 나는 보르쉬를 요리했어.

(c) 응, 나는 하루 종일 공부했어.

(d) 응, 나는 예전에 물리학을 공부한 적이 있어.

참고

- **гото́вить + *что*** ~을 준비하다; 요리하다

  гото́вить докла́д 발표문을 준비하다

  гото́вить у́жин 저녁을 요리하다

- **гото́виться к + *чему́*** ~(을 위한) 준비를 하다, 공부를 하다

  гото́виться к пра́зднику 명절 준비를 하다

  гото́виться к экза́мену 시험 공부를 하다

- **изуча́ть + *что*** ~을 공부하다

  изуча́ть ру́сский язы́к 러시아어를 공부하다

- **занима́ться + *чем*** ~을 공부하다, 하다

  занима́ться ру́сским языко́м 러시아어를 공부하다

  занима́ться спо́ртом 운동을 하다

- **занима́ться + *где*** ~에서 공부하다

  занима́ться в библиоте́ке 도서관에서 공부하다

07 M: Как вы провели́ ле́то?

Ж: ______________________________

(a) Я пое́ду в Росси́ю на ле́то.

(b) Мы с му́жем е́здили в Евро́пу.

(c) О́чень жа́рко и не́чем дыша́ть.

(d) Я собира́юсь отдыха́ть в дере́вне.

| 해설 | 동사 시제에 주의해야 하는 문제이다. 여름을 어떻게 보냈느냐는 물음에 (a), (c)와 (d)는 미래 또는 현재 상황을 언급하므로 적절한 응답이 될 수 없다.

번역 남: 당신은 여름을 어떻게 보냈습니까?

여: ______________________________

(a) 저는 여름 동안 러시아에 갈 것입니다.

(b) 저는 남편과 유럽에 다녀왔습니다.

(c) 너무 덥고 숨 쉴 수가 없네요.

(d) 저는 시골에서 쉴까 합니다.

참고

я и муж → мы с му́жем 나와 남편

ты и сестра́ → вы с сестро́й 너와 너의 언니

он и друг → они́ с дру́гом 그와 그의 친구

08 Ж: Почему́ вы перее́хали в но́вый райо́н?

М: ______________________________

(a) Потому́ что там чи́стый во́здух.

(b) Потому́ что я не уви́дел светофо́ра.

(c) Потому́ что мы живём в но́вом райо́не.

(d) Потому́ что мы предпочита́ем на́шу ста́рую кварти́ру.

| 해설 | перее́хать 동사는 '가로지르다', '건너다', '이사하다' 등 여러 의미로 쓰이는데 이 문항에서는 '이사하다'로 해석되어야 한다. (b)는 신호등을 보지 못해서 지나갔다는 대답이므로 문맥에 전혀 어울리지 않는다. (c)와 (d)는 이사와 관련된 내용이면서 문법적으로도 문제가 되지 않지만, 논리적인 측면에서 이사 간 이유에 대한 답이 될 수 없다. 이사를 간 이유를 밝히는 선택지는 (a)뿐이다.

번역 여: 당신은 왜 새로운 동네로 이사를 갔습니까?

남: ______________________________

(a) 그곳은 공기가 깨끗하기 때문입니다.

(b) 제가 신호등을 못 봤기 때문입니다.

(c) 우리가 새로운 동네에 살기 때문입니다.

(d) 우리는 우리의 오래된 아파트를 선호하기 때문입니다.

참고

• '접두사 + éхать'의 용법

접두사	접두사의 의미	접두사 + éхать
при-	도착	приезжáть/приéхать (타고) 오다 приéхать из Росси́и 러시아에서 오다
у-	출발	уезжáть/уéхать (타고) 떠나다 уéхать на Кавкáз 캅카스로 떠나다
в-	들어감	въезжáть/въéхать (타고) 들어가다, 입주하다 въéхать в гарáж (차를 타고) 차고로 들어가다 въéхать в квартúру 아파트에 입주하다
вы-	나감	выезжáть/вы́ехать (타고) 나가다 вы́ехать за грани́цу 해외로 나가다
под-	접근	подъезжáть/подъéхать (타고) 다가가다 подъéхать к дóму 집에 다가가다
от-	~로부터 떠남	отъезжáть/отъéхать (타고) 떠나다 отъéхать от дóма 집으로부터 (일정한 거리만큼) 떠나다
до-	도달	доезжáть/доéхать (타고) 도착하다 доéхать до дóма 집까지 도착하다
про-	통과	проезжáть/проéхать (타고) 지나가다 проéхать перекрёсток 사거리를 지나가다
пере-	건넘	переезжáть/переéхать (타고) 건너다, 이사 가다 переéхать чéрез мост 다리를 건너다 переéхать в нóвый райóн 새로운 동네로 이사 가다
с-	내려옴	съезжáть/съéхать (타고) 내려오다, (짐을 싸서) 떠나다 съéхать с горы́ 산에서 내려오다 съéхать с кварти́ры 아파트에서 떠나다
за-	뒤로/들름	заезжáть/заéхать (타고) ~의 뒤로 가다, 들어가다, 들르다, 데리러 가다 заéхать за здáние 건물 뒤로 가다 заéхать в сугрóб 눈 더미 속으로 돌진하다 заéхать к дрýгу 친구 집에 들르다 заéхать за дрýгом 친구를 데리러 가다
об-	우회	объезжáть/объéхать (타고) 우회하다, 돌아다니다 объéхать лýжу 물웅덩이를 피해 우회하다 объéхать весь мир 전 세계를 돌아다니다

09 M: Вы давно́ рабо́таете врачо́м?

Ж: ______________________

(a) Уже́ не́сколько лет.

(b) Я рабо́таю по утра́м.

(c) Врач принима́ет с двух.

(d) Нет, я была́ у врача́ неда́вно.

| 해설 | 부사 'давно́ 오래전부터'의 용법을 알아야 정답을 찾을 수 있다. (b)는 전치사 по가 들어가서 '~마다'의 의미를 가지기 때문에 답이 될 수 없다. '아니다'와 '최근'이라는 단어가 나오는 (d)는 가장 매력적인 오답이다. 하지만 의사로 일하는 것이 아니라 'была́ у врача́ 의사를 방문했다'라는 내용이므로 적절한 응답이 될 수 없다.

번역 남: 당신은 의사로 일한 지 오래됐습니까?

여: ______________________

(a) 벌써 몇 년 됐습니다.

(b) 저는 아침마다 일합니다.

(c) 의사 선생님은 2시부터 진료합니다.

(d) 아니요, 최근에 진료를 받았습니다.

참고 ● 조격을 사용한 직업 표현

Анто́н был врачо́м. 안톤은 의사였다. (현재형 문장에서는 주격 사용: Анто́н врач.)

Ири́на ста́ла учи́тельницей. 이리나는 선생님이 되었다.

Макси́м рабо́тает по́варом. 막심은 요리사로 일한다.

10 Ж: Я с ним не знако́ма. Опиши́, пожа́луйста, как он вы́глядит.
М: ________________________

(a) У него́ золоты́е ру́ки.
(b) Он ко́жаный и о́чень то́нкий.
(c) Он всегда́ забо́тится о бли́зких.
(d) У него́ сму́глая ко́жа и хоро́шая фигу́ра.

| 해설 | 인물 묘사와 관련된 어휘를 확인하는 문제로, 'вы́глядеть 보이다'가 가장 핵심적인 단어이다. 관용구 'золоты́е ру́ки 황금 손(손재주가 좋다)'가 들어간 (a)나 외모가 아닌 다른 특성에 대해 말하는 (c)는 문맥상 적합하지 않다. (b)는 물건을 묘사한 것이므로 적절한 응답이 될 수 없다. 피부와 몸매에 대한 내용을 담고 있는 (d)가 인물 묘사로 가장 적절하다.

번역 여: 나는 그를 만난 적이 없어. 그가 어떻게 생겼는지 묘사해 봐.
남: ________________________

(a) 그는 손재주가 좋아.
(b) 그것은 가죽으로 만들어졌고 아주 얇아.
(c) 그는 항상 가까운 사람들을 잘 챙겨.
(d) 그는 까무잡잡한 피부에 몸매가 좋아.

참고

• Описа́ние ли́чности 인물 묘사

외모	성격
• рост 키: высо́кий/сре́дний/ни́зкий 큰 키/중간 키/작은 키 • фигу́ра 체형: худо́й/стро́йный/по́лный 마른/날씬한/통통한 хоро́шая фигу́ра 좋은 몸매 • лицо́ 얼굴: ова́льное/кру́глое/прямоуго́льное 타원형의/둥근/네모난 • глаза́ 눈: больши́е/сре́дние/ма́ленькие 큰/중간 크기의/작은 цвет 색깔: чёрные/ка́рие/голубы́е/се́рые/ зелёные 검은/갈색의/파란/회색의/초록색의 • лоб 이마: высо́кий/ни́зкий 높은/낮은 • нос 코: прямо́й/о́стрый/курно́сый 직선의/뾰족한/들창코 нос карто́шкой 주먹코 нос с горби́нкой 매부리코 • гу́бы 입술: то́нкие/по́лные 얇은/두꺼운 • у́ши 귀: больши́е/сре́дние/ма́ленькие 큰/중간 크기의/작은 • во́лосы 머리카락: прямы́е/вью́щиеся/кудря́вые 직모/반곱슬/곱슬 коро́ткие/сре́дней длины́/дли́нные 짧은/중간 길이의/긴 цвет 색깔: чёрные/ру́сые/ры́жие/седы́е 검은/아마색의/적색의/백발의 тёмные/све́тлые 어두운색의/밝은색의 • осо́бенности 특징: есть усы́/борода́ 콧수염/수염이 있다 есть роди́мое пятно́(ро́динка) 점이 있다 носи́ть очки́ 안경을 쓰다	до́брый 선량한 злой 사악한 весёлый 유쾌한 угрю́мый 우울한 сме́лый 용감한 трусли́вый 겁이 많은 трудолюби́вый 부지런한 лени́вый 게으른 че́стный 정직한 лжи́вый 거짓말하는 жа́дный 탐욕스러운 ще́дрый 아낌없이 주는 мя́гкий 부드러운 стро́гий 엄격한 си́льный 강한 сла́бый 약한 откры́тый 마음이 열린 за́мкнутый 폐쇄적인 аккура́тный 깔끔한 неря́шливый 지저분한 скро́мный 겸손한 хвастли́вый 자랑을 많이 하는 внима́тельный 주의 깊은, 자상한 го́рдый 자존심이 강한 зави́стливый 시기심이 많은 отве́тственный 책임감이 있는 отзы́вчивый 남을 잘 돕는 приве́тливый 인사성이 밝은 справедли́вый 정의로운 такти́чный 매너가 좋은 тре́бовательный 요구를 많이 하는, 엄한 уве́ренный 자신감이 있는 упо́рный 완고한, 집요한 целеустремлённый 목적 지향적인 принципиа́льный 원칙주의적인

11 M: Зна́ете, в моём но́мере о́чень ду́шно.
Ж: ______________________________

(a) Мы ра́ды, что вам у нас понра́вилось.
(b) Мы прове́рим, в поря́дке ли кондиционе́р.
(c) Вы смо́жете принима́ть душ в любо́е вре́мя.
(d) Вот све́жий но́мер, он то́лько что вы́шел в прода́жу.

| 해설 | но́мер는 호텔 객실을 의미하므로 이 대화가 호텔에서 이루어지고 있음을 알 수 있다. (a)와 (c)는 호텔에서 들을 수 있는 문장이지만 논리적으로 상응하는 응답이 될 수 없다. (d)에서는 но́мер가 '(잡지, 신문 등의) 호'라는 뜻으로 쓰였기 때문에 질문의 맥락과 어울리지 않는다. 따라서 에어컨 상태를 확인해 보겠다는 (b)가 정답이다.

번역 남: 제 방은 매우 답답합니다.
여: ______________________________

(a) 마음에 드셨다니 기쁩니다.
(b) 에어컨 상태를 확인해 보겠습니다.
(c) 샤워를 아무 때나 하실 수 있을 것입니다.
(d) 여기 이제 막 판매되기 시작한 새 신문이 있습니다.

참고 • 호텔에서의 불편 사항

в но́мере о́чень + (호텔) 방이 매우	жа́рко 덥다 хо́лодно 춥다 темно́ 어둡다 ду́шно 답답하다 шу́мно 시끄럽다 гря́зно 지저분하다
в но́мере не рабо́тает + (호텔) 방에서 …이/가 작동되지 않는다	телеви́зор 텔레비전 кондиционе́р 에어컨 отопле́ние 난방시설 душ 샤워기

12 Ж: Твоя́ подру́га напомина́ет мне одну́ актри́су.

М: ______________________________

(a) Все де́лают ей замеча́ния.

(b) Не ты пе́рвая э́то заме́тила.

(c) Не беспоко́йся, она́ тебе́ напо́мнит.

(d) Все актри́сы похо́жи друг на дру́га.

| 해설 | 여자의 말에서 напомина́ть는 '연상시키다', '닮다'의 의미로 사용되지만 (c)에서는 '잊지 않게 말해 주다'로 해석되기 때문에 (c)는 답이 될 수 없다. 그리고 (a)에는 정답인 (b)에 나오는 'заме́тить 지적하다, 포착하다'와 비슷한 어근의 명사 'замеча́ние 지적'가 있는데, 이 문장에서 동사 'де́лать 하다'와 결합하면서 '잘못을 지적하다'로 의미가 바뀌어 논리적으로 적절한 답이 되지 못한다.

번역 여: 너의 여자 친구는 어떤 여배우를 닮은 것 같아.

남: ______________________________

(a) 다들 그녀의 잘못을 지적해.

(b) 그렇게 말한 것은 네가 처음이 아니야.

(c) 걱정하지 마, 네가 잊지 않게 그녀가 말해 줄 거야.

(d) 모든 여배우들은 서로 닮았어.

참고

- **напомина́ть + *кому́* + *о чём*** ~에게 ~에 대해 (잊지 않게) 말해 주다

  Напо́мни мне у́тром о том, что я до́лжен сходи́ть в магази́н.

  내가 가게에 다녀와야 한다고 아침에 말해 줘.

- **напомина́ть + *кому́* + *кого́/что*** ~을 연상시키다, 닮다

  Твой сын напомина́ет мне твоего́ отца́.

  너의 아들은 너의 아버지를 닮았다.

13

М: Разменя́йте, пожа́луйста, 100 рубле́й.
Ж: ________________________

(a) Заче́м вам сто́лько ме́лочи?
(b) Получи́те сда́чу, пожа́луйста.
(c) Вот ва́ша сторублёвая купю́ра.
(d) Ничего́ стра́шного, э́то всё ме́лочи.

| 해설 | 루블화가 언급되어 은행이나 가게에서 이루어지는 대화임을 쉽게 파악할 수 있으나, разменя́ть가 '잔돈으로 바꾸다'를 뜻하고, ме́лочь라는 여성명사가 '잔돈'의 의미로 사용되려면 반드시 단수 형태여야 한다는 것을 알아야 풀 수 있다. 정답인 (a)에서는 ме́лочь가 단수 생격의 형태를 취하고, (d)에서는 복수 주격의 형태이다.

번역 남: 100루블을 잔돈으로 바꿔 주세요.
여: ________________________

(a) 그렇게 많은 잔돈이 왜 필요한가요?
(b) 여기 거스름돈 받으세요.
(c) 여기 당신의 100루블짜리 지폐가 있습니다.
(d) 괜찮습니다. 별일 아닙니다.

참고 • 접두사 + меня́ть

меня́ть/поменя́ть ме́бель в кварти́ре 집 안에 있는 가구를 바꾸다
заменя́ть/замени́ть футболи́ста 축구 선수를 교체하다
отменя́ть/отмени́ть встре́чу 약속을 취소하다
обме́нивать/обменя́ть рубли́ на до́ллары 루블화를 달러화로 환전하다
разме́нивать/разменя́ть кру́пную купю́ру на ме́лочь
큰 금액의 지폐를 잔돈으로 바꾸다

14 Ж: Зайди́те ко мне в кабине́т, как освободи́тесь.

М: ______________________________

(a) Хорошо́. Тогда́ я стою́ за ва́ми.

(b) Да, мне для рабо́ты ну́жен просто́рный кабине́т.

(c) Мне бы́ло та́кже прия́тно познако́миться с ва́ми.

(d) Да, коне́чно. Мне необходи́мо получи́ть ва́ши дальне́йшие указа́ния.

| 해설 | 회사에서 이루어지는 대화로, 상사가 부하 직원에게 내리는 지시 사항임을 알아야 풀 수 있는 문제이다. (a)는 사람들이 차례를 기다리는 상황에서 할 수 있는 말이고 (c)는 첫만남에서 헤어질 때 나눌 수 있는 인사이기 때문에 응답으로 어울리지 않는다. (b)는 'кабине́т 사무실'라는 단어가 나오지만 상대방이 아니라 자신의 사무실에 대해 이야기하기 때문에 정답이 될 수 없다.

번역 여: 할 일 다 마치면 제 사무실로 와 주세요.

남: ______________________________

(a) 좋아요. 그러면 당신 다음은 접니다.

(b) 네, 일을 하려면 저는 넓은 사무실이 필요합니다.

(c) 저도 역시 만나서 반가웠습니다.

(d) 네, 그럼요. 반드시 당신의 다음 지시 사항을 받아야 하니까요.

참고

• Повели́тельное наклоне́ние 명령형

명령형은 동사 1인칭 단수형의 어미를 제외한 어간을 기준으로 만든다.

어간이 모음으로 끝날 때	я чита́ + ю	чита + й = Чита́й! 읽어라!
어간이 자음으로 끝날 때	я говор + ю́	говор + и = Говори́! 말해라!
강세가 어미에 오지 않을 때	я вста́н + у	встан + ь = Встань! 일어나라!

• 자음변환이 1인칭 단수에서만 나타나는 경우 동사원형의 자음이 그대로 살아난다.

я прихож + у́, ты прихо́д + ишь → Приходи́! 와라!

• 동사의 완료상 형태에 접미사 -ва-를 붙여서 불완료상을 만드는 경우 명령형에서 -ва-가 다시 살아난다.

встава́ть → Встава́й! 일어나라!

• 2인칭 복수나 존칭 вы에 대한 명령형은 위의 명령형에 -те를 더해 주면 된다.

Чита́й! → Чита́йте! 읽으세요!

Говори́! → Говори́те! 말하세요!

Встань! → Вста́ньте! 일어나세요!

Сади́сь! → Сади́тесь! 앉으세요!

15 М: На у́лице льёт как из ведра́.

Ж: ________________

(a) Скоре́е бы.

(b) Ещё с утра́.

(c) Уже́ по́здно.

(d) Нале́й мне то́же.

| 해설 | 러시아어 관용구에 대한 지식을 확인하는 문항이다. 'льёт как из ведра́'를 직역하면 '마치 양동이에서처럼 흐른다'인데, 이것은 '비가 억수같이 쏟아진다'의 의미를 가지는 관용구이다. 선택지는 상대적으로 쉬운 편이지만 발화 내용을 이해하지 못하면 풀기 어려운 문제이다. (d)에 'льёт 흐른다'와 유사한 발음의 'нале́й 따라 줘'라는 동사 명령형이 사용되는데 유사한 발음 때문에 (d)를 정답으로 착각하지 않도록 주의해야 한다.

번역 남: 밖에 비가 억수같이 쏟아지네.

여: ________________

(a) 빨리 왔으면 좋겠다.

(b) 아침부터 그래.

(c) 이미 늦었어.

(d) 나에게도 따라 줘.

참고 ● 자연 및 날씨와 관련된 관용구

관용구	직역	의미
бросáть словá на вéтер	단어들을 바람에 버리다	괜한 말을 하다
бросáть дéньги на вéтер	돈을 바람에 버리다	돈을 낭비하다
вéтер в головé	바람이 머릿속에 들다	생각 없는 사람이다
быстрéе вéтра	바람보다 빠르다	매우 빠르다
как вéтром сдýло	바람에 날아간 것처럼	아주 빨리 사라지다
искáть вéтра в пóле	들판에서 바람을 찾다	흔적도 없이 사라진 것을 찾다
держáть нос пó ветру	코를 바람이 부는 방향으로 맞추다	상황을 잘 파악하고 있다
витáть в облакáх	구름 속을 날다	뜬구름 잡다
быть чернée тýчи	먹구름보다 어둡다	기분이 매우 안 좋다
гром средѝ я́сного нéба	맑은 하늘에 날벼락	맑은 하늘에 날벼락
быть на седьмóм нéбе	일곱 번째 하늘에 있다	매우 기쁘다
искáть прошлогóдний снег	작년 눈을 찾다	되돌릴 수 없는 것을 찾다
как снег нá голову	머리에 내리는 눈처럼	갑작스럽게
морóз по кóже	추위가 피부를 지나가다	소름 끼치다
метáть грóмы и мóлнии	천둥과 번개를 날리다	불호령을 내리다
бýря в стакáне воды́	물잔 속 폭풍	침소봉대
ждать у мóря погóды	바닷가에서 날씨를 기다리다	노력 없이 기다리기만 하다

Part II

| 문제 16~30 | 다음 대화를 듣고 자연스러운 대화를 이룰 수 있는 가장 적절한 응답을 고르시오.

16

Ж: Зимóй я éду в Россúю.

М: Слы́шал, что там óчень хóлодно.

Ж: Да, а у меня́ совсéм нет тёплой одéжды.

М: ________________________________

(a) Éсли хóчешь, я дам тебé лы́жи.

(b) Тебé лу́чше вы́пить горя́чее молокó.

(c) Обязáтельно возьмú шóрты и купáльник.

(d) Слу́шай, тебé ну́жно купúть шáпку и шу́бу.

| 해설 | 위 대화에서 두 사람은 계절과 날씨에 알맞은 의상에 대해 이야기를 나눈다. '겨울', '춥다', '따뜻한 옷'과 같은 단어들을 통해서 남자가 조언해 줄 수 있는 문장을 찾아야 한다. (a)와 (b)는 추운 날씨와 어울리는 말이지만 옷과는 연관이 되지 않는다. 반면 (c)는 옷을 추천하는 내용이지만 겨울이 아닌 여름에 어울리는 반바지와 수영복을 추천하기 때문에 역시 적절한 응답이 될 수 없다.

번역

여: 나는 겨울에 러시아로 가.

남: 듣기로는 거기 아주 춥다던데.

여: 응, 그런데 나는 따뜻한 옷이 하나도 없어.

남: ________________________________

(a) 원한다면 너에게 스키를 줄게.

(b) 따뜻한 우유를 마시는 게 좋겠어.

(c) 반바지와 수영복을 꼭 챙겨 가.

(d) 그렇다면 너는 모자와 모피 코트를 사야겠네.

참고

• Времена́ го́да и пого́да 계절과 날씨

зима́ 겨울: Зимо́й хо́лодно. 겨울에는 춥다.
весна́ 봄: Весно́й тепло́. 봄에는 따뜻하다.
ле́то 여름: Ле́том жа́рко. 여름에는 덥다.
о́сень 가을: О́сенью прохла́дно. 가을에는 선선하다.

• Оде́жда 의류

бере́т 베레모	блу́зка 블라우스	брю́ки 바지
джи́нсы 청바지	костю́м 정장	ку́ртка 점퍼
носки́ 양말	пальто́ 코트	пла́тье 원피스
плащ 우비, 트렌치코트	руба́шка 셔츠	сви́тер 스웨터
футбо́лка 티셔츠	ша́пка 모자	шарф 목도리
шо́рты 반바지	шу́ба 모피 코트	ю́бка 치마

17 M: Мне, пожа́луйста, буты́лку вина́, три буты́лки пи́ва и паке́т ча́я.

Ж: Вам како́е вино́ – бе́лое, кра́сное?

М: Бе́лое, пожа́луйста.

Ж: ______________________

(a) Вот кра́сное вино́ и пи́во.

(b) Возьми́те вино́ и три паке́та ча́я.

(c) Вот кра́сное вино́ и бе́лый паке́т.

(d) Возьми́те бе́лое вино́, пи́во и чай.

| 해설 | 일상생활에서 물건을 살 때 사용되는 표현들을 알아 둔다. 여러 음료의 명칭이 나오기 때문에 주문 사항을 주의해서 들어야 하는 문제이며, 정답은 (d)이다.

번역 남: 와인 1병, 맥주 3병 그리고 차 1팩 주세요.

여: 어떤 와인을 드릴까요? 화이트 아니면 레드?

남: 화이트 와인으로 주세요.

여: ______________________

(a) 여기 레드 와인과 맥주가 있습니다.

(b) 와인과 차 3팩을 받으십시오.

(c) 여기 레드 와인과 흰 봉투가 있습니다.

(d) 화이트 와인과 맥주, 그리고 차를 받으십시오.

참고 • **Напи́тки** 음료

무알코올 음료	알코올 음료
минера́льная вода́ 생수	во́дка 보드카
газиро́ванная вода́ 탄산수	пи́во 맥주
ко́фе 커피	кра́сное вино́ 레드 와인
чай 차	бе́лое вино́ 화이트 와인
апельси́новый сок 오렌지 주스	шампа́нское 샴페인
я́блочный сок 사과 주스	квас 크바스(러시아 전통 알코올 음료)
виногра́дный сок 포도 주스	

буты́лка вина́ 와인 1병

ба́нка раствори́мого ко́фе 인스턴트 커피 1병

па́чка ча́я 차 1팩

паке́т молока́ 우유 1팩

стака́н со́ка 주스 1잔

ча́шка ко́фе 커피 1잔

18

Ж: Здра́вствуйте, И́горь Влади́мирович.

М: До́брый день, Ка́тя. Как вы себя́ чу́вствуете?

Ж: Пло́хо. У меня́ температу́ра и боли́т голова́.

М: ______________________________

(a) Я рад, что вам лу́чше.

(b) Вам ну́жно сходи́ть к врачу́.

(c) Да, сего́дня хоро́шая пого́да.

(d) Вы познако́мились с врачо́м?

| 해설 | 건강과 몸 상태에 관련된 어휘를 알면 어렵지 않게 풀 수 있는 문제이다. (a)와 (c)는 몸이 안 좋다는 상대방의 말에 위로나 조언이 아닌 기쁨을 나타내기 때문에 적절한 응답이 될 수 없다. 그리고 (d)를 '의사를 만나 봤느냐'로 해석하면 정답으로 생각할 수 있지만, 러시아어의 познако́миться는 첫인사를 나눌 때 쓰는 동사이므로 이 상황에는 적합하지 않다.

번역

여: 이고르 블라디미로비치 씨, 안녕하세요?

남: 안녕하세요, 카쨔. 몸 상태는 좀 어떠세요?

여: 안 좋아요. 열이 나고 머리가 아프네요.

남: ______________________

(a) 나아졌다니 기뻐요.

(b) 병원에 가 보셔야겠네요.

(c) 네, 오늘은 날씨가 좋네요.

(d) 의사와 인사를 나누셨나요?

참고

● 질병 및 증상 관련 표현

У меня́ + 나는 …이다/(… 증상이) 있다.	температу́ра 열 просту́да 감기 грипп 독감 ка́шель 기침 на́сморк 코감기 анги́на 후두염 высо́кое давле́ние 고혈압 са́харный диабе́т 당뇨병
У меня́ боли́т + 나는 …이/가 아프다.	голова́ 머리 го́рло 목 глаз 눈 у́хо 귀 зуб 이 желу́док 위 живо́т 배 спина́ 등, 허리 рука́ 손 нога́ 발

19

M: Алло́! Любо́вь Васи́льевну мо́жно?

Ж: Извини́те, она́ то́лько что вы́шла.

M: А она́ ещё бу́дет сего́дня?

Ж: ______________________________

(a) Она́ у нас бо́льше не рабо́тает.

(b) Она́ никогда́ во́время на рабо́ту не прихо́дит.

(c) Во вто́рник она́ пое́дет в мэ́рию на совеща́ние.

(d) Ду́маю, что нет. Позвони́те ей лу́чше на моби́льный.

| 해설 | 전화상으로 사람을 찾는 대화로, 'то́лько что вы́шла 방금 나갔어요'가 핵심 표현이다. (a)는 회사를 그만뒀을 때 쓰는 표현이고, (b)는 여성이 출근을 제시간에 하지 않는 것을 의미하므로 이미 회사에 출근했다가 다시 나간 상황에서는 쓸 수 없다. 따라서 핸드폰으로 전화해 보라고 조언하는 (d)가 응답으로 가장 적절하다.

번역

남: 여보세요? 류보프 바실리예브나와 통화할 수 있을까요?

여: 죄송합니다. 그분은 방금 나가셨습니다.

남: 오늘 다시 돌아오시나요?

여: ______________________________

(a) 그분은 여기서 더 이상 일하지 않습니다.

(b) 그분은 한 번도 제시간에 출근한 적이 없습니다.

(c) 화요일에 그분은 회의하러 시청에 가십니다.

(d) 아닐 것 같습니다. 핸드폰으로 전화하는 것이 나을 것입니다.

참고 • **Разговóр по телефóну** 전화 통화의 여러 표현

전화를 받을 때	Алло́! 여보세요? Да, я вас слу́шаю. 네, 전화 받았습니다.
사람을 찾을 때	Позови́те, пожа́луйста, к телефóну Антóна. 안톤을 부탁합니다. Мóжно Антóна? 안톤과 통화할 수 있습니까? Мне ну́жен Антóн. 안톤과 통화하고 싶습니다. Антóна, пожа́луйста. 안톤을 부탁드립니다.
바꿔 줄 때	(Одну́) мину́ту! 잠시만요! (Подожди́те) мину́точку! 잠시만 기다리세요. Сейча́с он подойдёт. 그가 곧 (전화를) 받을 겁니다. Сейча́с (я его́) позову́. 금방 바꿔 드리겠습니다. Не клади́те тру́бку, пожа́луйста. 전화를 끊지 마십시오. Антóн, тебя́ (прóсят) к телефóну! 안톤, 전화 받아 봐.
찾는 사람이 부재중일 때	Его́ сейча́с нет. 그는 지금 없습니다. Он тóлько что ушёл. 그는 방금 나갔습니다. Перезвони́те че́рез час. 1시간 후에 다시 전화 주십시오. Позвони́те попóзже. 조금 이따가 전화 주십시오. К сожале́нию, его́ нет. Что ему́ переда́ть? 안타깝지만, 지금 없습니다. 뭐라고 전해 드릴까요? Его́ нет. А кто его́ спра́шивает? 자리에 없습니다. 누구시라고 전해 드릴까요?
메시지를 남길 때	Переда́йте ему́, что звони́ла А́нна. 안나가 전화했었다고 전해 주십시오.
잘못 온 전화일 때	Вы оши́блись нóмером. 전화를 잘못 거셨습니다. Вы не туда́ попа́ли. 잘못 거셨습니다. Вы набра́ли непра́вильный нóмер. 틀린 번호로 전화하셨습니다. Такóго здесь нет. 그런 사람은 여기 없습니다.

20

Ж: Ты пообе́дал?

М: Да, сходи́л в столо́вую.

Ж: А что сего́дня на обе́д?

М: ________________________________

(a) Я люблю́ ру́сские блю́да.

(b) Не по́мню, но бы́ло о́чень вку́сно.

(c) Мой люби́мый предме́т – биоло́гия.

(d) Я прекра́сно гото́влю суп и котле́ты.

| 해설 | 점심식사 메뉴를 묻는 'Что на обе́д?'에 대한 대답으로 요리명이 나오는 선택지를 고를 수 있지만, (d)는 자신이 특정 요리를 잘한다는 내용이므로 정답이 될 수 없다. (c)는 가장 좋아하는 교과목을 말하기 때문에 맥락에 전혀 맞지 않고, (a)는 러시아 요리를 좋아한다는 자신의 취향에 대해 말하므로 역시 정답으로 적합하지 않다.

번역

여: 너는 점심을 먹었니?

남: 응, 구내식당에 다녀왔어.

여: 오늘 점심은 뭐야?

남: ________________________

(a) 나는 러시아 음식을 좋아해.

(b) 기억나지 않지만 아주 맛있었어.

(c) 내가 좋아하는 과목은 생물학이야.

(d) 나는 수프와 커틀릿 요리를 잘해.

참고

Что сего́дня	на за́втрак?	오늘 아침식사로 무엇이 나옵니까?
	на обе́д?	점심식사로
	на у́жин?	저녁식사로

21

М: Ты бу́дешь чай и́ли ко́фе?

Ж: Я люблю́ ко́фе.

М: С са́харом и́ли без?

Ж: ______________________________

(a) Спаси́бо, я не бу́ду.

(b) Жаль, что у тебя́ нет ча́я.

(c) Я не пью ко́фе с са́харом.

(d) Мне, пожа́луйста, чай с са́харом.

| 해설 | 마실 음료에 대해서 나누는 대화로, 대화자가 먼저 했던 응답을 기억해야 알맞은 답을 고를 수 있다. 여성은 커피를 좋아한다고 했기 때문에 차를 마시고 싶다는 (b)와 (d)를 오답으로 소거할 수 있다. 방금 전에 이미 커피를 마시겠다고 말한 상황이므로 아무것도 마시지 않겠다는 (a) 역시 적절한 응답이 될 수 없다.

번역

남: 차 아니면 커피 마실래?

여: 난 커피가 좋아.

남: 설탕을 넣을 거야, 안 넣을 거야?

여: ______________________________

(a) 고맙지만, 안 마실래.

(b) 너에게 차가 없어서 안타깝네.

(c) 나는 설탕이 들어간 커피는 안 마셔.

(d) 나에게는 설탕을 넣은 차를 줬으면 해.

참고

с + *чем*		без + *чегó*	
чай с сáхаром	설탕을 넣은 차	чай без сáхара	설탕을 넣지 않은 차
с лимóном	레몬을 넣은 차	без лимóна	레몬을 넣지 않은 차
с молокóм	우유를 넣은 차	без молокá	우유를 넣지 않은 차
кóфе со льдóм	아이스커피	кóфе без кофеи́на	무카페인 커피

22 Ж: У вас есть óпыт рабóты?

М: Да, я год проработал в реклáмном агéнстве.

Ж: А почемý вы ушли́ оттýда?

М: ______________________________

(a) Э́то бы́ло не моё призвáние.

(b) Мне понрáвились сотрýдники.

(c) Там былá óчень высóкая зарплáта.

(d) Потомý что рабóчий день закóнчился.

| 해설 | 구직 면접을 볼 때 나눌 수 있는 대화이다. 이전 직장에서 퇴직한 이유를 묻는 질문에 적절한 답을 찾아야 한다. 긍정적인 요소들을 언급한 (b)와 (c)는 논리적으로 퇴직의 이유가 될 수 없다. (d)는 퇴직이 아니라 퇴근에 대한 내용이다. (a)를 정답으로 고르기 위해서는 'не моё призвáние 나의 천직이 아니다'라는 표현을 알아야 한다.

번역 여: 당신은 경력이 있습니까?

남: 네, 저는 1년 동안 광고 대행사에서 일했습니다.

여: 그런데 왜 그만두셨습니까?

남: ______________________________

(a) 저의 천직이 아니었습니다.

(b) 저는 동료들이 마음에 들었습니다.

(c) 그곳은 월급이 매우 높았습니다.

(d) 왜냐하면 근무시간이 끝났기 때문입니다.

참고

● 직장 관련 표현

искáть рабóту 직장을 구하다
устрáиваться/устрóиться на рабóту 취직하다
проходи́ть/пройти́ собесéдование 면접을 보다
предоставля́ть/предостáвить докумéнты 서류를 제출하다
получáть/получи́ть зáработную плáту(зарплáту) 월급을 받다
проработáть в фи́рме год 회사에서 1년 동안 일하다
уходи́ть/уйти́ с рабóты 직장을 그만두다
увольня́ться/уво́литься 퇴직하다
имéть óпыт рабóты 경력을 보유하다

23 М: Вам лу́чше э́ту су́мку в бага́ж не сдава́ть.

Ж: Но она́ ведь сли́шком тяжёлая.

М: Хорошо́, дава́йте. То́лько за её сохра́нность мы не отвеча́ем.

Ж: ______________________

(a) Её мо́жно храни́ть до́лго.

(b) Я положи́ла её в бага́жник.

(c) А в ней нет ничего́ це́нного.

(d) Мне нра́вятся дороги́е су́мки.

| 해설 | 공항에서 수화물을 부치는 과정에서 오가는 대화로, 'за сохра́нность мы не отвеча́ем 안전성을 보장하지 못합니다'이라는 말을 듣고 이해하는 것이 관건이다. 이 부분만 파악하면 귀중한 물건이 없다고 하는 (c)가 정답임을 알 수 있다.

번역 남: 이 가방은 수화물로 부치지 않는 것이 좋겠습니다.

여: 그렇지만 너무 무겁잖아요.

남: 좋습니다. 주십시오. 다만 안정성을 보장하지는 못합니다.

여: ______________________

(a) 그것은 오랫동안 보관할 수 있어요.

(b) 저는 그것을 트렁크에 넣었어요.

(c) 그 안에 귀중한 물건은 아무것도 없어요.

(d) 저는 비싼 가방을 좋아해요.

참고

- В аэропорту́ 공항에서

проходи́ть регистра́цию 출국 수속을 밟다

проходи́ть па́спортный контро́ль 여권심사를 통과하다

проходи́ть тамо́женный контро́ль 세관심사를 통과하다

заполня́ть тамо́женную деклара́цию 세관신고서를 작성하다

сдава́ть бага́ж 수화물을 부치다

ручна́я кладь 개인 수하물

рейс заде́рживается (откла́дывается) 항공편이 지연되고 있다

самолёт вылета́ет/прилета́ет (прибыва́ет) 비행기가 출발한다/도착한다

24 Ж: Вы давно́ живёте в э́том го́роде?

М: Я – коренно́й жи́тель, никогда́ не уезжа́л отсю́да.

Ж: Зна́чит, вы прекра́сно зна́ете его́?

М: ____

(a) Да, э́то го́род Сеу́л.

(b) Да, я зна́ю его́ в лицо́.

(c) Коне́чно. Е́сли хоти́те, могу́ показа́ть вам его́.

(d) Коне́чно, ведь я перее́хал сюда́ пять лет наза́д.

| 해설 | 남자의 말 중에서 'коренно́й жи́тель 토박이'라는 표현을 이해하면 5년 전에 이곳으로 이사왔다는 (d)가 정답이 아님을 알 수 있다. (b)의 знать в лицо́는 사람과 안면이 있다고 할 때만 쓰는 표현이기 때문에 답이 될 수 없다.

번역 여: 당신은 이 도시에서 오래 사셨나요?

남: 저는 여기 토박이예요. 한번도 여기서 떠난 적이 없어요.

여: 그렇다면 이 도시를 잘 아시겠네요?

남: ____

(a) 네, 여기는 서울이라는 도시예요.

(b) 네, 그 사람과 안면이 있어요.

(c) 물론이지요. 원하신다면 당신께 구경시켜 드릴 수 있어요.

(d) 물론이지요. 제가 5년 전에 이곳으로 이사왔잖아요.

참고

коренно́й жи́тель 토박이, 원주민
ме́стный жи́тель 현지인, 지역주민
прие́зжий 외부인
иммигра́нт 이민자
эмигра́нт 망명자
бе́женец 난민

25 М: Вы до́лго рабо́тали на э́том заво́де?

Ж: Да, я прорабо́тала здесь де́сять лет.

М: А кем вы рабо́тали?

Ж: ______________________________

(a) Я была́ гла́вным инжене́ром.

(b) Я рабо́тала учи́телем исто́рии.

(c) Я рабо́тала с хоро́шими специали́стами.

(d) Я с сотру́дниками в хоро́ших отноше́ниях.

| 해설 | 직업과 경력에 대한 내용으로, 'кем 누구로' 또는 'с кем 누구와 함께'이라고 물어보는지 정확하게 들을 수 있어야 한다. 후자로 잘못 들으면 (c)를 답으로 고를 수 있다. 하지만 'кем вы рабо́тали? 누구로 일했습니까?', 즉 어떤 일을 했는지 묻는 질문을 이해하고 'заво́д 공장'라는 단어를 알면 정답이 (a)임을 알 수 있다.

번역 남: 당신은 이 공장에서 오랫동안 일하셨나요?

여: 네, 저는 여기서 10년 동안 일했어요.

남: 어떤 일을 하셨어요?

여: ______________________

(a) 저는 수석 엔지니어였어요.

(b) 저는 역사 선생님이었어요.

(c) 저는 훌륭한 전문가들과 일했어요.

(d) 저는 동료들과 사이가 좋아요.

참고 • **Профе́ссии** 직업

актёр/актри́са 배우
архите́ктор 건축가
ба́нковский слу́жащий 은행원
бухга́лтер 회계사
бизнесме́н 사업가
воспита́тель(ница) 보육교사
врач/до́ктор 의사
гид/экскурсово́д 가이드, 여행 안내원
го́сслу́жащий 공무원
журнали́ст 기자
корреспонде́нт 통신원
инжене́р 엔지니어
медсестра́ 간호사
музыка́нт 음악가
нау́чный иссле́дователь 연구원
официа́нт(ка) 종업원
парикма́хер 이발사, 미용사
пев́ец/певи́ца 가수
перево́дчик 통역사, 번역가
пило́т 조종사
писа́тель(ница) 작가
по́вар 요리사
пожа́рный 소방관
поли́тик 정치인
полице́йский 경찰관
почтальо́н 우체부
поэ́т(е́сса) 시인
преподава́тель(ница) 교사
граммми́ст 프로그래머
продаве́ц 판매원
профе́ссор 교수
режиссёр 감독
секрета́рь 비서
спортсме́н(ка) 운동선수
строи́тель 건축업자
студе́нт(ка) 대학생
стю́ард(е́сса) 승무원
учёный 학자
учи́тель(ница) 선생님
худо́жник/худо́жница 화가
экономи́ст 경제학자, 재무관리 전문가
юри́ст 법률가

26

Ж: Чем могу́ вам помо́чь?

М: Скажи́те, когда́ сле́дующий авиаре́йс в Петербу́рг?

Ж: Ве́чером, в по́лвосьмо́го.

М: ______________________________

(a) Мне оди́н биле́т в спа́льный ваго́н.

(b) А во ско́лько начина́ется регистра́ция?

(c) А с како́й платфо́рмы он отправля́ется?

(d) Ско́лько остано́вок ну́жно е́хать до Петербу́рга?

| 해설 | 'авиаре́йс 항공편'라는 단어를 통해 공항에서 이루어지는 대화임을 알 수 있다. 따라서 교통수단과 관련된 어휘를 아는 것이 중요하다. (a)의 'ваго́н 객차'과 (c)의 'платфо́рма 승강장'는 기차와 연관이 있다. (d)에 나오는 'остано́вка 정류장'는 버스와 관련된 어휘이다.

번역

여: 무엇을 도와드릴까요?

남: 페테르부르크로 가는 다음 항공편이 언제인지 말해 주세요.

여: 저녁에, 7시 반에 있습니다.

남: ______________________________

(a) 고급 침대 열차표 한 장 주세요.

(b) 탑승 수속은 몇 시에 시작됩니까?

(c) 몇 번 승강장에서 출발합니까?

(d) 페테르부르크까지는 몇 정거장 가야 됩니까?

참고 • Тра́нспорт 교통수단

самолёт 비행기	аэропо́рт 공항 авиака́сса 항공권 매표소 авиабиле́т в оди́н коне́ц/в о́ба конца́ 편도/왕복 항공권 сто́йка регистра́ции 탑승 수속 카운터 зал вы́лета/зал прилёта 출국장/입국장 эконо́м-класс 이코노미 클래스 би́знес-класс 비즈니스 클래스 ме́сто у окна́ 창가 좌석 на борту́ самолёта 기내에서 экипа́ж 크루 пило́т 조종사 стю́ард(е́сса) 승무원
по́езд, электри́чка 기차, 교외선 열차	вокза́л 기차역 платфо́рма 승강장 скоростно́й по́езд 고속 열차 ваго́н 객차 купе́ 칸막이 칸 спа́льный ваго́н 고급 침대 열차(2인실) купе́йный ваго́н 침대 열차(4인실) плацка́ртный ваго́н 칸막이 없는 침대 열차 ваго́н-рестора́н 식당차 машини́ст 기관사 проводни́к 승무원
авто́бус, маршру́тка, трамва́й, тролле́йбус 버스, 노선택시, 트램, 트롤리	остано́вка 정류장 маршру́т 노선 води́тель 운전기사 контролёр 검표원
метро́ 지하철	ли́ния (호)선 ста́нция 지하철역 платфо́рма 승강장 электропо́езд 전차 эскала́тор 에스컬레이터

такси́ 택시	стоя́нка такси́ 택시 정류장 счётчик 미터기 такси́ст 택시 운전사
кора́бль, парохо́д, теплохо́д, паро́м 배, 증기선, 유람선, 페리호	порт 항구 при́стань 부두 па́луба 갑판 каю́та 선실 каю́т-компа́ния 라운지 спаса́тельный жиле́т 구명조끼 спаса́тельная ло́дка 구명보트 спаса́тельный круг 구명 튜브 морска́я ка́чка 뱃멀미 капита́н 선장

27 М: Ты купи́ла маши́ну?

Ж: Ника́к не решу́сь. Дорогова́то.

М: Говоря́т, це́ны на маши́ны ме́дленно, но па́дают.

Ж: ______________________________

(a) Я прозева́ла тако́й шанс!

(b) Не бо́йся, они́ не пропаду́т.

(c) Ты зна́ешь, а ведь э́то мне на́ руку.

(d) Тогда́ ну́жно поторопи́ться с поку́пкой.

| 해설 | 대화 내용에 비해 선택지가 상대적으로 어려운 문항이다. 대화 내용 중 중요한 내용은 '비싼 편이다'와 '자동차 가격이 내리고 있다'는 것이다. 따라서 좋은 기회를 놓쳤다는 (a)와 서둘러 사야 한다는 (d)는 논리적으로 맞지 않는다. 'на́ руку 이득이다'라는 표현을 알아야만 (c)를 정답으로 고를 수 있다.

번역 남: 너 차 샀어?

여: 결정하기가 힘드네. 비싼 편인 것 같아.

남: 좀 천천히이기는 하지만 차 가격이 점점 내리고 있다고 하던데.

여: ______________________________

(a) 난 참 좋은 기회를 놓쳤어!

(b) 걱정하지 마, 잘못되지는 않을 거야.

(c) 나에게는 이득이겠네.

(d) 그렇다면 빨리 사야겠어.

참고

● 신체 부위와 관련된 관용구

관용구	직역	의미
встать с ле́вой ноги́	왼발로 일어나다	기분이 좋지 않은 상태로 일어나다
одна́ нога́ здесь, друга́я там	한쪽 다리는 이쪽, 다른 다리는 저쪽	매우 빠르게 다녀오다
спать без за́дних ног	뒷다리 없이 자다	깊이 잠들다
ма́стер на все ру́ки	모든 손의 거장	무엇이든지 만들 수 있는 사람
быть на́ руку	손 위로 있다	이득이 되다
руко́й пода́ть	손으로 갖다주다	가깝다
сиде́ть сложа́ ру́ки	손 놓고 있다	아무것도 하지 않다
держа́ть себя́ в рука́х	자신을 손안에 잡다	자제하다
золоты́е ру́ки	황금 손	손재주가 좋다
золото́е се́рдце	황금 심장	마음이 착하다
принима́ть бли́зко к се́рдцу	심장 가까이 받아들이다	지나치게 걱정하다
ве́тер в голове́	바람이 머릿속에 들다	생각 없는 사람이다
душа́ в пя́тки ушла́	영혼이 발뒤꿈치로 떠났다	깜짝 놀라다
води́ть за́ нос	코를 잡고 데리고 다니다	속이다
заруби́ть (себе́) на носу́	코 위에서 자르다	반드시 기억하다, 명심하다
нос пове́сить	코를 걸다	속상해하다
зу́бы загова́ривать	이에 주문을 걸다	쓸데없는 이야기로 속이다
пыль в глаза́ пуска́ть	먼지를 눈 속에 뿌리다	말로 속이다
па́льчики обли́жешь	손가락을 빨아 먹을 것이다	매우 맛있다
оси́нная та́лия	말벌의 허리	개미허리

관용구	직역	의미
держáть рот на замкé	입을 자물쇠로 채우다	비밀을 지키다
держáть ýхо востро́	귀를 날카롭게 세우다	긴장을 늦추지 않고 주의하다
глазá на лоб полéзли	눈이 이마로 올라가다	(당황스러워서) 매우 놀라다
рвать на себé вóлосы	자신의 머리카락을 뜯다	매우 후회하다
сыт по гóрло	목까지 배부르다	매우 배부르다
найти́ óбщий язы́к	공통의 언어(혀)를 찾다	말이 통하다
язы́к проглоти́ть	혀를 삼키다	아무 말 못 하다
держáть язы́к за зубáми	혀를 치아 뒤에 두다	비밀을 지키다

- **부사 + -вато**

холодновáто 추운 편이다
жарковáто 더운 편이다
соленовáто 짠 편이다
сладковáто 달달한 편이다
дороговáто 비싼 편이다
большевáто 큰 편이다
многовáто 많은 편이다
маловáто 작은/적은 편이다

28 Ж: Доро́гу до це́нтра собира́ются за́ново бетони́ровать.

М: А как же тра́нспорт?

Ж: Рабо́ты бу́дут вести́ по ноча́м.

М: ________________________________

(a) Скоре́е бы всё зако́нчилось.

(b) Да, все уже́ давно́ собрали́сь.

(c) А во ско́лько прие́хали рабо́тники?

(d) Тепе́рь в го́род мо́жно бу́дет е́здить то́лько но́чью?

| 해설 | 문장들은 대체로 어렵지 않지만 'бетони́ровать 콘크리트 포장하다'와 같은 난이도가 높은 단어 때문에 정답을 추측하기 어려울 수 있다. (d)는 작업을 밤에 진행할 것이라는 여성의 말과 맞지 않는 내용이므로 답이 될 수 없다. (c)는 'во ско́лько 몇 시에'라는 표현 때문에 어울리는 답으로 들릴 수 있지만 동사가 과거형이기 때문에 오답이다.

번역 여: 시내로 가는 도로를 다시 콘크리트 포장한대.

남: 그럼 교통은?

여: 작업은 밤에만 할 거래.

남: ________________________________

(a) 모든 것이 빨리 끝났으면 좋겠다.

(b) 응, 모두 다 모인 지 오래야.

(c) 일꾼들은 몇 시에 왔대?

(d) 그럼 시내에는 이제 밤에만 갈 수 있는 거야?

참고 ● Сравни́тельная сте́пень 비교급

구분	형태	예
합성 비교	ме́нее/бо́лее + 형용사/부사	тру́дный → бо́лее тру́дный 더 어려운 тру́дно → бо́лее тру́дно 더 어렵게
단순 비교	형용사/부사의 어근 + -ее	тру́дный/тру́дно → трудне́е 더 어려운/더 어렵게 ско́рый/ско́ро → скоре́е 더 빠른/더 빠르게
	형용사/부사의 어근 + -е	дорого́й/до́рого → доро́же 더 비싼/더 비싸게 ти́хий/ти́хо → ти́ше 더 조용한/더 조용하게 молодо́й/мо́лодо → моло́же 더 젊은/더 젊게 ※ -е를 붙여서 비교급을 만드는 경우 -е 바로 앞 자음에 변화가 일어난다.
	예외) хоро́ший/хорошо́ → лу́чше 더 좋은/더 좋게 плохо́й/пло́хо → ху́же 더 나쁜/더 나쁘게 широ́кий/широко́ → ши́ре 더 넓은/더 넓게 у́зкий/у́зко → у́же 더 좁은/더 좁게 высо́кий/высоко́ → вы́ше 더 높은(키 큰)/더 높게(키 크게) ни́зкий/ни́зко → ни́же 더 낮은(키 작은)/더 낮게(키 작게) далёкий/далеко́ → да́льше 더 먼/더 멀리 сла́дкий/сла́дко → сла́ще 더 단/더 달게	

29

М: Когда́ нача́льник возвраща́ется из Фра́нции?

Ж: Че́рез три дня, в четве́рг.

М: А мы успе́ем до четверга́ вы́полнить все его́ поруче́ния?

Ж: ______________________________

(a) Не по́мню. Мо́жет быть.

(b) Должны́. Мне пробле́мы не нужны́.

(c) Не могу́ сказа́ть. Всё от него́ зави́сит.

(d) Коне́чно. Че́рез неде́лю то́чно успе́ем.

| 해설 | 모든 선택지가 응답으로 사용될 가능성이 있는 부분을 포함하고 있기 때문에 대화의 내용을 잘 체크해야 문제를 풀 수 있다. 상사가 3일 후 귀국한다는 내용을 들었다면 (d)를 오답으로 소거할 수 있다. 또 모든 일이 상사에게 달렸다고 하는 (c)는 'мы 우리'가 일을 마무리할 수 있느냐는 질문에 대한 답으로 어울리지 않는다. (a)는 'не по́мню 기억나지 않는다'라는 부분 때문에 가능한 답이 될 수 없다.

번역

남: 사장님은 프랑스에서 언제 돌아오시나요?

여: 3일 후, 목요일에요.

남: 우리가 목요일까지 그분이 시킨 일을 모두 마칠 수 있을까요?

여: ______________________________

(a) 기억나지 않아요. 아마 그럴 것 같아요.

(b) 그래야만 해요. 전 문제 생기는 건 싫어요.

(c) 글쎄요. 모든 건 그분에게 달렸어요.

(d) 물론이지요. 일주일 후에는 분명히 해낼 수 있어요.

참고 • **Дни неде́ли** 요일

что? 주격	понеде́льник 월요일 вто́рник 화요일 среда́ 수요일 четве́рг 목요일 пя́тница 금요일 суббо́та 토요일 воскресе́нье 일요일	**когда́?** 대격	в понеде́льник 월요일에 во вто́рник 화요일에 в сре́ду 수요일에 в четве́рг 목요일에 в пя́тницу 금요일에 в суббо́ту 토요일에 в воскресе́нье 일요일에

30

Ж: Я совсе́м забы́ла у́тром приня́ть табле́тки для се́рдца.

М: Мо́жет, вы́пьешь их сейча́с?

Ж: Не беспоко́йся, ничего́ стра́шного.

М: ______________________

(a) Ешь скоре́й!

(b) Вы́пьем за здоро́вье!

(c) За́втра я тебе́ сам напо́мню.

(d) Не принима́й их бли́зко к се́рдцу.

| 해설 | 언어적 차이에 대한 이해와 문화적 배경에 대한 지식이 요구되는 문제이다. 러시아어에서는 약을 'есть 먹다'가 아니라 'пить 마시다'라고 표현하는 것을 알면 (a)를 오답으로 소거할 수 있다. (b)는 '건강을 위하여!'라는 러시아식 건배사이다. 그리고 (d)에는 앞의 대화에 나오는 'се́рдце 심장'와 'принима́ть 받아들이다, 복용하다'라는 단어가 등장하지만, 이것은 '지나치게 걱정하다'라는 의미의 관용구로 심장약 복용과는 아무런 관련이 없다.

번역

여: 아침에 심장약 먹는 것을 완전히 잊어버렸어.

남: 그럼 지금이라도 약을 먹는 게 어때?

여: 걱정하지 마, 괜찮을 거야.

남: ______________________

(a) 빨리 먹어!

(b) 건강을 위하여 마시자!

(c) 내일은 내가 직접 말해 줄게.

(d) 그것들을 지나치게 걱정하지 마.

참고

- **Лека́рство** 약

таблéтка 알약
кáпсула 캡슐약
мазь 연고
сирóп 시럽
микстýра 물약
кáпли (안약처럼 한 방울씩 넣는) 물약
витами́н 비타민
антибиóтик 항생제
бóлеутоля́ющее срéдство 진통제
снотвóрное 수면제

- **лекáрство для + *когó/чегó*** ~의 치료를 위한 약

лекáрство для детéй 소아용 약
лекáрство для сéрдца 심장약

- **лекáрство от + *чегó*** ~을 예방하는/치료하는 약

лекáрство от кáшля 기침약
лекáрство от давлéния 혈압약

Part III

| 문제 31~40 | **다음 대화를 잘 듣고 제시하는 질문에 대한 가장 적절한 응답을 고르시오.**

31

М: А́нна, что ты де́лаешь в свобо́дное вре́мя?

Ж: Обы́чно хожу́ в бассе́йн.

М: Я то́же люблю́ пла́вать! А где ты пла́ваешь?

Ж: В бассе́йне при университе́те.

М: Дава́й пойдём вме́сте в э́ту суббо́ту.

Ж: Извини́, Анто́н. Я обеща́ла подру́ге пойти́ с ней в кино́.

Вопро́с: Что случи́тся в суббо́ту?

(a) А́нна с подру́гой посмо́трят фильм.

(b) А́нна с Анто́ном бу́дут пла́вать в бассе́йне.

(c) А́нна пригласи́т Анто́на в университе́тский бассе́йн.

(d) Анто́н, А́нна и её подру́га пойду́т вме́сте в кинотеа́тр.

| 해설 | 친구들 사이에 일어나는 일상적인 대화로, 토요일에 무엇을 할 것인지는 안나의 마지막 문장에서 추측할 수 있다. 안나가 수영장에 함께 가자는 안톤의 제안을 거절했으므로 (b)와 (c)는 정답이 될 수 없다. 안나가 안톤을 영화관으로 초대하는 내용이 대화에 없기 때문에 (d) 또한 정답이 될 수 없다.

번역

남: 안나, 너는 여가 시간에 뭐 하니?

여: 보통 수영장에 다녀.

남: 나도 수영하는 것을 좋아해! 그런데 너는 어디서 수영을 하니?

여: 대학교 내 수영장에서.

남: 이번 토요일에 같이 가자.

여: 미안해, 안톤. 여자 친구랑 영화관에 가기로 약속했어.

질문: 토요일에 어떤 일이 일어날 것입니까?

(a) 안나는 여자 친구랑 영화를 볼 것이다.
(b) 안나는 안톤이랑 수영장에서 수영할 것이다.
(c) 안나는 안톤을 대학교 내 수영장에 초대할 것이다.
(d) 안톤, 안나 그리고 그녀의 여자 친구는 함께 영화관에 갈 것이다.

참고

- **Увлече́ния** 취미 생활

пла́вание 수영
рыба́лка 낚시
коллекциони́рование (물건) 수집
фотографи́рование 사진 찍기
чте́ние книг 독서
рисова́ние 그림 그리기

32

Ж: Андре́й, мо́жно посмотре́ть твой альбо́м?

М: Да, коне́чно.

Ж: Э́то твои́ роди́тели?

М: Нет, Ни́на, э́то мои́ дя́дя и тётя.

Ж: Мне ка́жется, я их где́-то ви́дела.

М: Мо́жет быть. Они́ живу́т в ва́шем райо́не.

Вопро́с: Что де́лает Ни́на?

(a) Она́ смо́трит с Андре́ем фильм.

(b) Она́ рассма́тривает фотогра́фии.

(c) Она́ идёт в го́сти к дя́де и тёте Андре́я.

(d) Она́ встреча́ется с ро́дственниками Андре́я.

| 해설 | 대화자들이 무엇을 하고 있는지 묻는 문제로, 'посмотре́ть альбо́м 앨범을 보다'이라는 표현을 파악하는 것이 중요하다. (a)는 앨범이 아닌 영화를 본다고 하기 때문에 적절한 답이 아니다. (c)와 (d)에서는 안드레이의 친척들이 거론되지만, 니나가 그분들을 실제로 만나는 것이 아니라 사진을 보고 이야기를 나누는 것임에 주의해야 한다. 정답인 (b)에서는 대화의 키포인트 단어인 посмотре́ть가 접두사가 바뀌어 'рассма́тривать 관찰하다, 구경하다'로 나온다. 이 때문에 다른 단어로 들릴 수 있으나 의미가 실제로 크게 달라지지 않는다.

번역

여: 안드레이, 너의 앨범을 봐도 돼?

남: 그럼, 물론이지.

여: 이분들은 너의 부모님이셔?

남: 아니야, 니나. 이분들은 나의 삼촌과 숙모야.

여: 나 이분들을 어디선가 본 적이 있는 것 같아.

남: 그럴지도. 이분들은 너희 동네에 사시거든.

질문: 니나는 무엇을 하고 있습니까?

(a) 그녀는 안드레이와 함께 영화를 보고 있다.
(b) 그녀는 사진들을 구경하고 있다.
(c) 그녀는 안드레이의 삼촌과 숙모 댁에 놀러 간다.
(d) 그녀는 안드레이의 친척들을 만나고 있다.

참고

- **Семья́** 가족

отéц (пáпа) 아버지(아빠)
мать (мáма) 어머니(엄마)
брат 남자 형제
сестрá 여자 형제
муж 남편
женá 아내
сын 아들
дочь 딸
бáбушка 할머니
дéдушка 할아버지
дя́дя 삼촌, 이모부, 고모부
тётя 숙모, 이모, 고모
племя́нник 남자 조카
племя́нница 여자 조카
двою́родный брат 사촌 남자 형제
двою́родная сестрá 사촌 여자 형제
свёкор 시아버지
свекрóвь 시어머니
тесть 장인
тёща 장모
невéстка 며느리
зять 사위

33 М: Алло́, Све́та? Э́то Анто́н. Что де́лаешь?

Ж: То́лько что зако́нчила дома́шнее зада́ние.

М: До́лго рабо́тала?

Ж: Да, не выходи́ла из ко́мнаты весь день.

М: Я мог бы тебе помо́чь.

Ж: Спаси́бо! В сле́дующий раз.

Вопро́с: Что сего́дня де́лала Све́та?

(a) Она́ была́ на рабо́те.
(b) Она́ занима́лась до́ма.
(c) Она́ убира́ла свою́ ко́мнату.
(d) Она́ помога́ла Анто́ну по до́му.

| 해설 | '공부하다'를 의미하는 다양한 표현에 대한 지식이 요구되는 문항이다. 러시아어에서는 'рабо́тать 일하다' 동사가 문맥에 따라 '공부하다'로 해석되기도 한다. 숙제를 다 끝냈다고 하는 스베타의 말에 대한 응답으로 쓰인 рабо́тать 동사는 '공부하다'로 해석하는 것이 적절하므로 정답은 (b)이다.

번역 남: 여보세요, 스베타? 나 안톤이야. 뭐 하고 있어?

여: 방금 숙제를 끝냈어.

남: 오래 공부했니?

여: 응, 하루 종일 방에 콕 박혀 있었어.

남: 내가 도와줄 수도 있었는데.

여: 고마워! 다음에는 그렇게 하자.

질문: 스베타는 오늘 무엇을 하고 있었습니까?

(a) 그녀는 직장에 있었다.
(b) 그녀는 집에서 공부하고 있었다.
(c) 그녀는 자신의 방을 청소하고 있었다.
(d) 그녀는 안톤이 집안일 하는 것을 도와주고 있었다.

참고

• весь, ка́ждый: 명사에 성·수 일치

남성	여성	중성	복수
весь ве́чер 저녁 내내	вся неде́ля 일주일 내내	всё у́тро 아침 내내	все 5 часо́в 5시간 내내
ка́ждый ве́чер 저녁마다	ка́ждая неде́ля 매주	ка́ждое у́тро 아침마다	ка́ждые 5 часо́в 5시간마다

• 행위의 지속 기간 또는 반복성: 대격으로 표현

Я занима́лся
나는 공부했다
весь ве́чер
всю неде́лю.
всё у́тро.
все 5 часо́в.

Я пью лека́рство
나는 약을 먹는다
ка́ждый ве́чер.
ка́ждую неде́лю.
ка́ждое у́тро.
ка́ждые 5 часо́в.

34

Ж: Как вас зову́т?

М: Меня́ зову́т Ви́ктор, а вас?

Ж: Меня́ – Же́ня. Ра́да познако́миться.

М: Я то́же. Вы да́вно в Сеу́ле?

Ж: Чуть бо́льше го́да. Сейча́с учу́сь на второ́м ку́рсе.

М: А я перешёл на тре́тий.

Вопро́с: Что мо́жно узна́ть из диало́га о Ви́кторе и Же́не?

(a) Они́ ста́рые друзья́.
(b) Они́ однoку́рсники.
(c) Они́ у́чатся в университе́те.
(d) Они́ рабо́тают в одно́м университе́те.

| 해설 | 처음 만나는 상황에서 사용되는 기본적인 표현들로 이루어진 대화이다. 대학 생활과 관련된 어휘를 숙지해야 풀 수 있는 문제이다. 'учу́сь на второ́м ку́рсе 2학년이다' 그리고 'перешёл на тре́тий 3학년이 되었다'라는 말에서 대화자들이 무엇을 하는 사람들인지 추측할 수 있어야 한다.

번역

여: 당신 이름은 무엇입니까?

남: 저는 빅토르라고 합니다. 당신은요?

여: 저는 제냐입니다. 만나서 반갑습니다.

남: 저도요. 서울에 오래전에 오셨습니까?

여: 1년 조금 넘었습니다. 지금은 2학년 학생입니다.

남: 저는 3학년이 되었습니다.

질문: 대화를 통해서 빅토르와 제냐에 대해서 무엇을 알 수 있습니까?

(a) 그들은 오래된 친구이다.
(b) 그들은 같은 학년 대학생들이다.
(c) 그들은 대학교에서 공부한다.
(d) 그들은 같은 대학교에서 일한다.

참고

● **Знако́мство** 첫인사

인사를 나누기 전	Дава́й(те) познако́мимся! 인사하자/인사합시다! Я хоте́л(а) бы с ва́ми познако́миться. 인사드리고 싶습니다. Мо́жно с ва́ми познако́миться? 인사를 나눠도 될까요? Разреши́те с ва́ми познако́миться. 인사를 드리겠습니다. Позво́льте вам предста́виться. 저를 소개해 드리겠습니다.
자기 소개	Меня́ зову́т Анто́н. 저는 안톤이라고 합니다. Моя́ фами́лия Ивано́в. 제 성은 이바노프입니다.
상대방에 대한 질문	Как вас/тебя́ зову́т? 당신 이름은 무엇입니까/너의 이름은 뭐니? Как ва́ше и́мя и о́тчество? 당신의 성과 부칭은 어떻게 됩니까?
다른 사람의 소개	Знако́мьтесь, э́то Анто́н. 인사하세요. 이 사람은 안톤입니다. Познако́мьтесь с Анто́ном. 안톤과 인사하세요. Разреши́те/позво́льте вас познако́мить с Анто́ном. 안톤을 소개해 드리겠습니다.
첫인사를 나눈 후 답례 인사	О́чень прия́тно! 매우 반갑습니다. – Мне та́кже/то́же. 저 역시 그렇습니다. Ра́д(а) с ва́ми познако́миться. 만나서 기쁩니다. – Я то́же. 저도 그렇습니다.

35

М: Куда́ пойдём тепе́рь?

Ж: Дава́й посмо́трим твой путеводи́тель.

М: Я хоте́л бы посмотре́ть истори́ческие музе́и.

Ж: Нет, э́то совсе́м не интере́сно.

М: Ну, тогда́ пойдём туда́, куда́ тебе́ хо́чется.

Ж: Я хочу́ уви́деть ру́сский бале́т.

Вопро́с: Что, согла́сно диало́гу, сде́лают мужчи́на и же́нщина?

(a) Они́ посетя́т музе́й.
(b) Они́ пойду́т в теа́тр.
(c) Они́ полетя́т в Росси́ю.
(d) Они́ ку́пят путеводи́тель.

| 해설 | 러시아로 추정되는 장소에 도착하여 다음 목적지를 정하는 내용의 대화이다. 최종적으로 남자가 양보하여, 러시아 발레를 보고 싶다는 여자의 의견을 따르기로 한다. 따라서 박물관에 간다는 (a)는 답이 될 수 없고, 두 사람은 이미 러시아에 와 있고 여행 안내서도 갖고 있기 때문에 (c)와 (d)도 답으로 적절하지 않다.

번역

남: 이제 어디로 갈까?

여: 너의 여행안내서를 보자.

남: 나는 역사박물관들을 봤으면 하는데.

여: 아니야, 그건 전혀 재미 없어.

남: 그럼 네가 원하는 데로 가자.

여: 나는 러시아 발레를 보고 싶어.

질문: 대화 내용에 의하면 남자와 여자는 무엇을 할 것입니까?

(a) 그들은 박물관을 방문할 것이다.
(b) 그들은 극장에 갈 것이다.
(c) 그들은 러시아로 갈 것이다.
(d) 그들은 여행안내서를 살 것이다.

참고

• **Тури́зм** 관광

достопримеча́тельность 명소
путеводи́тель 여행안내서
экску́рсия 견학
теа́тр 극장
па́рк 공원
музе́й 박물관
вы́ставка 전시회
галере́я 화랑
дворе́ц 궁전
собо́р 사원

36

Ж: Ско́лько лет ва́шему Фо́нду защи́ты живо́тных?

М: Мы рабо́таем уже́ почти́ 30 лет.

Ж: А в чём заключа́ется ва́ша основна́я де́ятельность?

М: На сего́дняшний день фонд соде́ржит 5 прию́тов для бездо́мных живо́тных.

Ж: Слы́шала, что вы та́кже рабо́таете со шко́льниками.

М: Да, в прию́тах мы прово́дим экску́рсии для дете́й.

Вопро́с: Где рабо́тает мужчи́на?

(a) На вы́ставке живо́тных.
(b) В образова́тельном учрежде́нии.
(c) В фо́нде по́мощи бездо́мным лю́дям.
(d) В благотвори́тельной организа́ции для живо́тных.

| 해설 | 고급 어휘가 사용될 뿐만 아니라 정답인 선택지가 대화 속 내용을 다른 방식으로 표현하기 때문에 주의해야 한다. 남성의 근무지를 묻는 질문에 대한 힌트는 대화의 첫 문장에서 찾을 수 있다. 그가 'фонд защи́ты живо́тных 동물보호재단'에서 일한다는 것을 알 수 있는데, (c)는 동물이 아니라 사람을 지원하는 재단이므로 답이 될 수 없다. 정답인 (d)에서는 '재단'이라는 단어가 'благотвори́тельная организа́ция 자선단체'로 표현되어서 유사한 의미의 다양한 어휘를 알아야 풀 수 있는 문제이다.

번역

여: 당신이 일하는 동물보호재단은 몇 년 되었습니까?

남: 우리는 활동한 지 거의 30년이 되었습니다.

여: 당신들의 주요 활동은 무엇입니까?

남: 오늘날 재단은 5개의 유기 동물 보호소를 운영하고 있습니다.

여: 학생들도 교육한다고 들었습니다.

남: 네, 보호소에서는 아이들을 위한 견학 프로그램도 운영하고 있습니다.

질문: 남자는 어디에서 일합니까?

(a) 동물 전시회에서.

(b) 교육기관에서.

(c) 노숙자 지원 재단에서.

(d) 동물들을 위한 자선단체에서.

참고

• 기관 및 단체

фонд 재단

сою́з 연합

учрежде́ние 기관

ассоциа́ция 협회

прави́тельственная организа́ция (ПО) 정부 기구

неправи́тельственная организа́ция (НПО) 비정부 기구(NGO)

обще́ственная организа́ция 사회단체

религио́зная организа́ция 종교단체

благотвори́тельная организа́ция 자선단체

37

М: Ты зна́ешь, сего́дня у И́горя день рожде́ния.

Ж: Да, зна́ю. Ты придёшь на вечери́нку?

М: Коне́чно. А что ты пода́ришь ему́?

Ж: Хочу́ купи́ть ему́ га́лстук, ведь он неда́вно устро́ился на рабо́ту.

М: А я собира́юсь подари́ть ему́ вино́ и́ли шампа́нское.

Ж: Не сто́ит. Он совсе́м не лю́бит спиртно́е.

Вопро́с: Како́е предложе́ние соотве́тствует содержа́нию диало́га?

(a) И́горь сего́дня полу́чит в пода́рок вино́.
(b) Мужчи́на реши́л подари́ть И́горю га́лстук.
(c) И́горь устра́ивает вечери́нку, потому́ что устро́ился на рабо́ту.
(d) Же́нщина пода́рит И́горю га́лстук, что́бы он мог носи́ть его́ на рабо́ту.

| 해설 | 친구의 생일 파티와 각자 준비할 선물에 대해 나누는 이야기이다. 선택지 중 대화 내용과 일치하는 것을 고르는 문제이기 때문에 대화의 세부 사항을 전부 기억해야 한다. 모든 선택지들이 대화 내용과 부분적으로 일치하도록 설정되어 있으므로 끝까지 주의해서 들어야 한다.

번역

남: 있잖아, 오늘 이고르 생일이야.

여: 응, 알아. 너 파티에 갈 거야?

남: 물론이지. 너는 그에게 무엇을 선물할 거니?

여: 넥타이를 사주고 싶어. 그가 얼마 전에 취직을 했잖아.

남: 나는 와인이나 샴페인을 선물할까 해.

여: 그럴 필요 없어. 그는 술을 전혀 좋아하지 않아.

질문: 어떤 문장이 대화의 내용과 일치합니까?

(a) 이고르는 오늘 선물로 와인을 받을 것이다.
(b) 남자는 이고르에게 넥타이를 선물하기로 했다.
(c) 이고르는 취직을 했기 때문에 파티를 연다.
(d) 여자는 출근할 때 매라고 이고르에게 넥타이를 선물할 것이다.

참고

- 접속사 что, чтóбы

Йгорь сказáл, что зáвтра у негó день рождéния.
이고르는 내일 그의 생일이라고 했다.

Йгорь сказáл, чтóбы мы пришли́ к немý на день рождéния.
이고르는 우리에게 그의 생일 파티에 오라고 했다.

38

Ж: Сергéй, ты ужé решѝл, кудá поступáть?

М: Ещё нет. Но в бýдущем хотéл бы рабóтать в óбласти медицѝны.

Ж: Знáешь, сейчáс престѝжно учѝться на стоматóлога и педиáтра.

М: Э́то не для меня́. Хóчется чегó-нибýдь поинтерéснее.

Ж: Тогдá, мóжет, на хирургѝческий факýльтет?

М: Вря́д ли. Я мечтáю разрабáтывать нóвые медикамéнты.

Вопрóс: На какóй факультéт слéдует поступáть Сергéю?

(a) На хирургѝческий.

(b) На педиатрѝческий.

(c) На фармацевтѝческий.

(d) На стоматологѝческий.

| 해설 | 대화의 흐름이 상대적으로 명료하고 질문의 형태도 단순한 편이다. 그러나 의학 관련 전문용어를 알지 못하면 풀기 어려운 문제일 수 있다. 가장 결정적인 부분은 '신약 개발이 꿈이야'라는 남성의 마지막 문장이다. 대화에서 세르게이는 여성이 (a), (b)와 (d)에 나오는 학과를 제안할 때마다 거절하므로 정답은 (c)이다.

번역

여: 세르게이, 너는 어느 대학에 지원할지 이미 결정했니?

남: 아니, 아직. 하지만 앞으로 의학 분야에서 일하고 싶어.

여: 있잖아, 요즘은 치과나 소아과 의사 공부가 인기 있어.

남: 내 길은 아니야. 나는 뭔가 더 재미있는 것을 원해.

여: 그럼, 외과로 가는 건 어때?

남: 별로. 나는 신약 개발이 꿈이야.

질문: 세르게이는 어떤 학과에 지원해야 합니까?

(a) 외과.
(b) 소아과.
(c) 약학과.
(d) 치과.

참고

- **Врачи́ по про́филю** 의학 전문의

ветерина́р 수의사
гинеко́лог 산부인과 의사
дермато́лог 피부과 의사
кардио́лог 심장 전문의
нарко́лог 마취과 의사
нейрохиру́рг 신경외과 의사
окули́ст (глазно́й врач) 안과 의사
онко́лог 종양의학과 의사
отоларинго́лог 이비인후과 의사
педиа́тр 소아과 의사
пласти́ческий хи́рург 성형외과 의사
прокто́лог 대장항문외과 의사
психотерапе́вт 정신과 의사
стомато́лог (зубно́й врач) 치과 의사
терапе́вт 내과 의사
травмато́лог 외상외과 의사
уро́лог 비뇨기과 의사
хиру́рг 외과 의사

39

M: Вы подаёте зая́вку на уча́стие в на́шей вы́ставке?

Ж: Да, э́то помо́жет нам разреклами́ровать выра́щиваемую на́ми проду́кцию.

М: На́ша вы́ставка сельхо́зпроду́ктов прово́дится уже́ 10-ый год.

Ж: А мо́жно узна́ть вре́мя проведе́ния?

М: С 5-го по 10-ое число́ сле́дующего ме́сяца.

Ж: Мы отпра́вим зая́вку в тече́ние неде́ли.

Вопро́с: Чем занима́ется же́нщина?

(a) Она́ организо́вывает вы́ставки.

(b) Она́ рабо́тает в сельскохозя́йственной о́трасли.

(c) Она́ рабо́тает секретарём в рекла́мном аге́нстве.

(d) Она́ прово́дит заку́пку сельскохозя́йственных проду́ктов.

| 해설 | 전시회 참가 신청에 관한 대화이며 두 사람의 대화 내용에 직접적인 답이 포함되어 있지는 않다. 그러나 자신의 업체가 생산하고 있는 농산물을 홍보하고자 한다는 여성의 말을 통해 정답이 (b)임을 추측할 수 있다.

번역

남: 우리 전시회에 참가 신청서를 내려고 하십니까?

여: 네, 그렇게 하면 우리가 생산하고 있는 농산물 홍보에 도움이 될 거예요.

남: 우리 농산물 전시회는 벌써 10년째 개최되고 있습니다.

여: 개최 기간을 알 수 있을까요?

남: 다음 달 5일부터 10일까지입니다.

여: 일주일 내로 신청서를 보내 드리겠습니다.

질문: 여성은 어떤 일을 합니까?

(a) 그녀는 전시회를 개최한다.
(b) 그녀는 농업 분야에 종사한다.
(c) 그녀는 광고 대행사에서 비서로 일한다.
(d) 그녀는 농산물 구매를 담당한다.

참고

о́трасли наро́дного хозя́йства 국민경제 분야	о́трасли промы́шленности 공업 분야
промы́шленность 공업	электроэнерге́тика 전력 공업
се́льское хозя́йство 농업	то́пливная промы́шленность 연료 공업
лесно́е хозя́йство 임업	металлурги́я 금속 공업
ры́бное хозя́йство 어업	хими́ческая промы́шленность 화학 공업
тра́нспорт и связь 교통과 통신	нефтехими́ческая промы́шленность 석유화학 공업
строи́тельство 건설업	машинострое́ние 기계제작 공업
торго́вля 상업	пищева́я промы́шленность 식품 공업
обще́ственное пита́ние 대중 요식업	тяжёлая промы́шленность 중공업
	лёгкая промы́шленность 경공업

40

Ж: Поздравля́ю, тепе́рь у вас больша́я четырёхко́мнатная кварти́ра.

М: Да, е́ле удало́сь найти́ таку́ю, да ещё в це́нтре.

Ж: Вы обрати́лись в рие́лторскую конто́ру?

М: Нет. Иска́ли по объявле́нию в газе́те.

Ж: Кто́-то захоте́л разменя́ть свою́ большу́ю на ва́ши две двухко́мнатные?

М: Да, нам повезло́.

Вопро́с: Како́й недви́жимостью ра́ньше владе́л мужчи́на?

(a) Двумя́ двухко́мнатными кварти́рами.

(b) Двухко́мнатной кварти́рой на окра́ине.

(c) Двумя́ четырёхко́мнатными кварти́рами.

(d) Четырёхко́мнатной кварти́рой на окра́ине.

| 해설 | 집의 매매와 임대뿐 아니라 맞교환이 가능한 러시아의 생활상을 모르면 풀기 어려운 문제이다. 남성이 전에 소유했던 부동산에 대한 정보는 'ва́ши две двухко́мнатные 너희들의 방 2개짜리 아파트 두 채'라는 여성의 말에서 얻을 수 있다. 대화의 시작 부분에 'тепе́рь 이제' 방 4개짜리 아파트에서 살게 되었다는 내용이 나오기 때문에 (c)와 (d)는 정답이 될 수 없다.

번역

여: 축하해. 이제 너희들은 방 4개짜리 큰 아파트가 있네.

남: 그래, 겨우 구했어. 그것도 시내에 있는 것으로.

여: 공인중개사의 도움을 받았어?

남: 아니. 신문광고를 통해 찾았어.

여: 누군가 자신의 큰 아파트를 너희들의 방 2개짜리 아파트 두 채와 바꾸고 싶었던 거야?

남: 응, 우리는 운이 좋았어.

질문: 남자는 예전에 어떤 부동산을 소유하고 있었습니까?

(a) 방 2개짜리 아파트 두 채.

(b) 외곽에 있는 방 2개짜리 아파트 한 채.

(c) 방 4개짜리 아파트 두 채.

(d) 외곽에 있는 방 4개짜리 아파트 한 채.

참고

● 주거 공간과 부동산 거래 관련 표현

квартúра в цéнтре гóрода 시내에 있는 아파트

дом на окрáине 외곽에 있는 주택

покупáть/купúть дом 집을 사다

продавáть/продáть дом 집을 팔다

снимáть/снять квартúру 아파트를 임차하다

сдавáть/сдать квартúру 아파트를 임대하다

обмéнивать/обменя́ть квартúру 아파트를 맞교환하다

※ 러시아에서는 한국과 달리 거실도 방으로 계산한다. 그래서 방 4개짜리 아파트란 거실 하나에 방 3개가 있는 집을 가리킨다.

Part IV

| 문제 41~50 | 다음 글을 듣고 제시하는 질문에 대한 가장 적절한 답을 고르시오.

41 Уважáемые пассажи́ры! Бу́дьте взаи́мно вéжливы, уступáйте местá пожилы́м лю́дям, инвали́дам и пассажи́рам с детьми́. При вы́ходе из вагóна не забывáйте свои́ вéщи. О вещáх, остáвленных други́ми пассажи́рами, немéдленно сообщáйте машини́сту ли́бо сотру́дникам поли́ции, дежу́рящим на стáнции.

Вопрóс: Где мóжно услы́шать дáнное сообщéние?

(a) В метрó.
(b) На пóчте.
(c) В аэропорту́.
(d) На стадиóне.

| 해설 | 지하철에서 자주 들을 수 있는 안내방송으로, 내용이 다소 어려운 편이지만 선택지는 쉬운 어휘로 이루어져 있다. 이 문항에서는 전체 내용을 정확하게 이해하려고 하기보다는 'пассажи́ры 승객', 'вагóн 객차', 'машини́ст 기관사', 'стáнция (지하철)역' 같은 핵심 단어들을 파악하는 것이 중요하다.

번역 존경하는 승객 여러분! 서로 예의를 지키시고, 노인과 장애인, 그리고 아이와 함께 있는 승객들에게 자리를 양보해 주십시오. 열차에서 내리실 때는 소지품을 두고 가지 마십시오. 다른 승객이 두고 간 물건에 대해서는 기관사 또는 역사를 순찰 중인 경찰관에게 즉각 알려 주십시오.

질문: 이러한 안내방송은 어디서 들을 수 있습니까?

(a) 지하철에서.

(b) 우체국에서.

(c) 공항에서.

(d) 경기장에서.

참고

• в/на + 전치격

	в	на
где? 어디에서?	в метро́ 지하철에서 в аэропорту́ 공항에서 в самолёте 비행기에서 в авто́бусе 버스에서 в больни́це 병원에서 в теа́тре 극장에서 в ба́нке 은행에서 в библиоте́ке 도서관에서	на по́чте 우체국에서 на стадио́не 경기장에서 на ста́нции (지하철)역에서 на вокза́ле (기차)역에서 на конце́рте 음악회에서 на спекта́кле 연극 공연에서 на о́строве 섬에서 на мо́ре 바닷가에서

일반적으로 전치사 в는 밀폐된 공간, 건물 등에 많이 사용되고, на는 열린 공간이나 추상명사가 공간의 개념으로 쓰일 때 사용된다. 그러나 명확한 기준이 없으므로 그 용법을 별도로 숙지해야 한다.

42

Нóбелевскую прéмию по литератýре в 2014 годý получúл францýзский писáтель Пáтрик Модиáно. Егó пéрвый ромáн «Плóщадь звезды́» был опубликóван в 1968 годý и срáзу принёс ему извéстность на рóдине. В прóшлом годý Нóбелевскую прéмию по литератýре получúла канáдская писáтельница Элúс Монрó, а в 2012 – китáйский романúст Мо Янь.

Вопрóс: Какóе назвáние мóжно дать сообщéнию?

(a) Лýчшие кнúги гóда.
(b) Жизнь францýзского писáтеля.
(c) Пéрвый ромáн Пáтрика Модиáно.
(d) Писáтели, получúвшие Нóбелевскую прéмию.

| 해설 | 노벨 문학상 수상자들에 대한 내용이며, 이야기의 주된 흐름을 파악하는 능력이 필요한 문제이다. 앞부분에 파트릭 모디아노와 관련된 내용이 나오지만 전년도 수상자들에 대한 정보가 이어지기 때문에 (b)와 (c)는 정답으로 적절하지 않다.

번역 2014년 노벨 문학상을 프랑스 작가 파트릭 모디아노가 수상했다. 그의 첫 번째 소설《별의 광장》은 1968년에 발표되었고 바로 자국에서 그에게 유명세를 가져다주었다. 전년도 노벨 문학상은 캐나다 작가 앨리스 먼로가 받았고, 2012년에는 중국 소설가 모옌이 상을 받았다.

질문: 이 텍스트에는 어떤 제목을 붙일 수 있습니까?

(a) 올해의 우수 도서.

(b) 프랑스 작가의 인생.

(c) 파트릭 모디아노의 첫 소설.

(d) 노벨상을 수상한 작가들.

참고

- Нóбелевская прéмия 노벨상

Нóбелевская прéмия по фи́зике 노벨 물리학상

по хи́мии 노벨 화학상

по физиолóгии и медици́не 노벨 생리의학상

по литератýре 노벨 문학상

ми́ра(= за содéйствие установлéнию ми́ра во всём ми́ре) 노벨 평화상

по экономи́ческим наýкам 노벨 경제학상

43

«1968. Но́вый мир» – э́то назва́ние спекта́кля Дми́трия Волкостре́лова, уже́ изве́стного молодо́го режиссёра, кото́рый в тече́ние сезо́на в теа́тре не появля́лся. Мо́жно предположи́ть, что он копи́л си́лы на э́тот после́дний рыво́к. Как все други́е прое́кты «Гру́ппы юбиле́йного го́да», но́вый спекта́кль коро́ткий. Он идёт час де́сять мину́т без антра́кта.

Вопро́с: О чём да́нное сообще́ние?

(a) О юбиле́е го́рода.
(b) О собы́тиях 1968 го́да.
(c) О но́вой рабо́те Дми́трия Волкостре́лова.
(d) О встре́че с изве́стным молоды́м режиссёром.

| 해설 | 연극 작품을 소개하는 내용이다. 텍스트에 나오는 'изве́стный молодо́й режиссёр 유명한 젊은 감독'라는 어결합이 그대로 등장하는 (d)를 정답으로 생각할 수 있다. 하지만 감독에 대한 이야기가 나오긴 하나 그와의 만남에 대한 언급은 없다. 질문에 알맞은 답을 찾기 위해 рабо́та라는 단어가 '일', '직장' 외에 '작품'이라는 뜻을 가진다는 것을 알아야 한다. 정답인 (c)에서 но́вая рабо́та는 '새로운 일'이 아니라 '새로운 작품'으로 해석된다.

번역 《1968. 신세계》 – 이것은 이미 유명한 젊은 감독 드미트리 볼코스트렐로프의 연극 제목이다. 그는 공연 시즌 동안 극장에 나타나지 않았다. 그가 이 최후의 돌격을 위해 힘을 비축하고 있었다고 추측해 볼 수 있다. '기념적인 올해의 연극단들'의 모든 다른 프로젝트처럼 새 연극은 짧다. 그것은 중간 휴식시간 없이 1시간 10분 동안 진행된다.

질문: 이 텍스트는 무엇에 대해 이야기하고 있습니까?

(a) 도시의 기념적인 해에 대해.
(b) 1968년에 일어난 사건들에 대해.
(c) 드미트리 볼코스트렐로프의 새 작품에 대해.
(d) 유명한 젊은 감독과의 만남에 대해.

참고

- Театра́льные жа́нры 연극 장르

дра́ма 드라마
мелодра́ма 멜로드라마
коме́дия 희극
трагéдия 비극
трагикоме́дия 희비극

44 Компáния «Союз-Áвто» и́щет сотру́дника на дóлжность стáршего администрáтора. Трéбуется óпыт рабóты от 3 лет и бóлее, вы́сшее образовáние, владéние компью́терными нáвыками, грáмотная у́стная и пи́сьменная ру́сская речь. В обя́занности вхóдят óбщее руковóдство цéнтром и контрóль за рабóтниками.

Вопрóс: Какóе услóвие не обязáтельно для устрóйства на дáнную рабóту?

(a) Владéние ру́сским языкóм.
(b) Знáние англи́йского языкá.
(c) Компью́терная грáмотность.
(d) Диплóм об окончáнии университéта.

| 해설 | 일상생활에서 자주 접할 수 있는 구인 광고이다. 나열되는 모든 요구 사항을 기억하고 있어야 풀 수 있는 문제이다. (a)와 (c)는 텍스트에 나오는 요구 사항에 포함되기 때문에 답이 될 수 없다. 그리고 'вы́сшее образовáние 고등 교육'라는 말이 '대학 졸업'을 의미하므로 (d) 또한 정답이 될 수 없다.

번역 '소유즈-아프토'사는 총지배인으로 일할 직원을 모집한다. 요구 사항은 3년 이상의 경력, 고등 교육, 컴퓨터 실무 능력, 고급 러시아어 회화, 작문 능력이다. 담당 업무에는 센터 총괄 및 직원 관리가 포함된다.

질문: 이 직장에 들어가기 위해 반드시 필요한 조건이 아닌 것은 무엇입니까?

(a) 러시아어 실력.
(b) 영어 실력.
(c) 컴퓨터 실무 능력.
(d) 대학 졸업장.

참고

получи́ть дошко́льное образова́ние 유아 교육을 받다, 유치원을 졸업하다
получи́ть нача́льное образова́ние 초등 교육을 받다, 초등학교를 졸업하다
получи́ть сре́днее образова́ние 중등 교육을 받다, 고등학교를 졸업하다
получи́ть вы́сшее образова́ние 고등 교육을 받다, 대학교를 졸업하다

45 Сего́дня Кита́й игра́ет доста́точно большу́ю роль в мирово́й поли́тике и эконо́мике. Хотя́ Кита́й зави́сит от США, как одного́ из основны́х покупа́телей своéй проду́кции, э́та зави́симость не односторо́нняя. И США, в свою́ о́чередь, сейча́с уже́ си́льно зави́сят от кита́йского и́мпорта: рабо́та мно́гих фирм США зави́сит от де́ятельности их подразделе́ний в Кита́е.

Вопро́с: Како́е предложе́ние лу́чше всего́ подво́дит ито́г э́того сообще́ния?

(a) Кита́йские фи́рмы явля́ются сего́дня ли́дерами мирово́го масшта́ба.
(b) Сего́дня эконо́мики США и Кита́я во мно́гом явля́ются взаимозави́симыми.
(c) Экономи́ческая зави́симость ме́жду Кита́ем и США стано́вится односторо́нней.
(d) Мирова́я эконо́мика си́льно зави́сит от дипломати́ческих отноше́ний ме́жду Кита́ем и США.

| 해설 | 경제 뉴스에서 들을 수 있는 내용으로, 어휘력과 해석 능력이 요구되는 문항이다. 자세한 부분까지 정확하게 이해해야 텍스트의 결론을 소개하는 선택지를 고를 수 있다. 'э́та зави́симость не односторо́нняя 이 의존성은 일방적인 것은 아니다'라는 구절을 잘 들으면 두 나라 경제의 상호의존성에 대해 말하는 (b)가 정답임을 알 수 있다.

번역 오늘날 중국은 세계 정치와 경제에서 상당히 큰 역할을 담당하고 있다. 비록 중국이 자국 생산품의 주요 구매자인 미국에 의존하고 있지만, 이 의존성은 일방적인 것은 아니다. 현재 미국 또한 이미 중국에서 수입한 물품에 많이 의존하고 있다. 그것은 많은 미국 기업들의 업무가 중국 내 지사들의 영업 활동에 의존하기 때문이다.

질문: 어떤 문장이 이 텍스트를 가장 잘 요약하고 있습니까?

(a) 중국 회사들은 오늘날 세계적 규모의 리더들이다.
(b) 오늘날 미국과 중국의 경제는 많은 부분 상호의존적이다.
(c) 중국과 미국 간의 경제적 의존성은 일방적으로 되어 가고 있다.
(d) 세계 경제는 중국과 미국의 외교 관계에 많이 의존한다.

참고

• 경제 관련 어휘

мировáя эконóмика 세계 경제
мировóй ры́нок 세계 시장
и́мпорт 수입
э́кспорт 수출
продýкция 제품
товáр 상품
покупáтель 구매자
потреби́тель 소비자
поставщи́к 공급자
кýпля 구매
продáжа 판매
подразделéние 지사

46 Заду́мываетесь ли вы о том, что ну́жно в ра́зных ситуа́циях одева́ться по-ра́зному? Быва́ют лю́ди, кото́рые име́ют привы́чку ходи́ть в одно́м и том же на рабо́ту, на свида́ние, му́сор выноси́ть. Одна́ко, е́сли вы хоти́те, что́бы вас счита́ли челове́ком со вку́сом, не сто́ит забыва́ть об уме́стности, удо́бстве и о том, что мо́жно по-ра́зному вы́глядеть в повседне́вной жи́зни и в пра́здник.

Вопро́с: О чём говори́тся в сообще́нии?

(a) О вре́дных привы́чках.
(b) Об оде́жде ра́зных поколе́ний.
(c) Об уме́нии пра́вильно одева́ться.
(d) О том, как ну́жно де́йствовать в ра́зных ситуа́циях.

| 해설 | 장소와 상황에 맞게 옷을 입어야 한다는 내용을 담고 있는 텍스트이다. 본문은 옷을 제대로 입을 줄 모르는 'привы́чка 습관'를 언급하기 때문에 '해로운 습관'이라는 선택지 (a)가 정답으로 생각될 수 있지만, 러시아어에서 '해로운 습관'이란 흡연, 음주 등을 의미한다. (d)는 소개되는 내용과 가깝지만 'де́йствовать 행동하다'라는 단어가 사용되어 정답이 될 수 없다.

번역 다양한 상황에 맞추어 옷을 다르게 입어야 한다는 것에 대해 생각해 본 적이 있는가? 가끔 똑같은 옷을 입고 출근하고, 데이트하고, 쓰레기를 버리러 나가는 사람들이 있다. 그러나 만약 당신이 센스 있는 사람으로 여겨지고 싶다면, 옷이 상황에 맞는지, 편한지에 대해, 그리고 또 일상생활과 특별한 날에 옷차림을 다르게 할 수 있다는 것에 대해 잊어서는 안 된다.

질문: 이 글은 무엇에 대해 언급하고 있습니까?

(a) 해로운 습관에 대해.

(b) 다양한 세대의 옷에 대해.

(c) 옷을 잘 입는 법에 대해.

(d) 다양한 상황에서 어떻게 행동해야 하는지에 대해.

참고

• ли의 용법

На́дя, ты ли э́то? 나쟈, 정말 네가 맞니?

Краси́во ли она́ оде́лась? 그녀는 옷을 예쁘게 입었니?

Ходи́л ли ты сего́дня на рабо́ту? 너는 오늘 직장에 다녀왔니?

47 В день ле́тнего со́лнцестоя́ния славя́не отмеча́ли пра́здник Купа́ла, во вре́мя кото́рого гада́ли, пры́гали че́рез костёр. Они́ ассоции́ровали его́ с ма́гией, и поэ́тому в э́тот день на́ши пре́дки почита́ли си́лы огня́ и воды́, а та́кже собира́ли целе́бные тра́вы. Де́вушки плели́ венки́ и броса́ли их в во́ду, а ме́сто, куда́ приплыва́л вено́к, счита́лось ме́стом, где живёт их су́женый.

Вопро́с: О како́й осо́бенности пра́здника Купа́ла не упомина́ется в те́ксте?

(a) Э́то день почита́ния пре́дков.
(b) Э́то са́мый дли́нный день в году́.
(c) В э́тот день лю́ди пыта́лись предугада́ть судьбу́.
(d) Э́тот день ассоции́руется с маги́ческими си́лами.

| 해설 | 러시아 전통 명절인 이반 쿠팔라의 날에 행해졌던 의식들을 소개하는 텍스트로, 언급되지 않은 것을 찾는 문제이다. 'день ле́тнего со́лнцестоя́ния 하지'라는 단어뿐만 아니라 이날의 특징을 알아야 (b)의 문장이 텍스트에 언급된 하지를 뜻한다는 것을 알 수 있다. 조상들이 언급되긴 하지만 그들을 숭배했다는 내용이 없으므로 (a)가 정답이다.

번역 하지(夏至)에 슬라브인들은 '쿠팔라'라는 명절을 쇠었는데, 이날 점도 치고, 모닥불을 뛰어넘는 놀이도 했다. 그들은 이 명절을 마법과 연관시켰고, 그리하여 이날 우리 조상들은 불과 물의 힘을 숭배하고, 또한 약초도 캤다. 아가씨들은 화관을 만들고 그것을 물 위에 던졌는데, 그 화관이 떠내려가 도착한 곳이 그들의 신랑감이 사는 곳이라고 생각했다.

질문: 이 글에서 언급되지 않은 쿠팔라 명절의 특징은 무엇입니까?

(a) 이것은 조상 숭배의 날이다.

(b) 이것은 한 해 중 낮이 가장 긴 날이다.

(c) 이날 사람들은 자신의 운명을 예지하려고 했다.

(d) 이날은 마법적인 힘과 연관된 것으로 여겨진다.

참고

- **Традицио́нные пра́здники** 전통 명절

Креще́ние 공현축일

Ма́сленица 마슬레니차(봄맞이 축제)

Па́сха 부활절

Ива́н Купа́ла 이반 쿠팔라

- **Госуда́рственные пра́здники** 국경일

Но́вый год 설날(1월 1일)

Рождество́ Христо́во (러시아정교) 크리스마스(1월 7일)

День защи́тника Оте́чества 조국 수호자의 날(2월 23일)

Междунаро́дный же́нский день 국제 여성의 날(3월 8일)

День весны́ и труда́ 노동절(5월 1일)

День Побе́ды 전승기념일(5월 9일)

День Росси́и 러시아의 날(6월 12일)

День наро́дного еди́нства 국민화합의 날(11월 4일)

48 В сре́ду днём под руково́дством профсою́за машини́стов локомоти́вов Герма́нии прекрати́ли рабо́ту машини́сты грузовы́х соста́вов, а но́чью к ним присоедини́лись машини́сты пассажи́рских поездо́в и электри́чек. Профсою́з тре́бует повыше́ния зарпла́т на 5% и сокраще́ния дли́тельности рабо́чей неде́ли на два часа́. Кро́ме того́, профсою́з претенду́ет на то, что́бы представля́ть интере́сы не то́лько машини́стов, но и остальны́х сотру́дников.

Вопро́с: Что не вхо́дит в тре́бования профсою́за?

(a) Бо́лее коро́ткий гра́фик рабо́ты.
(b) Пятипроце́нтное увеличе́ние за́работной пла́ты.
(c) Обновле́ние грузовы́х соста́вов и пассажи́рских поездо́в.
(d) Улучше́ние усло́вий рабо́ты для машини́стов локомоти́вов.

| 해설 | 철도 노동자들의 파업을 다루는 보도 형식으로 된 텍스트이다. 철도 노동조합이 요구하지 않은 부분을 찾아야 하는데, 선택지에 텍스트의 내용이 변형되어 나오기 때문에 풍부한 어휘력을 필요로 하는 문제이다. (a)와 (b)는 언급된 요구 조건을 다른 단어로 바꿔 표현한 것이며, (d)는 그 내용을 '작업 조건 개선'으로 종합했다. 따라서 노동조합의 요구에 포함되지 않은 내용은 (c)이다.

번역 수요일 낮에 독일 기관사 노동조합의 지휘하에 화물기차 기관사들이 파업했으며, 밤에는 승객용 기차와 전차 기관사들도 이에 합류했다. 노동조합은 5% 월급 인상과 주당 근무 시간 2시간 단축을 요구한다. 그 밖에 노동조합은 기관사들뿐만 아니라 모든 열차 승무원들의 이익을 대변할 수 있는 권리를 주장한다.

질문: 노동조합의 요구에 포함되지 않은 사항은 무엇입니까?

(a) 보다 짧은 근무 시간.

(b) 5% 월급 증가.

(c) 화물기차 및 승객용 기차의 리모델링.

(d) 기관사들의 근무 조건 개선.

참고

• 접속사 и, а, но, и́ли

접속사	의미	예문
и	그리고	Я говорю́ по-ру́сски и по-коре́йски. 나는 러시아어와 한국어로 말한다.
а	그러나	Я говорю́ по-ру́сски, а Анто́н не говори́т. 나는 러시아어로 말하는데 안톤은 못한다.
но	그렇지만	Я говорю́ по-ру́сски, но не говорю́ по-кита́йски. 나는 러시아어로 말하지만 중국어로는 말하지 못한다.
и́ли	또는/아니면	Вы говори́те по-ру́сски и́ли по-коре́йски? 당신은 러시아어 또는 한국어로 말합니까?

49 Явле́ние, когда́ полнолу́ние совпада́ет с моме́нтом приближе́ния спу́тника Земли́ к на́шей плане́те, учёные называ́ют «Су́пер Луна́». Его́ не сле́дует пу́тать с обы́чным полнолу́нием, кото́рое случа́ется раз в ме́сяц. Сего́дня но́чью расстоя́ние от Земли́ до Луны́ сократи́тся максима́льно, и любова́ться ре́дким приро́дным явле́нием смо́гут и россия́не. В сле́дующий раз тако́е собы́тие мо́жно бу́дет уви́деть лишь то́лько че́рез год, в а́вгусте.

Вопро́с: Како́е явле́ние, согла́сно сообще́нию, произойдёт че́рез год?

(a) Россия́не уви́дят обы́чное полнолу́ние.
(b) Луна́ максима́льно прибли́зится к Со́лнцу.
(c) У Земли́ поя́вится ещё оди́н но́вый спу́тник.
(d) Расстоя́ние ме́жду на́шей плане́той и Луно́й уме́ньшится.

| 해설 | 우주과학 분야에 대한 어휘력과 기본적인 지식을 요구하는 문항으로, 텍스트를 듣고 정답을 추론할 수 있는 능력을 필요로 한다. 텍스트에는 태양에 대한 언급이 없으므로 (b)는 맥락에 맞지 않는다. 'Земля́ 지구'와 'на́ша плане́та 우리 행성'가 같은 의미이기 때문에 정답은 (d)이다.

번역 보름달과 지구의 위성이 우리 행성에 가까워지는 시기가 일치하는 현상을 과학자들은 '슈퍼문'이라 부른다. 이 현상을 한 달에 한 번씩 일어나는 보통의 보름달과 혼동해서는 안 된다. 오늘 밤 지구와 달 사이의 거리는 가장 짧아지는데 러시아 국민들도 이 희귀한 자연 현상을 관찰할 수 있을 것이다. 다음번에 이러한 현상은 1년 뒤, 8월에야 볼 수 있을 것이다.

질문: 이 글에 따르면 1년 후 어떤 현상이 일어납니까?

(a) 러시아 국민들은 보통의 보름달을 볼 것이다.
(b) 달이 태양에 가장 가까워질 것이다.
(c) 지구에는 또 하나의 새로운 위성이 생길 것이다.
(d) 우리 행성과 달 사이의 거리가 짧아질 것이다.

참고

• Плане́ты Со́лнечной систе́мы 태양계의 행성들

Мерку́рий 수성
Вене́ра 금성
Земля́ 지구
Марс 화성
Юпи́тер 목성
Сату́рн 토성
Ура́н 천왕성
Непту́н 해왕성

50 В нача́ле го́да президе́нт Росси́и подписа́л ука́з о проведе́нии ежего́дного Восто́чного экономи́ческого фо́рума. Согла́сно докуме́нту, размещённому на официа́льном порта́ле правово́й информа́ции, фо́рум со́здан для разви́тия эконо́мики Да́льнего Восто́ка и расшире́ния междунаро́дного сотру́дничества в Азиа́тско-Тихоокеа́нском регио́не.

Вопро́с: Како́е предложе́ние мо́жет продо́лжить сообще́ние?

(a) Проведе́ние мероприя́тия отло́жено на нача́ло сентября́.
(b) Впервы́е фо́рум был проведён в сентябре́ про́шлого го́да.
(c) Го́род ста́нет рекла́мной площа́дкой регио́на для инве́сторов из ра́зных стран.
(d) Приглашены́ бу́дут все, кто заинтересо́ван в рабо́те в Дальневосто́чном о́круге.

| 해설 | 정치 · 경제 관련 텍스트로, 내용을 전체적으로 듣고 논리적으로 이어질 수 있는 문장을 찾아야 하므로 정확한 해석과 집중력을 요구한다. 첫 문장에 대통령이 행사 개최에 대한 'подписа́л ука́з 명령에 서명했다'라는 내용이 나오기 때문에 행사가 개최되었다고 과거형 동사를 쓴 (b)는 어울리는 답이 아니다. 또 행사 진행 시기에 대한 언급이 없으므로 (a)에서처럼 연기될 수도 없다. (c)는 텍스트의 맥락에서 벗어나 있지 않지만 'го́род 도시'에 대한 이야기가 텍스트에 나오지 않아서 바로 이어질 수 있는 문장이 아니다.

번역 연초에 러시아 대통령은 매년 진행될 동방경제포럼 개최에 대한 행정 명령에 서명했다. 공식 법률정보 포털 사이트에 실린 문서에 의하면 포럼은 극동 지방의 경제 발전과 아시아 · 태평양 지역에서의 국제 협력 확대를 위해 창설된 것이다.

질문: 어떤 문장이 이 텍스트 다음에 이어질 수 있습니까?

(a) 행사 개최는 9월 초로 연기되었다.
(b) 포럼은 작년 9월에 최초로 개최되었다.
(c) 도시는 여러 국가의 투자자들을 위한 지역 홍보의 장이 될 것이다.
(d) 극동 지방에서의 활동에 관심 있는 모든 사람들이 초대될 것이다.

참고

- **Федера́льные округа́ Росси́и** 러시아 연방관구

Центра́льный федера́льный о́круг 중앙 연방관구
Ю́жный федера́льный о́круг 남부 연방관구
Се́веро-За́падный федера́льный о́круг 북서 연방관구
Дальневосто́чный федера́льный о́круг 극동 연방관구
Сиби́рский федера́льный о́круг 시베리아 연방관구
Ура́льский федера́льный о́круг 우랄 연방관구
Приво́лжский федера́льный о́круг 프리볼시스키 연방관구
Се́веро-Кавка́зский федера́льный о́круг 북캅카스 연방관구

Part I

| 문제 1~4 | 다음 대화문의 빈칸에 들어갈 가장 적절한 표현을 고르시오.

01 А: Вы написа́ли статью ____ на́шего журна́ла?
Б: Да, всё уже́ гото́во.

(a) о
(b) в
(c) для
(d) про

| 해설 | 전치사의 뜻과 격지배를 알아야 맞출 수 있는 문제이다. наш журна́л이 생격의 형태를 취하고 있기 때문에 정답은 (c)의 'для 위해'이다. 전치사 о는 전치격, в는 전치격 또는 대격, 그리고 про는 대격을 요구하기 때문에 위의 문장에서 사용될 수 없다.

번역 A: 당신은 우리 잡지를 ______ 기사를 썼습니까?
Б: 네, 이미 다 준비되었습니다.

참고

● 전치사 о와 про

이 두 전치사는 격지배가 다르지만 거의 구분 없이 사용된다. 문체적인 측면에서 о는 중립적인 문체에 속하고 про는 회화체에서 많이 사용된다.

Я прочита́л кни́гу о войне́. 나는 전쟁(자체)에 대한 책을 읽었다.
Я прочита́л кни́гу про войну́. 나는 전쟁에 관한 책을 읽었다.

02 А: Кто э́тот молодо́й челове́к?

Б: Э́то _____ дя́дя.

(a) мой

(b) моя́

(c) моё

(d) мои́

| 해설 | 명사와 소유대명사의 성·수 일치에 대한 문제이다. 'дя́дя 삼촌'라는 단어가 여성 명사 어미 -я로 끝나지만 남성 명사이므로 정답은 남성 소유대명사인 (a)의 мой이다. 나머지 선택지들도 똑같이 '나의'라는 의미를 지니지만 (b)는 여성 명사, (c)는 중성 명사, (d)는 복수 형태의 명사에 사용된다.

번역 A: 이 젊은 사람은 누구예요?

Б: 이분은 _____ 삼촌이에요.

참고 ● **Притяжа́тельные местоиме́ния** 소유대명사

누구의?	чей? (남성)	чья? (여성)	чьё? (중성)	чьи? (복수)
나의	мой	моя́	моё	мои́
너의	твой	твоя́	твоё	твои́
그의/그녀의	его́/её			
우리의	наш	на́ша	на́ше	на́ши
너희들의, 당신(들)의	ваш	ва́ша	ва́ше	ва́ши
그들의	их			

※ -а 또는 -я로 끝나는 대표적인 남성 명사

па́па 아빠　　дя́дя 삼촌　　де́душка 할아버지

ю́ноша 청년　　мужчи́на 남자

03 А: Где вы рабо́таете?
Б: Я рабо́таю ______________________.

(a) в коре́йской компа́нии
(b) о коре́йской компа́нии
(c) в коре́йскую компа́нию
(d) для коре́йской компа́нии

| 해설 | 특정 동사와 결합되는 격, 그리고 형용사와 명사의 격변화를 알아야 풀 수 있는 문제이다. 동사 рабо́тать는 조격 또는 'в/на + 전치격'과 함께 사용될 수 있다. 이 문제에서는 의문사 'где 어디에서'로 장소를 묻고 있기 때문에 'в/на + 전치격' 형태로 답해야 한다. 한 가지 주의할 점은 전치사 в 다음에는 전치격뿐만 아니라 대격도 올 수 있다는 것이다. (с)의 'в + 대격' 형태는 '한국 회사로'라고 해석되기 때문에 문법적으로 맞지 않는다.

번역 A: 당신은 어디에서 일합니까?
Б: 저는 ______________________ 일합니다.

참고

- **рабо́тать + *где*** ~에서 일하다
  - Где вы рабо́таете? 당신은 어디에서 일합니까?
  - Я рабо́таю в магази́не. 저는 상점에서 일합니다.

- **рабо́тать + *кем*** ~로 일하다
  - Кем вы рабо́таете? 당신은 어떤 일을 합니까(누구로 일합니까)?
  - Я рабо́таю продавцо́м. 저는 판매원으로 일합니다.

04 А: Комý ты сейчáс звонúл?

Б: Знакóмому, __________ я тебé недáвно расскáзывал.

(a) котóрого

(b) котóрому

(c) о котóром

(d) с котóрым

| 해설 | 관계대명사 котóрый의 용법을 묻는 문항이다. 종속절에서 동사 'расскáзывать 이야기해 주다'가 사용되기 때문에 '~에 대해서'에 상응하는 표현이 나와야 한다. 이때 선행사가 남성 단수이므로 'о + котóрый의 전치격' 형태인 (c)가 정답이다.

번역 A: 너는 방금 누구에게 전화했어?

Б: 내가 얼마 전에 너에게 이야기했던 지인에게.

참고

● 관계대명사 котóрый

러시아어에서 관계대명사 котóрый의 성·수는 선행사에 따르고, 격은 종속절에서 자신이 수행하는 역할에 따라 결정된다.

격	남성	여성	중성	복수
주격	котóрый	котóрая	котóрое	котóрые
생격	котóрого	котóрой	котóрого	котóрых
여격	котóрому	котóрой	котóрому	котóрым
대격	котóрый(비활성) котóрого(활성)	котóрую	котóрое	котóрые(비활성) котóрых(활성)
조격	котóрым	котóрой	котóрым	котóрыми
전치격	(о) котóром	(о) котóрой	(о) котóром	(о) котóрых

| 문제 5~8 | 다음 문장의 빈칸에 들어갈 가장 적절한 표현을 고르시오.

05 Мой брат всегда́ _______ в университе́т на метро́.

(a) идёт
(b) е́здит
(c) хо́дит
(d) пое́дет

| 해설 | 이동 동사의 용법을 알아야 풀 수 있는 문제이다. 'метро́ 지하철'라는 단어가 있어서 (a)의 '걸어간다'와 (c)의 '걸어 다닌다'는 답이 될 수 없다. 또 하나의 중요한 단어는 'всегда́ 항상'인데, 이 부사는 반복을 표현하는 빈도부사이기 때문에 언제나 불완료상 동사와 결합한다. 따라서 정답은 (b)이다. (d)는 완료상 동사의 미래형이므로 문법적으로 맞지 않는다.

번역 나의 형은 항상 대학교에 지하철을 _____________.

참고 • Глаго́лы движе́ния 이동 동사

이동 동사	정태	부정태
걸어가다	идти́	ходи́ть
타고 가다	е́хать	е́здить
가져가다	нести́	носи́ть
데려가다	вести́	води́ть
태워서 가다	везти́	вози́ть
날아가다	лете́ть	лета́ть
헤엄쳐 가다	плыть	пла́вать
기어가다	ползти́	по́лзать
달려가다	бежа́ть	бе́гать

06 Доверя́ть друг ________ – э́то са́мое ва́жное в дру́жбе.

(a) дру́га
(b) дру́ге
(c) дру́гу
(d) дру́гом

| 해설 | 'друг дру́га'의 격변화와 동사의 격지배를 묻는 문제이다. 'доверя́ть 신뢰하다' 동사는 명사의 여격을 취하기 때문에 정답은 (c)이다.

번역 우정에 있어서 가장 중요한 것은 ________ 신뢰하는 것이다.

참고

• друг дру́га의 용법

'друг дру́га 서로'는 격변화할 때 뒤의 дру́га만 변화하며, 전치사와 함께 쓰일 경우 'друг + 전치사 + дру́га'의 형태로 쓴다.

격	예문
생격	Они́ ча́сто быва́ют в гостя́х друг у дру́га. 그들은 자주 서로의 집에 놀러 다닌다.
여격	Они́ всегда́ помога́ют друг дру́гу. 그들은 항상 서로 돕는다.
대격	Они́ уважа́ют друг дру́га. 그들은 서로를 존중한다.
조격	Они́ обсужда́ют свои́ пла́ны друг с дру́гом. 그들은 자신의 계획에 대해 서로 의논한다.
전치격	Они́ ду́мают друг о дру́ге. 그들은 서로에 대해 생각한다.

07 В э́том университе́те есть специа́льный факульте́т, ________ ________ мо́гут поступа́ть то́лько росси́йские гра́ждане.

(a) где
(b) куда́
(c) кото́рый
(d) на кото́ром

| 해설 | 두 단문을 연결하여 복문으로 만드는 관계대명사 혹은 관계부사를 찾는 문항이다. 가장 중요한 단어는 종속절의 'поступа́ть 입학하다'이다. 선행사가 'факульте́т 학부'이므로 'на + кото́рый' 형태가 적절하다. 그러나 선택지에 이런 표현이 없으므로 이에 상응하는 관계부사 куда́가 나와야 한다. 따라서 정답은 (b)이다.

번역 이 대학에는 러시아 국민들만 입학할 수 있는 특수 학부가 있다.

참고

● 관계부사 где, куда́

где는 '어디서', куда́는 '어디로'를 나타내는 의문사이지만 관계부사로도 사용된다.

관계부사	의미	예문
где	바로 그곳에서	Я учу́сь в том же университе́те, где и Анто́н. 나는 안톤도 공부하고 있는 바로 그 대학에서 공부한다.
куда́	바로 그곳으로	Съе́здил ли ты в ту страну́, куда́ собира́лся? 너는 가 보고자 했던 바로 그 나라에는 가 봤니?

08 Фестива́ль короткометра́жных фи́льмов, ______________ студе́нтами ВГИК, пройдёт в Улья́новске с 17 по 22 ноября́.

(a) сня́тых
(b) сня́вших
(c) сня́вшихся
(d) снима́вших

| 해설 | 형동사에 대한 지식이 요구되는 문제로, '대학생들에 의해' 만들어진 영화이기 때문에 형동사의 피동 형태를 써야 한다. (b)의 снять와 (d)의 снима́ть는 능동형동사 과거형이므로 답이 될 수 없다. (c)의 сня́ться는 '연기하다'로 해석되기 때문에 의미상 맞지 않는다. 피동형동사 'сня́тые 촬영된'는 фи́льмов를 수식하므로 (a)에서처럼 남성 복수의 생격 형태로 사용된다.

번역 러시아국립영화대학교 학생들에 의해 ________ 단편영화들의 영화제가 울리야놉스크에서 11월 17일부터 22일까지 진행될 것이다.

참고

● 피동형동사 과거형

피동형동사 과거형은 완료상 타동사에서만 파생된다.

동사원형	접미사	피동형동사 과거형
прочита́-ть	-нн-	прочи́та-нн-ый(-ая, -ое, -ые) 읽힌
вы́уч-ить	-енн-	вы́уч-енн-ый(-ая, -ое, -ые) 외워진

몇몇 동사의 피동형동사 과거형은 접미사 -т-를 취한다. 이 경우는 따로 암기해야 한다.

동사원형	접미사	피동형동사 과거형
сня-ть	-т-	сня́-т-ый(-ая, -ое, -ые) 촬영된

откры́ть → откры́тый	приня́ть → при́нятый
закры́ть → закры́тый	вы́пить → вы́питый
нача́ть → на́чатый	спеть → спе́тый
взять → взя́тый	наде́ть → наде́тый
забы́ть → забы́тый	уби́ть → уби́тый

※ ВГИК (Всеросси́йский госуда́рственный институ́т кинематогра́фии)
러시아국립영화대학교

| 문제 9 | 다음 대화에서 어법상 틀리거나 어색한 부분을 고르시오.

09

(a) А: Куда́ вы несёте сто́лько книг?

(b) Б: В библиоте́ку, она́ ско́ро закрыва́ется.

(c) А: Вы их уже́ успе́ли чита́ть?

(d) Б: Да, о́чень интере́сно бы́ло. Возьму́ ещё.

| 해설 | 동사 상의 올바른 사용법을 묻는 문제이다. 'уже́ 이미'와 'успе́ть (그 시간 안에) 할 수 있다'라는 단어가 사용되고, 대화의 상황이 일회적 사건을 말하기 때문에 완료상 동사를 사용해야 한다. 따라서 (c)는 "Вы их уже́ успе́ли прочита́ть?"로 써야 한다.

번역

(a) А: 당신은 이렇게 많은 책들을 어디로 가지고 갑니까?

(b) Б: 도서관으로요. 곧 문이 닫혀서요.

(c) А: 벌써 그것들을 읽었어요?

(d) Б: 네, 매우 재미있었어요. 더 빌리려고요.

참고

• Ви́ды глаго́ла 동사의 상

불완료상은 진행 중이거나 반복되는 행위를 나타낼 때 주로 사용되고, 완료상은 행위의 결과나 종료를 강조할 때 사용된다. 현재 시제에서는 불완료상만 사용된다.

불완료상		
용법	진행	Когда́ я чита́л кни́гу, Анто́н слу́шал му́зыку. 내가 책을 읽고 있을 때 안톤은 음악을 듣고 있었다.
	반복	Я ча́сто чита́ю кни́ги в библиоте́ке. 나는 자주 도서관에서 책을 읽는다.
	단순 사실 언급	Где вы покупа́ете фру́кты? 당신은 과일을 어디서 삽니까?
자주 결합되는 부사, 조동사		❶ всегда́, иногда́, ча́сто, ре́дко, обы́чно, до́лго, ка́ждый день ❷ начина́ть, конча́ть, продолжа́ть

<table>
<tr><th colspan="3">완료상</th></tr>
<tr><td rowspan="2">용법</td><td>완료, 결과</td><td>Я прочитáл э́ту кни́гу до концá.
나는 이 책을 끝까지 읽었다.</td></tr>
<tr><td>일회적 사건</td><td>Вчерá я купи́л фрýкты на ры́нке.
어제 나는 시장에서 과일을 샀다.</td></tr>
<tr><td>자주 결합되는 부사, 조동사</td><td colspan="2">❶ вдруг, срáзу, неожи́данно, ужé
❷ успéть</td></tr>
</table>

| 문제 10 | 다음 글에서 어법상 틀리거나 어색한 부분을 고르시오.

10 (a) Дочь Петра́ I Елизаве́та Петро́вна, взойдя́ на престо́л, распоряди́лась сыска́ть са́мых краси́вых и больши́х кото́в и отпра́вить их ко двору́ в Санкт-Петербу́рг. (b) Когда́ достро́или Зи́мний дворе́ц, перее́хавшие в него́ коты́ бы́ли разделены́ в ко́мнатных и дворо́вых. (c) В ко́мнатные отобра́ли облада́телей краси́вой ше́рсти, кото́рые могли́ броди́ть по ко́мнатам и хорошо́ пита́ться. (d) Остальны́е коты́ жи́ли во вну́тренних двора́х и подва́лах дворца́ и лови́ли мыше́й.

| 해설 | 적절한 전치사 사용에 관한 문제이다. (b)에서 'разделены́ 나뉘었다' 다음에는 전치사 в가 아니라 на를 써야 한다. 문법적으로 맞는 표현은 'бы́ли разделены́ на ко́мнатных и дворо́вых'이다.

번역 (a) 표트르 1세의 딸 옐리자베타 페트로브나는 왕좌에 오르자 가장 예쁘고 큰 고양이들을 찾아 상트 페테르부르크에 있는 궁전으로 보내라고 명령했다. (b) 겨울궁전이 완공되었을 때, 그곳으로 간 고양이들은 실내용과 마당용으로 나뉘었다. (c) 실내용으로는 털이 예쁜 고양이들이 뽑혔는데, 이들은 방들을 돌아다니며 잘 먹을 수 있었다. (d) 나머지 고양이들은 궁전의 안마당과 지하실에서 살면서 쥐를 잡았다.

참고

- **раздели́ть на + *кого́/что*** ~으로 나누다, 분리하다

  Экскурсово́д раздели́л тури́стов на две гру́ппы.

  가이드는 관광객들을 두 그룹으로 나눴다.

- **подели́ть на + *кого́/что*** ~으로 분할하다

  Мы подели́ли торт на четы́ре ча́сти.

  우리는 케이크를 4등분했다.

- **отдели́ть от + *чего́*** ~로부터 분리하다

  Ты зна́ешь, как отдели́ть желто́к от белка́?

  너는 노른자와 흰자를 어떻게 분리하는지 아니?

- **вы́делить из + *чего́*** ~에서 떼어내어 배당하다

  Прави́тельство вы́делило из бюдже́та де́нежные сре́дства на разви́тие се́льского хозя́йства.

  정부는 예산에서 농업 발전을 위한 기금을 지원했다.

- **удели́ть + *что* + *кому́/чему́*** ~에게 ~을 내어 주다

  В си́лу свое́й за́нятости роди́тели уделя́ют де́тям ма́ло вре́мени.

  바쁘다는 이유로 부모는 아이들에게 적은 시간을 할애한다.

Part II

| 문제 11~15 | 다음 대화문의 빈칸에 들어갈 가장 적절한 표현을 고르시오.

11

А: Помоги́те, пожа́луйста. Мне ну́жно купи́ть ________.
Б: Отде́л зи́мней оде́жды – спра́ва.

(a) зонт
(b) очки́
(c) пальто́
(d) шо́рты

| 해설 | 대화에서 응답하는 사람이 겨울옷 매장의 위치를 알려 주기 때문에 도움을 청하는 사람이 사고자 하는 것이 겨울 의류임을 알 수 있다. (a)의 '우산'과 (b)의 '안경'은 잡화 매장에 어울리고 (d)의 '반바지'는 여름옷이므로 정답이 될 수 없다.

번역

A: 좀 도와주십시오. 저는 ________ 사야 합니다.
Б: 겨울옷 매장은 오른쪽에 있습니다.

참고

- **Отде́лы в универма́ге** 백화점 매장

отде́л же́нской/мужско́й/де́тской оде́жды 여성/남성/아동 의류 매장
отде́л спо́рттова́ров 스포츠용품 매장
отде́л канцтова́ров 문구류 매장
отде́л «Парфюме́рия» 향수 매장
отде́л «Бытова́я те́хника» 가전제품 매장
отде́л «Ме́бель» 가구 매장
галантере́йный отде́л 잡화 매장
обувно́й отде́л 구두 매장
продукто́вый отде́л 식료품 매장

12

А: Как пройти́ к Музе́ю иску́сств?
Б: Иди́те пря́мо, музе́й бу́дет ________.

(a) прав
(b) пра́во
(c) спра́ва
(d) пра́вый

| 해설 | 박물관 위치를 알려주는 데 적절한 단어를 찾는 문제로, 빈칸에는 장소를 표현하는 부사 또는 부사구가 와야 한다. 모든 선택지가 같은 어근을 지니고 있어 혼동될 수 있으나, 쉬운 어휘이므로 비교적 어렵지 않게 정답을 찾을 수 있다. (a)는 형용사 단어미형, (b)는 명사의 주격, (d)는 형용사이므로 (c)가 정답이다.

번역 А: 예술 박물관까지 어떻게 갑니까?
Б: 직진해서 가시면 박물관이 ________ 있을 것입니다.

참고

• **Наре́чия ме́ста** 장소 부사

где? 어디에?	куда́? 어디로?
здесь, тут 여기에	сюда́ 여기로
там 저기에	туда́ 저기로
спра́ва 오른쪽에	напра́во 오른쪽으로
сле́ва 왼쪽에	нале́во 왼쪽으로
впереди́ 앞에	вперёд 앞으로
сза́ди 뒤에	наза́д 뒤로
наверху́ 위에	наве́рх 위로
внизу́ 아래에	вниз 아래로
внутри́ 안에	внутрь 안으로
снару́жи 밖에	нару́жу 밖으로

13 А: ____________ вы заплати́ли за проду́кты?
Б: Ты́сячу рубле́й.

(a) Где
(b) Как
(c) Ско́лько
(d) Во ско́лько

| 해설 | 상황에 맞는 의문사를 찾는 문제이다. 질문에 대한 대답에서 금액을 말하기 때문에 'ско́лько 얼마나 (많이)'라는 의문사가 어울린다. (a)는 지불 '장소', (b)는 지불 '방법', 그리고 (d)는 지불 '시각'에 대해 질문하므로 상황에 맞지 않는다.

번역 А: 식품 구입비로 ____________ 지불했나요?
Б: 천 루블요.

참고

● **Вопроси́тельные слова́** 의문사

кто 누가	куда́ 어디로
что 무엇이/무엇을	где 어디에
отку́да 어디로부터	чей 누구의
когда́ 언제	ско́лько 얼마나 (많이)
како́й 어떤	почему́ 왜(원인)
как 어떻게	заче́м 왜(목적)

14

А: Где вы встрéтились?
Б: Я выходи́ла из метрó, а он шёл мне ____________.

(a) вперёд
(b) наперёд
(c) навстрéчу
(d) на встрéчу

| 해설 | 부사 'навстрéчу ~을 향해'의 용법을 알아야 풀 수 있는 문제이다. (a)의 'вперёд 앞으로'와 (b)의 'наперёд 미리'는 문맥에 어울리지 않는다. (d)는 부사가 아닌 전치사와 명사이기 때문에 문법적으로 대명사 я의 여격 형태인 мне와 결합할 수 없다.

번역 А: 너희들은 어디서 만났어?
Б: 나는 지하철에서 나오고 있었고, 그는 나를 _______ 오고 있었어.

참고

- **идти́ навстрéчу + *комý/чемý*** ~을 향해 가다; ~에게 협조하다
  Антóн вы́шел навстрéчу гостя́м.
  안톤은 손님들을 마중 나갔다.
  Партнёры предложи́ли измени́ть контрáкт, и мы пошли́ им навстрéчу.
  파트너들이 계약 내용을 수정하자고 제안했고, 우리는 그들에게 협조해 주었다.

- **идти́ на встрéчу + *с кем*** ~와의 만남에 가다
  Мы с подрýгой пошли́ на встрéчу с извéстным писáтелем.
  나와 여자 친구는 유명한 작가와의 만남에 갔다.

15

A: Где ты научи́лся так хорошо́ говори́ть по-ру́сски?
Б: Я ____________ три го́да на ку́рсах ру́сского языка́.

(a) заучи́л
(b) научи́л
(c) научи́лся
(d) проучи́лся

| 해설 | 동사 учи́ть, учи́ться가 여러 접두사와 결합하면서 파생된 새로운 의미를 알아야 풀 수 있는 문제이다. 질문에 대한 대답에 'три го́да 3년 동안'라는 표현이 있기 때문에 '일정한 시간을 공부하다'를 의미하는 проучи́ться가 가장 적절하다. (a)는 '외우다', (b)는 '가르치다'의 뜻이므로 문맥상 맞지 않는다. (c)는 '배웠다'로 해석되지만 완료상 동사이므로 기간을 표현할 때는 반드시 전치사 за를 필요로 한다.

번역 A: 너는 그렇게 러시아어로 잘 말하는 것을 어디서 배웠어?
Б: 나는 3년 동안 러시아어 학원에서 ____________.

참고

- **заýчивать/заучи́ть + *что*** ~을 외우다, 암기하다

  Чтóбы бы́стро решáть задáчи, нýжно заучи́ть все фóрмулы.
  문제를 빨리 풀기 위해 모든 공식을 암기해야 한다.

- **учи́ть/научи́ть + *когó* + *чемý*** ~에게 ~을 가르치다

  Трéнер научи́л детéй плáванию.
  코치가 아이들에게 수영을 가르쳤다.

- **учи́ться/научи́ться + *у кого́ + чему́*** ~에게서 ~을 배우다

  Он научи́лся у роди́телей трудолю́бию.

  그는 부모에게서 부지런함을 배웠다.

- **проучи́ться + *где + как до́лго*** ~에서 ~ 동안 공부하다

  Я проучи́лся в э́той шко́ле шесть лет.

  나는 이 학교에서 6년 동안 공부했다.

| 문제 16~20 | 다음 글의 빈칸에 들어갈 가장 적절한 표현을 고르시오.

16 Что́бы хорошо́ говори́ть на иностра́нном языке́, не обяза́тельно ________ жить за грани́цей.

(a) ре́дко
(b) до́лго
(c) бы́стро
(d) бли́зко

| 해설 | 기본적인 부사를 알면 쉽게 풀 수 있는 문제이다. 외국어를 잘하기 위해 반드시 외국에서 '오랫동안' 살 필요가 없다고 말하는 것이 문맥상 가장 적절하다.

번역 외국어를 잘하기 위해서 반드시 외국에서 ________ 살 필요가 없다.

참고 • **Наре́чия вре́мени** 시간 부사

когда́? 언제?	давно́ 오래전에 неда́вно 최근에 ра́ньше 이전에 тепе́рь 이제 сейча́с 지금 то́лько что 방금 ско́ро 곧
как до́лго? 얼마 동안?	до́лго 오랫동안 недо́лго 잠깐 동안
как ча́сто? 얼마나 자주?	ре́дко 드물게 иногда́ 가끔 ча́сто 자주 всегда́ 항상 никогда́ 결코 그런 적이 없다

17 Вы ужé ______________ к заня́тиям?

(a) отступи́ли
(b) наступи́ли
(c) вы́ступили
(d) приступи́ли

| 해설 | 'к заня́тиям'이라는 표현에 어울리는 동사를 찾는 문제이다. 문맥상 '당신은 수업을 이미 시작했어요?'로 질문하는 것이 가장 어울리기 때문에 동사 'приступи́ть 착수하다, 시작하다'가 사용된 (d)가 정답이다.

번역 당신은 수업을 이미 ______________?

참고

- **отступа́ть/отступи́ть** 물러서다, 후퇴하다

  Я отступи́л от у́жаса.
  나는 공포감에 뒤로 물러섰다.
  Неприя́тель отступа́ет.
  적이 후퇴한다.

- **наступа́ть/наступи́ть** 밟다; 공격하다; (시기, 계절 등이) 오다, 도래하다

  Извини́те, я наступи́л вам на́ ногу.
  죄송합니다. 제가 당신의 발을 밟았네요.
  Неприя́тель наступа́ет со всех сторо́н.
  적이 사방에서 공격하고 있다.
  Наступи́ла весна́.
  봄이 왔다.

- **высту́па́ть/вы́ступить** 앞으로 나가다, 나서다; 출연하다

  Рабо́чие вы́ступили с проте́стом.

  노동자들은 항의를 하며 나섰다.

  Арти́сты вы́ступили на сце́не.

  배우들은 무대에서 공연했다.

- **приступа́ть/приступи́ть** 착수하다, 시작하다; 접근하다

  Мы все вме́сте приступи́ли к рабо́те.

  우리는 다 함께 일에 착수했다.

  Солда́ты приступи́ли к вра́жеской кре́пости.

  병사들은 적의 요새에 접근했다.

18 Определи́лись все кома́нды-уча́стницы Чемпиона́та ми́ра по футбо́лу. _____ А́зии в Чемпиона́те ми́ра сыгра́ют Япо́ния, Ира́н, Ю́жная Коре́я и Австра́лия.

(a) К
(b) Об
(c) От
(d) Для

| 해설 | 동사 'сыгра́ть 경기하다'와 함께 쓸 수 있는 전치사를 찾는 문제이다. (a)의 'к ~에게'와 (b)의 'об ~에 대해서'는 의미상 답이 될 수 없다. (d)의 'для 위하여'는 сыгра́ть 동사와 함께 사용할 수 있지만 '~을 위하여 경기하다'로 해석되기 때문에 글의 내용과 맞지 않는다. 정답은 (c)의 'от ~로부터, ~을 대표해서'이다.

번역 축구 월드컵 출전 팀들이 정해졌다. 아시아________ 일본, 이란, 대한민국, 그리고 호주가 경기를 할 것이다.

참고

- **игра́ть + *где*** ~에서 놀다
  Де́ти игра́ют в саду́.
  아이들은 정원에서 놀고 있다.

- **игра́ть + во *что*** (운동, 경기, 게임 등) ~을 하다
  Мы ка́ждое воскресе́нье игра́ем в футбо́л.
  우리는 매주 일요일 축구를 한다.

- **игра́ть + на *чём*** (악기) ~을 연주하다
  Ни́на хорошо́ игра́ет на пиани́но.
  니나는 피아노를 잘 친다.

- **игра́ть + с *кем/чем*** ~와 함께 놀다; ~을 가지고 놀다

  В де́тстве оте́ц ча́сто игра́л с сы́ном.

  어렸을 때 아버지가 아들과 함께 자주 놀아 줬다.

  Де́вочка игра́ет с ку́клой.

  소녀는 인형을 가지고 놀고 있다.

- **игра́ть + *кем/чем*** ~을 가지고 장난치다

  Нельзя́ игра́ть чу́вствами люде́й.

  사람들의 감정을 가지고 장난쳐서는 안 된다.

- **игра́ть + *кого́/что*** ~을 연기하다; ~을 연주하다

  Она́ сыгра́ла Ната́шу Росто́ву.

  그녀는 나타샤 로스토바를 연기했다.

  Мы попроси́ли пиани́ста сыгра́ть вальс.

  우리는 피아니스트에게 왈츠를 연주해 달라고 부탁했다.

- **игра́ть + для *кого́/чего́*** ~을 위해 연주하다, 연기하다

  Сыгра́й, пожа́луйста, для нас вальс!

  우리를 위해 왈츠를 연주해 다오.

- **игра́ть + от *кого́/чего́*** ~을 대표해서 경기하다

  От на́шего институ́та игра́ет кома́нда «Ура́л».

  우리 대학을 대표해서 '우랄' 팀이 경기를 한다.

19 Когда́ прохо́дит мно́го лет, ника́к нельзя́ ____________, где бы́ло сде́лано фо́то.

(a) по́мнить
(b) запо́мнить
(c) напо́мнить
(d) вспо́мнить

| 해설 | 여러 접두사가 'по́мнить 기억하다'와 결합하면서 만들어진 동사 중에서 문장의 내용과 어울리는 단어를 찾는 문제이다. 여러 해가 지나서 어려운 것은 사진을 어디서 찍었는지 '기억해 내는 것'이다. 따라서 정답은 (d)이다.

번역 여러 해가 지났을 때 사진을 어디서 찍었는지 전혀 ____________ 수 없다.

참고

- **по́мнить** 기억하다
  Я не по́мню, как его́ зову́т.
  나는 그의 이름이 무엇인지 기억나지 않는다.

- **запомина́ть/запо́мнить** 기억하다, 외우다
  Нам ну́жно снача́ла запо́мнить пра́вила игры́.
  우리는 우선 게임 규칙을 외워야 한다.

- **напомина́ть/напо́мнить** 상기시키다, 생각나게 하다
  Напо́мни мне у́тром, что я до́лжен позвони́ть роди́телям.
  부모님께 전화드려야 한다는 것을 아침에 내게 상기시켜 줘.
  Э́та де́вушка напомина́ет мне мою́ сестру́.
  이 아가씨는 나의 여동생을 생각나게 한다.

- **вспомина́ть/вспо́мнить** 기억해 내다, 생각나다, 회상하다

  То́лько сейча́с я вспо́мнил, что до́лжен был зае́хать за тобо́й.

  너를 데리러 들렀어야 했다는 것이 이제서야 생각났다.

  Мы ча́сто вспомина́ем шко́льные го́ды.

  우리는 학창 시절을 자주 회상한다.

20 Собра́вшиеся почти́ли па́мять поги́бших мину́той молча́ния и ______________ ве́нки к обели́ску.

(a) сложи́ли
(b) взвали́ли
(c) посвяти́ли
(d) возложи́ли

| 해설 | '(엄숙한 분위기에서) 놓다'라는 뜻을 지니면서 'вено́к 화환, 화관'이라는 단어와 함께 쓰여 '헌화하다'로 해석될 수 있는 동사를 찾는 문제이다. (a)와 (b)는 '놓다'라는 뜻을 포함하고 있지만 сложи́ть는 '쌓아 놓다', взвали́ть는 '(짐을) 올려놓다'를 의미하므로 이 상황에서는 어울리지 않는다. (c)의 'посвяти́ть 헌정하다, 바치다'는 의미상으로 맞지만 전치사 к가 없는 여격을 필요로 하므로 정답이 될 수 없다.

번역 참석자들은 1분간 묵념하며 전사자들을 기리고 화환을 추모탑에 ______________.

참고

- **скла́дывать/сложи́ть + *что*** ~을 쌓아 놓다; 접다

  Он сложи́л дрова́ в одно́ ме́сто.
  그는 장작을 한곳에다 쌓아 놓았다.
  Ма́ма сложи́ла оде́жду и положи́ла её в шкаф.
  엄마는 옷을 접어서 옷장에 넣었다.

- **взва́ливать/взвали́ть + *что* + на *кого́/что*** ~(짐)을 ~에게/에 지우다

  Дени́с взвали́л рюкза́к на пле́чи и пошёл да́льше.
  데니스는 어깨에 배낭을 메고 다시 걸어갔다.

- **посвяща́ть/посвяти́ть + *что* + *кому́/чему́*** ~을 ~에게/에 바치다, 헌정하다

  Писа́тель посвяти́л рома́н свое́й жене́.

  작가는 소설을 부인에게 헌정했다.

- **возлага́ть/возложи́ть + *что*** ~을 걸다, 지우다; 바치다

  Я возлага́ю на тебя́ больши́е наде́жды.

  나는 너에게 큰 기대를 걸고 있다.

  Дире́ктор возложи́л на меня́ обя́занности по проведе́нию мероприя́тия.

  사장님은 행사 진행에 관한 책임을 나에게 맡겼다.

  По оконча́нии игр при́нято возлага́ть вено́к на го́лову победи́теля.

  경기가 끝난 뒤 우승자의 머리에 화관을 씌우는 것이 관행이다.

Part III

| 문제 21~35 | 다음 글을 읽고 빈칸에 들어갈 가장 알맞은 표현을 고르시오.

21 Театра́льная жизнь Петербу́рга о́чень бога́тая и разнообра́зная. Здесь есть теа́тры на любо́й вкус. Ка́ждую о́сень в петербу́ргских теа́трах прохо́дят междунаро́дные фестива́ли, в кото́рых ________________.

(a) уча́ствуют то́лько ру́сские арти́сты
(b) продаю́т дороги́е ве́щи из ра́зных стран
(c) пока́зывают ра́зные зарубе́жные фи́льмы
(d) выступа́ют арти́сты из ра́зных стран ми́ра

| 해설 | 페테르부르크에 있는 다양한 연극 극장과 그곳에서 열리는 국제 페스티벌에 대한 글이다. (b)는 여러 나라의 '물건 판매'에 대한 내용이고, (c)는 연극이 아닌 '영화 상영'과 관련된 내용이므로 문맥상 맞지 않는다. (a)는 페스티벌에 '러시아 배우들만 참여'한다고 말하므로 '국제 페스티벌'과 의미상 상충한다.

번역 페테르부르크의 극장 문화생활은 매우 풍부하고 다채롭다. 여기에는 어떤 취향에든 맞는 극장들이 있다. 매년 가을 페테르부르크의 극장들에서는 ________________ 국제 페스티벌들이 진행된다.

(a) 러시아 배우들만 참여하는
(b) 여러 나라에서 가져온 비싼 물건을 판매하는
(c) 다양한 해외 영화를 상영하는
(d) 전 세계 여러 나라 출신의 배우들이 공연하는

참고

- **ра́зный** (다른 것과 비교할 때, 혹은 상호 비교할 때) 다른, 여러

Мы с роди́телями живём в одно́м райо́не, но в ра́зных дома́х.

나는 부모님과 같은 동네, 그렇지만 서로 다른 아파트에서 산다.

Мои́ друзья́ прие́хали из ра́зных городо́в.

나의 친구들은 여러 도시에서 왔다.

- **разли́чный** 다양한 종류의

Опро́с был проведён среди́ люде́й, прожива́ющих в разли́чных дома́х.

설문조사는 다양한 종류의 집에서 사는 사람들을 대상으로 실시되었다.

- **разнообра́зный** 다양한 형태의

Лю́ди всего́ ми́ра живу́т в са́мых разнообра́зных дома́х.

전 세계 사람들은 아주 다양한 형태의 집에서 산다.

22 Не́которые лю́ди страда́ют от так называ́емого синдро́ма ночно́го го́лода. У таки́х людей аппети́т просыпа́ется и́менно ________________. Они́ говоря́т, что не мо́гут засну́ть до тех по́р, пока́ не съедя́т что́-нибудь.

(a) до обе́да
(b) ра́но у́тром
(c) по́сле обе́да
(d) по́здно но́чью

| 해설 | 이 문제를 풀기 위해서는 ‘синдро́м ночно́го го́лода 야식 증후군’라는 표현을 이해하는 것이 중요하다. 밤에 배고픔을 느끼는 것에 대해 이야기하기 때문에 식욕이 생기는 시간은 (d)의 ‘밤 늦게’이다.

번역 몇몇 사람들은 소위 야식 증후군으로 고통을 받는다. 이런 사람들은 식욕이 바로 __________ 돋는다. 이들은 뭔가 먹기 전까지는 잠들 수 없다고 말한다.

(a) 점심 전에
(b) 아침 일찍
(c) 점심 후에
(d) 밤 늦게

참고 ● **Вре́мя су́ток** 하루 시간대

что? 무엇?	когда́? 언제?
у́тро 아침	у́тром 아침에
день 낮	днём 낮에
ве́чер 저녁	ве́чером 저녁에
ночь 밤	но́чью 밤에
по́лдень 정오	в по́лдень 정오에
по́лночь 자정	в по́лночь 자정에
рассве́т 새벽	на рассве́те 새벽에
зака́т 황혼	на зака́те 황혼녘에
	до обе́да 점심 전에
	по́сле обе́да 점심 후에

23 Кни́га «Приключе́ния Петру́шки» даёт возмо́жность роди́телям показа́ть де́тям кни́ги, на кото́рых они́ вы́росли. «Приключе́ния Петру́шки» – ________________ весёлый Петру́шка со свои́ми друзья́ми бо́рется со злым царём Формала́ем.

(a) детекти́в о том, как
(b) спекта́кль, в кото́ром
(c) де́тская ска́зка о том, как
(d) худо́жественный фильм, в кото́ром

| 해설 | ‘кни́га 책’, ‘показа́ть де́тям 아이들에게 보여 주다’ 등의 어휘에서 «Приключе́ния Петру́шки 페트루슈카의 모험»가 동화임을 유추할 수 있다. 따라서 (b)의 ‘연극’과 (d)의 ‘영화’는 답이 될 수 없다. (a)의 ‘детекти́в 추리 소설’는 책의 종류에 속하지만 부모가 어린 시절부터 읽고 자녀에게 보여 줄 만한 책으로 어울리지 않고, 텍스트에 추리 관련 언급도 없으므로 적절한 답이 될 수 없다.

번역 《페트루슈카의 모험》이라는 책은 부모에게 그들이 읽으면서 성장한 책들을 자녀들에게 보여 줄 수 있는 기회를 제공한다. 《페트루슈카의 모험》은 유쾌한 페트루슈카와 그의 친구들이 사악한 왕 포르말라이와 싸우는 ________ 이다.

(a) 내용의 추리 소설
(b) 내용의 연극
(c) 내용의 동화
(d) 내용의 영화

참고 • **Ви́ды литерату́рных произведе́ний** 문학 작품의 종류

рома́н 장편소설	стихотворе́ние 시	ска́зка 동화
по́весть 중편소설	поэ́ма 서사시	ба́сня 우화
расска́з 단편소설	эссе́ 에세이, 수필	

24

Путеводи́тель – спра́вочник о како́м-нибудь го́роде, истори́ческом ме́сте и́ли музе́е, в кото́ром рекоменду́ются туристи́ческие маршру́ты. Им по́льзуются тури́сты, что́бы лу́чше ориенти́роваться ________________.

(a) в родно́м го́роде
(b) в сосе́дней дере́вне
(c) в незнако́мом ме́сте
(d) в хорошо́ знако́мом райо́не

| 해설 | ‘путеводи́тель 여행안내서’의 용도를 설명하는 글이다. 익숙한 곳보다 잘 모르는 곳에서 여행안내서를 사용하는 것이 가장 자연스럽기 때문에 정답은 (c)이다.

번역 여행안내서는 어떤 도시, 역사적인 장소 또는 박물관에 대한 안내 책자로, 여기서는 관광 코스가 추천된다. 관광객들은 이것을 ________________ 길을 더 잘 찾기 위해 사용한다.

(a) 고향 도시에서
(b) 이웃 마을에서
(c) 낯선 곳에서
(d) 잘 아는 동네에서

참고

- **ориенти́роваться + *где*** ~에서 방향을 잡다, 길을 찾다

Он хорошо́ ориенти́руется в лесу́.
그는 숲에서 길을 잘 찾는다.
Я пло́хо ориенти́руюсь на ме́стности.
나는 길눈이 어둡다.

- **ориенти́роваться + на *кого́/что*** ~을 대상으로/기준으로 하다

  Изда́тельство ориенти́руется на ма́ссового чита́теля.

  출판사는 대중 독자를 대상으로 한다.

  В темноте́ кора́бль ориенти́ровался на мая́к.

  어둠 속에서 배는 등대를 기준으로 삼았다.

25 В Росси́и нема́ло люби́телей зи́мнего пла́вания. Существу́ют клу́бы, в кото́рых э́тим спо́ртом занима́ются лю́ди ра́зных возрасто́в. Мно́гие из них счита́ют, что купа́ние в ледяно́й воде́ ________________________.

(a) вре́дно для здоро́вья
(b) де́лает люде́й больны́ми
(c) не прино́сит никако́й по́льзы
(d) помога́ет победи́ть разли́чные боле́зни

| 해설 | 러시아인들이 겨울에 얼음물 수영을 즐기는 이유를 찾는 문제이다. 얼음물 수영이 '건강에 해롭다', '아프게 한다'는 내용의 (a)와 (b)는 문맥상 어울리지 않는다. (c)는 '그 어떤 도움도 되지 않는다'고 하므로 역시 얼음물 수영을 즐길 만한 이유가 되지 못한다.

번역 러시아에는 겨울 수영 애호가가 적지 않다. 다양한 연령대의 사람들이 이 스포츠를 즐기는 클럽들이 존재한다. 이 중 많은 사람들은 얼음물 수영이 ________________________고 생각한다.

(a) 건강에 해롭다
(b) 사람들을 아프게 한다
(c) 그 어떤 도움도 안 된다
(d) 여러 질병을 이기는 데 일조한다

참고

большинство́		~ 중 대다수
мно́гие		~ 중 다수
не́которые	из + *кого́/чего́*	~ 중 일부
немно́гие		~ 중 소수
никто́/ничто́		~ 중 아무도/아무것도

26 Ру́сские крестья́не, отправля́ясь на рабо́ту в по́ле, бра́ли с собо́й квас, так как счита́ли, что он восстана́вливает си́лы и снима́ет уста́лость. С да́вних пор на Руси́ благодаря́ вкусовы́м сво́йствам и дешевизне́ квас был са́мым ______________________.

(a) кре́пким ру́сским напи́тком
(b) поле́зным ру́сским напи́тком
(c) дорогосто́ящим наро́дным напи́тком
(d) распространённым наро́дным напи́тком

| 해설 | 전통 러시아 음료 'квас 크바스'를 소개하는 글이다. 본문 이해에 가장 중요한 내용은 'благодаря́ 덕분에' 이후 부분이다. (a)와 (b)는 '맛과 저렴한 가격'의 이유가 될 수 없고, (c)는 오히려 상반된 내용을 담고 있다.

번역 러시아 농부들은 밭일을 나갈 때 크바스를 챙겨 갔는데, 이는 크바스가 기력을 회복시키고 피로를 풀어 준다고 여겼기 때문이었다. 오래전 고대 루시 때부터 맛과 저렴한 가격 덕분에 크바스는 가장 ______________였다.

(a) 독한 러시아 음료
(b) 몸에 좋은 러시아 음료
(c) 비싼 서민 음료
(d) 널리 보급된 서민 음료

참고 **• Превосхóдная стéпень прилагáтельных** 형용사의 최상급

형태	용법	예문
сáмый + 장어미 형용사	сáмый도 성·수·격 변화	Я живý в сáмом большóм гóроде Корéи. 나는 한국의 가장 큰 도시에서 산다.
наибóлее + 장/단어미 형용사	문어체에서 주로 사용, наибóлее는 불변	Э́та статья́ наибóлее интерéсна. 이 기사가 가장 흥미롭다.
형용사 어간 + -ейш-/-айш- + -ий	'극히, 월등하게'의 뜻을 지닌 절대 최상급	Мы уви́дели красивéйшие гóры в ми́ре. 우리는 세계에서 가장 아름다운 산을 보았다.

27 В понеде́льник студе́нты напи́шут экзаменацио́нную контро́льную рабо́ту. Преподава́тель прове́рит её во вто́рник, а в сре́ду состои́тся у́стный экза́мен. В четве́рг все оце́нки за экза́мен бу́дут поста́влены и внесены́ в ба́зу да́нных. Таки́м о́бразом, уже́ в пя́тницу уче́бный семе́стр ________________.

(a) на́чат
(b) зако́нчен
(c) бу́дет завершён
(d) бу́дет продо́лжен

| 해설 | 학업 관련 어휘와 피동형동사, 특히 그 단어미형의 용법을 알아야 한다. 시험을 모두 치르고 나서 목요일에 '성적이 입력될 것'이므로 금요일에 학기가 '끝날 것이다'라고 하는 것이 문맥상 알맞다. 따라서 학기가 '시작되었다'는 (a)나 '계속될 것이다'라고 하는 (d)는 적절하지 않다. (b)와 (c)는 모두 학기의 '끝'을 이야기하지만 문법상 미래 시제가 요구되므로 (c)가 정답이다.

번역 월요일에는 대학생들이 필기시험을 볼 것이다. 화요일에는 선생님이 시험지를 검사하고 수요일에는 구두시험이 있을 예정이다. 목요일에는 모든 성적이 매겨진 뒤 데이터베이스에 입력될 것이다. 그리하여 금요일에는 이미 학기가 ________________.

(a) 시작되었다
(b) 끝났다
(c) 마감될 것이다
(d) 계속될 것이다

참고

• 피동형동사 단어미형

피동형동사의 단어미형은 피동형동사의 장어미형에서 파생되고, 수식형이 아닌 서술형으로만 쓰인다. 피동형동사의 단어미형을 사용하여 행위의 객체가 주어가 되는 구문을 만들 수 있다.

Профе́ссор на́чал ле́кцию. → Ле́кция (была́) на́чата профе́ссором.
교수님이 강의를 시작했다. 강의가 교수님에 의해 시작되었다.

현재 (불완료상에서 파생)

동사원형	чита́-ть	люб-и́ть
피동형동사 현재형	чита́-ем-ый	люб-и́м-ый
피동형동사 단어미형	чита́-ем	люб-и́м

Э́та кни́га легко́ чита́ема. 이 책은 잘 읽힌다.

Ни́на лю́бит и люби́ма. 니나는 사랑하고 사랑받는다.

과거 (완료상에서 파생)

동사원형	написа́-ть	зако́нч-ить	нача́-ть (예외)
피동형동사 과거형	напи́са-нн-ый	зако́нч-енн-ый	на́ча-т-ый
피동형동사 단어미형	напи́са-н	зако́нч-ен	на́ча-т

Кни́га напи́сана изве́стным писа́телем. 책은 유명한 작가에 의해 쓰였다.

Ле́кция была́ зако́нчена в час. 강의는 1시에 마쳐졌다.

Спекта́кль был на́чат во́время. 연극은 시간 맞춰 시작되었다.

28 Жи́тели развива́ющихся стран сейча́с бо́лее дово́льны жи́знью, чем семь лет наза́д. Наибо́льший «рост сча́стья» зафикси́рован в таки́х азиа́тских стра́нах, как Кита́й, Индоне́зия и Мала́йзия. И, напро́тив, ______________________ оказа́лись жи́тели стран Бли́жнего Восто́ка.

(a) наибо́лее ра́звитыми
(b) наибо́лее развива́ющимися
(c) са́мыми оптимисти́чно настро́енными
(d) са́мыми пессимисти́чно настро́енными

| 해설 | 개발도상국 국민들의 '행복지수'를 비교하는 글이다. 전반부에서 삶에 대한 만족도가 가장 높은 국가를 소개하고, 후반부는 'напро́тив 이와 반대로'라는 단어로 시작하므로 중동에 사는 사람들이 '가장 비관적인 마인드'를 가지고 있다고 말하는 것이 논리적으로 적절하다.

번역 개발도상국의 국민들은 삶에 대해 7년 전보다 지금 더 만족감을 느낀다. '행복지수 성장'이 가장 두드러지게 나타난 것은 중국, 인도네시아, 말레이시아와 같은 아시아 국가들이다. 이와 반대로 ______________________ 근동 국가들의 국민들이었다.

(a) 가장 개발된 것은
(b) 가장 성장하고 있는 것은
(c) 가장 긍정적인 마인드를 가진 사람들은
(d) 가장 비관적인 마인드를 가진 사람들은

참고 ※ '형용사의 최상급'에 대해서는 SET 1의 독해 26 참고.

29 О́зеру Байка́л 20 миллио́нов лет, но оно́ мо́лодо: до сих пор на его́ дне происхо́дят землетрясе́ния. Э́то означа́ет, что ________________ ещё не зако́нчено.

(a) очище́ние воды́ о́зера
(b) формирова́ние берего́в о́зера
(c) са́мое си́льное землетрясе́ние
(d) загрязне́ние окружа́ющей среды́

| 해설 | 바이칼 호수의 밑바닥에서 여전히 일어나는 지진으로 어떤 현상이 주장될 수 있는지 파악해야 하는 문제이다. (a)와 (d)는 지진의 결과가 될 수 없고, (c)의 '가장 강한 지진'은 앞의 내용과 논리적으로 연결되지 않는다. 지진이 계속해서 일어나면 '호수의 가장자리 형성'이 끝나지 않은 것이라고 하는 (b)가 정답이다.

번역 바이칼 호수는 2천만 년 되었지만 젊다. 아직까지도 그 밑바닥에서는 지진이 일어난다. 이것은 ________________ 아직 끝나지 않았음을 의미한다.

(a) 호수 물의 정화가
(b) 호수의 가장자리 형성이
(c) 가장 강한 지진이
(d) 환경 오염이

참고

океа́н 대양
мо́ре 바다
проли́в 해협
зали́в 만
о́зеро 호수
пруд 연못
водохрани́лище 저수지
река́ 강
кана́л 운하
руче́й 내, 시냇물
родни́к, ключ 샘

30 Я смотрю́ сейча́с одну́ переда́чу по телеви́зору. Ка́жется, что сюже́т э́той переда́чи мне знако́м. Ду́маю, что ________________________________.

(a) когда́-то я её ви́дел
(b) кто́-нибудь её ви́дел
(c) где́-то я с ней встреча́лся
(d) что́-нибудь она́ мне расска́жет

| 해설 | 방송 프로그램을 보고 있는 사람이 그 내용을 이미 알고 있는 이유로 적합한 것을 찾아야 한다. '어디선가' 또는 '언젠가' 그것을 봤다고 하는 것이 내용상 어울린다. 따라서 특정 사건이 실제 발생했는지 여부마저 불확실하다는 의미를 담고 있는 소사 -нибудь가 들어간 (b)와 (d)는 답이 될 수 없다. (c)는 소사 -то를 사용하여 실제 사건이 발생했음을 의미하지만 어디선가 누구와 '서로 만났다'의 의미이기 때문에 문맥상 적절하지 않다.

번역 나는 지금 텔레비전으로 어떤 프로그램을 보고 있다. 이 프로그램의 내용이 내게 왠지 익숙한 것 같다. 내 생각에, ________________________________.

(a) 나는 언젠가 그것을 본 적이 있다
(b) 누구든 그것을 봤다
(c) 나는 어디선가 그녀와 만난 적이 있다
(d) 그것은 내게 뭔가 이야기해 줄 것이다

참고

● 소사 -нибудь, -то의 용법

의문사 + -нибудь (상관 없이) ~든, -ㄴ가	의문사 + -то (내가 모르는) -ㄴ가
кто́-нибудь 누구든, 누군가 что́-нибудь 무엇이든, 무엇인가 куда́-нибудь 어디로든, 어디론가 где́-нибудь 어디에서든, 어디에선가 отку́да-нибудь 어디로부터든, 어디로부턴가 когда́-нибудь 언제든, 언젠가	кто́-то 누군가 что́-то 무엇인가 куда́-то 어디론가 где́-то 어디에선가 отку́да-то 어디로부턴가 когда́-то 언젠가
Кто́-нибудь ко мне приходи́л? 누군가 나를 찾으러 온 사람이 었었나요? Дава́й куда́-нибудь поéдем. 우리 어디로든 가자.	К тебé кто́-то приходи́л. 누군가 너를 찾아왔었어. Она́ куда́-то уéхала. 그녀는 어디론가 떠났다.

31 Камча́тский край был образо́ван в 2007 году́ в результа́те объедине́ния Камча́тской о́бласти и Коря́кского автоно́много о́круга. Он и сего́дня остаётся одно́й из наиме́нее населённых областе́й страны́. Сре́дняя пло́тность населе́ния здесь ________________________________.

(a) о́чень низка́
(b) значи́тельно высока́
(c) остаётся максима́льной
(d) занима́ет пе́рвое ме́сто в Росси́и

| 해설 | '사람이 가장 적게 사는' 러시아 캄차카 지방의 인구밀도를 설명하는 어구를 찾아야 한다. (b), (c), (d)는 모두 인구밀도가 높다는 내용이므로 정답이 될 수 없다.

번역 캄차카 크라이는 2007년에 캄차카주와 코랴크 자치구가 통합된 결과로 형성되었다. 이것은 오늘날에도 여전히 러시아에서 사람이 가장 적게 사는 지역 중 하나이다. 이곳의 평균 인구밀도는 ________________________.

(a) 매우 낮다
(b) 상당히 높다
(c) 최고치를 유지한다
(d) 러시아에서 1위를 차지한다

참고

- **оди́н из + 최상급 복수 생격** 가장 ~한 ~ 중 하나

  Трамва́й – оди́н из наиме́нее опа́сных ви́дов тра́нспорта.
  전차는 가장 덜 위험한 교통수단 중 하나이다.

  Но́вгород – оди́н из наибо́лее дре́вних городо́в Росси́и.
  노브고로드는 러시아의 가장 오래된 도시 중 하나이다.

32 Национа́льным па́рком называ́ется осо́бо охраня́емая террито́рия и́ли аквато́рия. На ней с це́лью защи́ты приро́ды ограни́чена, ______________________ де́ятельность челове́ка.

(a) но не запрещена́
(b) а та́кже воспрещена́
(c) и, как пра́вило, расши́рена
(d) и по́лностью приостано́влена

| 해설 | 국립공원에 대한 글로, 'ограни́чена 제한되다'가 핵심 단어이다. 인간의 활동이 확대된다는 (c)는 텍스트와 상반된 내용이므로 정답이 될 수 없다. 사람의 활동이 금지된다는 (b)와 전적으로 중지된다는 (d)는 '제한되다'라는 단어와 함께 사용할 수 없다.

번역 특별히 보호받는 지역 또는 수역을 국립공원이라고 한다. 여기서는 자연 보호를 위해 인간의 활동이 제한______________________.

(a) 되지만 금지되지는 않는다
(b) 되며 또한 금지된다
(c) 되고 원칙적으로 확대된다
(d) 되고 전적으로 중지된다

참고

- **с це́лью + *чего́*** ~을 목적으로

Мы купи́ли а́кции с це́лью получе́ния вы́годы.
우리는 이익 창출을 목적으로 주식을 샀다.

- **с це́лью + 동사원형** ~하기 위해

Он пое́хал в Росси́ю с це́лью вы́учить ру́сский язы́к.
그는 러시아어를 배우기 위해 러시아로 갔다.

33 К нача́лу но́вого учё́бного го́да роди́тели купи́ли сы́ну но́вую шко́льную фо́рму, спорти́вный костю́м, а та́кже не́сколько руба́шек и осе́ннюю ку́ртку. В о́бщем, забо́тливые роди́тели по́лностью ________________ к шко́ле.

(a) оде́ли ребёнка
(b) наде́ли оде́жду
(c) приоде́ли дете́й
(d) переоде́ли сы́на

| 해설 | ‘оде́ть 옷을 입히다’의 용법을 알아야 풀 수 있는 문제이다. (b)는 부모님이 직접 ‘옷을 입었다’, (d)는 ‘옷을 갈아입혔다’로 해석되기 때문에 글의 내용과 어울리지 않는다. (c)는 아이 한 명이 아니라 여러 명에게 옷을 입혔다는 내용이므로 역시 문맥에 맞지 않는다. оде́ть가 ‘옷을 입히다’ 외에 ‘~의 옷을 제공하다, 마련하다’의 뜻도 있음을 기억하자.

번역 새로운 학기가 시작될 무렵 부모님은 아들에게 새 교복, 운동복, 또한 여러 장의 셔츠와 가을 점퍼를 사줬다. 다시 말해서, 살뜰한 부모님은 학교를 보내기 전에 완벽하게 ____________________.

(a) 아이의 옷을 마련했다
(b) 옷을 입었다
(c) 아이들을 잘 차려 입혔다
(d) 아들의 옷을 갈아입혔다

참고

- **одева́ть/оде́ть + *кого́*** ~에게 옷을 입히다; 옷을 마련하다

  Мать оде́ла дочь в краси́вое пла́тье.

  어머니는 딸에게 예쁜 드레스를 입혔다.

  Роди́тели оде́ли сы́на к зиме́.

  부모님은 아들의 겨울옷을 마련했다.

- **надева́ть/наде́ть + *что*** ~을 입다, ~을 입히다

  Я наде́л белую рубашку.

  나는 하얀 셔츠를 입었다.

  Я надел на сына белую рубашку.

  나는 아들에게 하얀 셔츠를 입혔다.

- **приодева́ть/приоде́ть + *кого́* + во *что*** ~을 ~으로 차려 입히다

  К пра́зднику мать приоде́ла меня́ во всё но́вое.

  명절에 맞춰 어머니는 나를 전부 새 옷으로 차려 입혔다.

- **переодева́ть/переоде́ть + *кого́* + во *что*** ~을 ~으로 갈아입히다

  Роди́тели переоде́ли ребёнка в тёплую оде́жду.

  부모님은 아이를 따뜻한 옷으로 갈아입혔다.

34 Пе́рвой счёт в ма́тче откры́ла ме́стная кома́нда «Ро́ял». Во второ́м та́йме гостя́м удало́сь отыгра́ться, но хозя́ева вновь порази́ли воро́та проти́вника, установи́в оконча́тельный счёт. «Сою́з» заверши́л матч с «Ро́ялом» ____________________.

(a) в свою́ по́льзу
(b) сыгра́в вничью́
(c) со счётом 2:1 в по́льзу госте́й
(d) со счётом 2:1 в по́льзу хозя́ев

| 해설 | 스포츠와 관련된 어휘력을 확인하는 문항이다. 글의 전체적인 흐름을 파악해야 경기 결과를 알 수 있다. 'Ме́стная кома́нда 홈 팀'와 'хозя́ева 주인들'라는 표현은 둘 다 'Ро́ял 로열' 팀을 지칭하므로 홈 팀이 2 대 1로 우승했다는 (d)가 정답이다.

번역 경기에서 선제골을 홈 팀인 '로열'이 넣었다. 후반전에서 원정 팀이 점수를 만회했지만 홈 팀이 다시 상대 팀의 골대에 골을 넣으면서 최종 스코어를 확정했다. '소유즈' 팀은 '로열'과의 경기를 ____________________ 마쳤다.

(a) 득점으로
(b) 무승부로
(c) 2 : 1 원정 팀 우승으로
(d) 2 : 1 홈 팀 우승으로

참고
выи́грывать/вы́играть 이기다
прои́грывать/проигра́ть 지다
игра́ть/сыгра́ть вничью́ 비기다
оты́грываться/отыгра́ться 만회하다

35 В теку́щем году́ дохо́ды горожа́н превы́сили расхо́ды, и ра́зница ме́жду э́тими показа́телями возросла́ до 15%. Что послужи́ло тому́ причи́ной? Стати́стика пока́зывает, что дохо́ды жи́телей в э́том году́ увели́чились на 8,6%, ____________ их расхо́ды на поку́пку това́ров и про́чие ну́жды сни́зились.

(a) так как
(b) при э́том
(c) для э́того
(d) ввиду́ того́ что

| 해설 | 전후 문맥의 논리 관계를 파악하는 문제이다. 제시된 글에서 올해 시민들의 수입은 지출보다 15% 높았는데, 실제 수입 증가는 8.6%에 불과하다. 차이가 15%까지 나는 이유를 설명하기 위해 마지막 문장에서는 '한편', '이와 동시에'의 뜻을 지닌 при э́том을 사용하는 것이 적절하다.

번역 올해 시민들의 수입은 지출보다 높았으며, 그 차이는 15%까지 증가했다. 무엇이 원인이 되었는가? 통계에 따르면 올해 주민들의 수입은 8.6% 증가했는데, ____________ 물건 구입과 기타 필수품에 대한 지출은 감소했다.

(a) 왜냐하면
(b) 한편
(c) 이를 위해
(d) 그 까닭은

참고

увели́чиваться/увели́читься 증가하다
уменьша́ться/уме́ньшиться 감소하다
повыша́ться/повы́ситься 높아지다
снижа́ться/сни́зиться 낮아지다
дохо́ды 수입
расхо́ды 지출

Part IV

| 문제 36~50 | 다음 글을 읽고 주어진 질문에 대한 가장 알맞은 답을 고르시오.

36 «Не́вский проспе́кт» – по́весть Никола́я Васи́льевича Го́голя, напи́санная в 1833 году́. Она́ начина́ется со слов «Нет ничего́ лу́чше Не́вского проспе́кта, по кра́йней ме́ре, в Петербу́рге; для него́ он составля́ет всё». Да́лее сле́дует описа́ние того́, как Не́вский проспе́кт меня́ется с ра́ннего утра́ до по́здней но́чи.

Вопро́с: О чём расска́зывается в те́ксте?

(a) Об у́лицах Петербу́рга.
(b) О жи́зни Никола́я Го́голя.
(c) О по́вести ру́сского писа́теля.
(d) О прогу́лках по Не́вскому проспе́кту.

| 해설 | 페테르부르크에 있는 넵스키 거리를 묘사하는 러시아 작가 니콜라이 고골의 작품에 대한 글이다. 앞부분에 나오는 'по́весть 중편소설'라는 단어를 알면 문제를 쉽게 풀 수 있다. 이 명사는 여성형이기 때문에 두 번째 문장에 나오는 대명사 она́는 '중편소설'을 의미한다. 마지막 문장에서는 'в по́вести 이 중편소설에서'라는 말이 생략된 채 그 줄거리가 소개되고 있다.

번역 《넵스키 거리》는 1833년에 집필된 니콜라이 바실리예비치 고골의 중편소설이다. 이 소설은 "넵스키 거리보다 더 좋은 곳은 없다, 적어도 페테르부르크에는. 이 도시에서 이 거리는 전부이다"라는 말로 시작된다. 이어서 넵스키 거리가 이른 아침부터 늦은 밤까지 어떻게 변화되는지 묘사되고 있다.

질문: 이 텍스트에서는 무엇에 대해 언급되고 있습니까?

(a) 페테르부르크의 거리들에 대해.
(b) 니콜라이 고골의 삶에 대해.
(c) 러시아 작가의 중편소설에 대해.
(d) 넵스키 거리에서의 산책에 대해.

참고

• 전치사 с와 со

전치사 'с ~와 함께, ~부터'는 с-, з-, ш-, щ-로 시작되고, 앞에 이중자음이 오는 단어와 결합할 때 'со'의 형태를 취한다.

с суббо́ты 토요일부터
со среды́ 수요일부터

예외
со мной 나와 함께
со всéми 모두와 함께

37 Наве́рное, ка́ждый ча́сто говори́т себе́: «На́до бо́льше чита́ть книг». Но когда́ прихо́дишь домо́й по́сле рабо́ты, хо́чется снача́ла немно́го отдохну́ть: включа́ешь телеви́зор, пока́ лежи́шь на дива́не, захо́дишь в интерне́т и смо́тришь что́-нибудь интере́сное. А пото́м уже́ пора́ ложи́ться спать, и сего́дня про́сто не оста́лось вре́мени на чте́ние. Как измени́ть ситуа́цию?

Вопро́с: О како́й пробле́ме говори́тся в те́ксте?

(a) Лю́ди почти́ не чита́ют книг.
(b) Всем ну́жно ра́но ложи́ться спать.
(c) Кто бо́льше чита́ет, тот бо́льше устаёт.
(d) Совреме́нные лю́ди сли́шком мно́го рабо́тают.

| 해설 | 현대인의 독서 시간 부족 문제를 다루는 글이며 비교적 쉬운 어휘로 구성되어 있다. '책을 더 많이 읽어야 한다'와 '독서를 위한 시간이 남지 않는다'라는 부분을 통해서 (a)가 정답임을 알 수 있다. 퇴근 후 쉬면서 텔레비전을 보고, 인터넷으로 흥미로운 것을 본다고 하기 때문에 이 글이 (d)에서처럼 현대인들이 너무 많이 일하는 문제를 다룬다고 볼 수 없다.

번역 아마 모든 사람들은 자주 스스로에게 "책을 더 많이 읽어야 된다"고 말할 것이다. 그러나 퇴근하고 집에 오면 우선 조금 쉬고 싶어서 소파에 누워 있는 동안 텔레비전을 켜고, 인터넷에 들어가 뭔가 흥미로운 것을 보게 된다. 그러고 나면 이미 잘 시간이 다가와, 오늘도 독서를 위한 시간은 전혀 남지 않게 된다. 이 상황을 어떻게 바꿀 것인가?

질문: 이 텍스트에서는 어떤 문제에 대해 언급되고 있습니까?

(a) 사람들은 책을 거의 읽지 않는다.

(b) 모두 일찍 잠자리에 누워야 한다.

(c) 책을 더 많이 읽는 사람일수록 더 많이 피곤하다.

(d) 현대인들은 너무 많이 일한다.

참고

● 동사 лежáть와 ложи́ться의 용법

구분	누워 있다(상태)	눕다(동작)	
	лежáть(불완료)	**ложи́ться**(불완료)	**лечь**(완료)
현재	я лежу́ ты лежи́шь они́ лежáт	я ложу́сь ты ложи́шься они́ ложáтся	
과거	он лежáл(-а, -о, -и)	он ложи́лся она ложи́ла(-ло, -ли)сь	он лёг она леглá(-ó, -и́)
미래	я бу́ду + лежáть	я бу́ду + ложи́ться	я ля́гу ты ля́жешь они́ ля́гут
명령형	Лежи́(те)!	Ложи́(те)сь!	Ля́г(те)!

Я лежу́ на дивáне. 나는 소파에 누워 있다.

Я ложу́сь на дивáн. 나는 소파에 눕는다.

38 Зда́ние «Сиби́ри» нахо́дится в це́нтре го́рода, недалеко́ от вокза́ла. Здесь всего́ 250 станда́ртных номеро́в и 50 номеро́в люкс. На ве́рхнем этаже́ рабо́тают рестора́ны, фи́тнес-центр и бассе́йн. На пе́рвом этаже́ посети́тели мо́гут отдохну́ть и послу́шать му́зыку в кафе́, почита́ть газе́ты и журна́лы в хо́лле. Брони́ровать номера́ мо́жно как по телефо́ну, так и по интерне́ту.

Вопро́с: О чём говори́тся в те́ксте?

(a) О гости́нице.
(b) О библиоте́ке.
(c) Об общежи́тии.
(d) О спорти́вном ко́мплексе.

| 해설 | 'станда́ртный но́мер 스탠다드 룸', 'но́мер люкс 디럭스 룸', 'брони́ровать но́мер 객실을 예약하다'와 같은 어휘를 통해서 글의 소재가 호텔임을 알 수 있다. (b)의 '도서관'과 (d)의 '스포츠센터'는 '객실'이라는 단어 때문에, 그리고 (c)의 '기숙사'는 '손님들'이라는 단어 때문에 적절한 응답이 될 수 없다.

번역 '시베리아' 건물은 시내에, 기차역에서 멀지 않은 곳에 위치한다. 여기에는 총 250개의 스탠다드 룸과 50개의 디럭스 룸이 있다. 위층에는 레스토랑들, 피트니스센터와 수영장이 있다. 1층에서는 손님들이 카페에서 쉬거나 음악을 듣고, 로비에서 신문과 잡지를 읽을 수 있다. 객실은 전화 또는 인터넷으로 예약할 수 있다.

질문: 이 텍스트는 무엇에 대해 이야기하고 있습니까?

(a) 호텔에 대해.

(b) 도서관에 대해.

(c) 기숙사에 대해.

(d) 스포츠센터에 대해.

참고

- 전치사 o와 об

전치사 'о ~에 대해'는 а-, э-, и-, о-, у-로 시작되는 단어와 결합할 때 'об'의 형태를 취한다.

о ле́кции 강의에 대해서

об уро́ке 수업에 대해서

예외

обо мне 나에 대해서

обо всех 모두에 대해서

39 По традúции, пóсле венчáния новобрáчные пéрвым дéлом отправлЯ́лись к родúтелям женихá. Там их встречáли «хлéбом да сóлью», то есть, привéтствовали у себЯ́ дóма как нóвых жильцóв. В нáши же дни все молодожёны хотЯ́т побыстрéе пересéлúться в своЮ́ сóбственную квартúру, и традúция встречáть женихá с невéстой дóма «хлéбом да сóлью» потерЯ́ла своЮ́ актуáльность.

Вопрóс: Какóе заглáвие наибóлее тóчно отражáет содержáние тéкста?

(a) Квартúры для новобрáчных.
(b) Основны́е продýкты питáния.
(c) Гостеприúмные новобрáчные.
(d) Стáрые обы́чаи ухóдят в прóшлое.

| 해설 | 빵과 소금으로 손님을 맞이하는 러시아 전통에 관한 글로, 전후 문맥의 논리를 파악해야 한다. 전반부는 'по традúции 전통에 따라'라는 말로 시작되고, 후반부는 'в нáши же дни 그러나 오늘날'라고 하기 때문에 대조를 이루는 내용이 전개됨을 알 수 있다. 글의 요점은 과거에는 전통에 따라 시집에서 신혼부부를 '빵과 소금'으로 맞이했지만 오늘날에는 바로 분가하기 때문에 그런 전통이 사라진다는 것이다.

번역 전통적으로 신혼부부는 혼인식이 끝나고 나서 제일 먼저 신랑의 부모님 집에 갔었다. 그곳에서는 그들을 '빵과 소금'으로 맞이했다. 즉, 새롭게 자신의 집에서 같이 살게 된 사람으로서 환영했던 것이다. 그러나 오늘날 모든 신혼부부는 가능한 빨리 자기 자신의 아파트로 이사하려고 해서 신랑, 신부를 '빵과 소금'으로 맞이하는 전통이 현실적이지 않게 되었다.

질문: 어떤 제목이 텍스트의 내용을 가장 정확하게 반영합니까?

(a) 신혼부부를 위한 아파트.

(b) 주요 식품.

(c) 환대하는 신혼부부.

(d) 옛 풍습이 과거로 사라진다.

참고

- **접속사 да** 그리고, 그러나

Бýдем жить вдвоём, тóлько ты да я.

너와 나, 둘이서만 살자.

Сóлнце свéтит, да не грéет.

해는 비치고 있으나 따뜻하지는 않다.

40 Как мóжно лýчше узнáть истóрию своéй страны́? Во-пéрвых, мóжно читáть кни́ги по истóрии, истори́ческие ромáны и пóвести. Во-вторы́х, мóжно смотрéть телепередáчи и документáльные фи́льмы об истори́ческих собы́тиях. И, конéчно же, нýжно смотрéть нóвости кáждый день, ведь чéрез нéкоторое врéмя э́то и бýдет истóрией вáшей страны́.

Вопрóс: Какóй совéт не даётся в тéксте?

(a) Читáйте литератýру по истóрии.
(b) Старáйтесь посещáть истори́ческие местá.
(c) Ежеднéвно слýшайте нóвости по телеви́зору.
(d) Смотри́те различные истори́ческие передáчи и фи́льмы.

| 해설 | 역사를 더 잘 알기 위한 방법을 제안하는 글이다. 언급되지 않은 조언을 찾기 위해 선택지와 텍스트의 내용을 대조해 봐야 한다. '역사 유적지 방문'에 대한 부분이 없으므로 정답은 (b)이다.

번역 자국의 역사를 어떻게 하면 더 잘 알 수 있을까? 첫째, 역사에 관한 책, 역사 장편소설과 중편소설을 읽을 수 있다. 둘째, 역사적 사건에 대한 텔레비전 방송 프로그램과 다큐멘터리 영화를 볼 수 있다. 그리고 물론 매일 뉴스를 봐야 한다. 일정한 시간이 흐르면 이 또한 당신 나라의 역사가 되는 것 아니겠는가!

질문: 텍스트에서 제공하지 않는 조언은 어떤 것입니까?

(a) 역사에 관한 서적을 읽으세요.
(b) 역사 유적지를 방문하도록 하세요.
(c) 매일 텔레비전으로 뉴스를 시청하세요.
(d) 다양한 역사 프로그램과 영화를 보세요.

참고

- **посеща́ть/посети́ть + *кого́/что*** ~을 방문하다, 찾아가다; 출석하다

  По вечера́м меня́ посеща́ли прия́тели.

  저녁마다 친구들이 나의 집을 방문했다.

  Э́тот студе́нт пло́хо посеща́ет заня́тия.

  이 대학생은 수업에 잘 출석하지 않는다.

- **навеща́ть/навести́ть + *кого́*** ~을 (인사차) 방문하다, 찾아가다; 문병하다

  Вну́ки ча́сто навеща́ют де́душку.

  손주들은 자주 할아버지를 찾아뵙는다.

  Мне ну́жно навести́ть дру́га в больни́це.

  나는 병원에 있는 친구를 문병해야 한다.

41 Сего́дня ста́ли изве́стны результа́ты очередно́го иссле́дования брита́нских учёных, кото́рые установи́ли, как свя́заны морщи́ны и во́зраст. По их мне́нию, жи́тельницы Короле́вства начина́ют страда́ть от морщи́н в 24 го́да. И́менно в э́том во́зрасте они́ ча́сто смо́трятся в зе́ркало, пыта́ясь найти́ мале́йшие измене́ния на ко́же. Часть де́вушек уже́ в 21 год начина́ет применя́ть сре́дства от старе́ния ко́жи.

Вопро́с: Кто в да́нном те́ксте беспоко́ится о старе́нии ко́жи?

(a) Брита́нские учёные же́нского по́ла.
(b) Все, кто ча́сто смо́трится в зе́ркало.
(c) Де́вушки, кото́рым ещё нет 21 го́да.
(d) Же́нщины, прожива́ющие в А́нглии.

| 해설 | 주름과 나이의 상관관계에 대한 영국 학자들의 연구 결과를 소개하는 글이다. 이 연구에 따르면 영국 여성들이 24세부터 주름 때문에 고민한다고 되어 있기 때문에 정답은 (d)이다. 이때 영국 여성들을 'жи́тельницы Короле́вства'로 지칭할 수 있다는 것을 알아두자. 'короле́вство'라는 단어가 소문자로 표기될 때는 일반 명사인 '왕국'을 의미하지만 대문자로 시작될 때는 고유 명사가 되며, 이 텍스트에서는 '영국 연방 왕국'으로 해석된다.

번역 주름과 나이의 상관관계를 밝힌 영국 학자들의 또 하나의 연구 결과가 오늘 알려졌다. 그들의 견해에 따르면 왕국의 여성 국민들은 24세부터 주름 때문에 고민하기 시작한다. 바로 이 나이에 그들은 피부에 생기는 아주 작은 변화까지 포착하려 애쓰면서 자주 거울을 들여다본다. 일부 아가씨들은 이미 21세에 피부 노화 방지 제품을 사용하기 시작한다.

질문: 이 텍스트에서 피부 노화에 대해 걱정하는 사람은 누구입니까?

(a) 영국의 여성 학자들.

(b) 자주 거울을 들여다보는 모든 사람들.

(c) 아직 21세가 안 된 아가씨들.

(d) 영국에 거주하는 여성들.

참고

- **смотре́ть/посмотре́ть + *что*** (의지를 가지고) ~을 보다, 시청하다

  Анто́н смо́трит телеви́зор.

  안톤은 텔레비전을 보고 있다.

- **смотре́ть/посмотре́ть + на *что*** (의지를 가지고) ~을 바라보다

  Ви́ктор смо́трит на меня́ и улыба́ется.

  빅토르는 나를 바라보며 미소를 짓고 있다.

- **смотре́ться/посмотре́ться + во *что*** ~을 들여다보다

  Ни́на смо́трится в зе́ркало.

  니나는 거울을 들여다본다.

- **ви́деть/уви́деть + *кого́/что*** (의지가 없이, 보여서) ~을 보다

  Наконе́ц, мы уви́дели чи́стое не́бо.

  드디어 우리는 깨끗한 하늘을 보았다.

- **ви́деться/уви́деться + с *кем*** ~와 서로 보다, 만나다

  Вчера́ я ви́делась с подру́гами.

  어제 나는 여자 친구들과 만났다.

42 Чтóбы вы́учить инострáнный язы́к, недостáточно лишь знать прáвила граммáтики. О́чень вáжно побывáть в языковóй средé, узнáть об истóрии, тради́циях и культýрных осóбенностях рóдины языкá. Поэ́тому языковы́е прогрáммы за грани́цей – вáжный этáп изучéния инострáнного языкá, котóрый позвóлит за корóткий срок получи́ть мáксимум необходи́мой информáции.

Вопрóс: Что предлагáет дáнное сообщéние?

(a) Отдохнýть за грани́цей.
(b) Спóсоб быстрée вы́учить язы́к.
(c) Изучáть рáзные инострáнные языки́.
(d) Интересовáться культýрой своéй рóдины.

| 해설 | 외국어 공부에서 어학연수의 중요성에 대해 언급하는 글이다. 언어를 외국에 가서 배우면 'за корóткий срок 짧은 기간 내에' 필요한 정보를 최대한 얻을 수 있다고 하므로 정답은 (b)이다. (a)는 공부가 아니라 외국에서 쉬는 것을 제안하고 있고, (c)는 '여러 외국어를 공부하는 것', (d)는 '자국의 문화에 관심을 가지는 것'이므로 글의 맥락과 맞지 않는다.

번역 외국어를 공부하기 위해 문법 규칙을 아는 것만으로는 충분하지 않다. 그 언어 환경에 있어 보고, 언어의 본고장에서 역사와 전통, 그리고 문화적 특성에 대해 알아보는 것이 매우 중요하다. 그렇기 때문에 해외 어학연수 프로그램은 외국어 공부의 중요한 단계이며, 이것을 통해서 단기간에 필수 정보를 최대한 얻을 수 있다.

질문: 이 글에서 제안하는 것은 무엇입니까?

(a) 외국에서 휴식을 취하는 것.

(b) 언어를 빨리 배우는 방법.

(c) 여러 외국어를 공부하는 것.

(d) 자국의 문화에 관심을 가지는 것.

참고

- **за грани́цей** 외국에서

  Мой друг живёт за грани́цей.

  나의 친구는 외국에서 산다.

- **за грани́цу** 외국으로

  Сын уе́хал учи́ться за грани́цу.

  아들은 공부하러 외국으로 갔다.

- **заграни́ца** 외국

  На́ша компа́ния сотру́дничает с заграни́цей.

  우리 회사는 외국과 협업한다.

43 Молодо́е вино́ – э́то алкого́льный напи́ток, кото́рый на́чал броди́ть, но ещё не явля́ется гото́вым проду́ктом. Оно́ быва́ет бе́лым, ро́зовым и кра́сным, изгота́вливается из ра́нних сорто́в виногра́да. Употребля́ют молодо́е вино́ обы́чно с сы́тными блю́дами, так как оно́ о́чень прия́тно на вкус и име́ет дово́льно си́льное опьяня́ющее де́йствие.

Вопро́с: О чём нельзя́ узна́ть из те́кста?

(a) О разнови́дностях молодо́го вина́.
(b) О спо́собе употребле́ния молодо́го вина́.
(c) Об исто́рии произво́дства молодо́го вина́.
(d) О сырье́ для произво́дства молодо́го вина́.

| 해설 | 숙성이 덜 된 'молодо́е вино́ 어린 와인'에 대한 여러 정보를 제시하는 글이다. (a)와 (d)에 나오는 어린 와인의 '종류'와 '원료'에 대한 내용은 두 번째 문장에서 찾을 수 있으며, 바로 다음 문장에서 (b)의 '마시는 방법'에 대해 알 수 있다.

번역 어린 와인은 숙성되기 시작했으나 아직 완제품이 아닌 알코올 음료를 말한다. 이것의 종류에는 화이트, 로제, 레드가 있고, 수확이 이른 포도의 품종으로 만들어진다. 어린 와인은 주로 포만감 높은 음식과 함께 마신다. 왜냐하면 이것은 맛이 매우 좋고 꽤 취하게 만들기 때문이다.

질문: 이 텍스트를 통해서 무엇에 대해 알 수 없습니까?

(a) 어린 와인의 종류에 대해.
(b) 어린 와인을 마시는 방법에 대해.
(c) 어린 와인의 제조 역사에 대해.
(d) 어린 와인의 생산 원료에 대해.

참고 • **употребля́ть/употреби́ть + *что*** ~을 사용하다; ~을 섭취하다

Ка́ждый из нас ежедне́вно употребля́ет иностра́нные слова́.

우리 중 누구나 매일 외국 단어들을 사용한다.

Употребля́ть вино́ пе́ред едо́й поле́зно для пищеваре́ния.

식전에 와인을 섭취하는 것은 소화를 돕는다.

44 Ситуа́ция с мировы́ми це́нами на нефть продолжа́ет остава́ться нестаби́льной. 21-го ноября́ сто́имость не́фти на европе́йском ры́нке подняла́сь вы́ше 80 до́лларов за ба́ррель. Рост котиро́вок происхо́дит на фо́не реше́ния Наро́дного ба́нка Кита́я сни́зить ба́зовые проце́нтные ста́вки, а та́кже сообще́ний о прорабо́тке Росси́ей возмо́жности сниже́ния добы́чи не́фти.

Вопро́с: Како́е изложе́ние совпада́ет с содержа́нием те́кста?

(a) Росси́я сни́зила объём добы́чи не́фти.
(b) Эконо́мика Кита́я ока́зывает влия́ние на сто́имость не́фти.
(c) Сто́имость не́фти подняла́сь из-за сниже́ния добы́чи не́фти Росси́ей.
(d) До 21-го ноября́ сто́имость не́фти была́ ро́вно 80 до́лларов за ба́ррель.

| 해설 | 국제 유가 인상과 그 원인에 대해 보도하는 형식을 갖춘 지문으로, 경제 관련 어휘가 사용되어 다소 어렵게 느껴질 수 있다. (a)와 (c)에서는 러시아의 원유 생산 감소가 이미 일어난 사실로 되어 있지만 텍스트에는 그 가능성만 언급되었다. 그리고 11월 21일 유가가 '80달러를 넘었다'고만 되어 있기 때문에 (d) 또한 텍스트의 내용과 일치하지 않는다.

번역 국제 유가 상황이 여전히 불안정하다. 11월 21일 유럽 시장에서의 원유 가격이 배럴당 80달러를 넘었다. 유가 인상은 중국인민은행의 기준금리 인하, 그리고 러시아의 원유 생산량 감소 가능성 고려에 관한 보도를 배경으로 이루어졌다.

질문: 텍스트의 내용과 일치하는 서술은 어느 것입니까?

(a) 러시아가 원유 생산량을 감소시켰다.

(b) 중국 경제가 유가에 영향을 미치고 있다.

(c) 유가는 러시아의 원유 생산량 축소로 인해 올랐다.

(d) 11월 21일 이전에 유가는 정확하게 배럴당 80달러였다.

참고

- **ценá + на *что*** ~의 가격, 값

  В начáле гóда цéны на зóлото поднялись.

  연초에 금값이 상승했다.

- **ценá + *чегó*** ~의 가격, 값

  Ценá товáра укáзана на цéннике.

  상품 가격은 가격표에 명시되어 있다.

- **стóимость + *чегó*** ~의 가격, 값

  Стóимость бензи́на на конкрéтных запрáвках мóжет отличáться.

  휘발유 가격은 각각의 주유소에서 다를 수 있다.

45 Компа́ния «Де́тский двор» представля́ет спорти́вные площа́дки, на кото́рых мо́гут занима́ться и де́ти, и взро́слые. Физи́ческая де́ятельность на площа́дке спосо́бствует разви́тию органи́зма и укрепля́ет мы́шцы. Мы предлага́ем совреме́нное и надёжное спорти́вное обору́дование для физи́ческой акти́вности как снару́жи, так и внутри́ помеще́ний. Специали́сты компа́нии смонти́руют вы́бранные констру́кции, и вы смо́жете в любо́е вре́мя укрепля́ть здоро́вье свое́й семьи́.

Вопро́с: О чём или о ком не упомина́ется в те́ксте?

(a) О рабо́тниках компа́нии.
(b) О ви́дах спорти́вных площа́док.
(c) О сто́имости спорти́вных площа́док.
(d) О ка́честве предлага́емой компа́нией проду́кции.

| 해설 | 운동 시설을 판매하는 회사의 광고성 글이다. 회사 전문가들이 하는 작업, 실내 시설과 실외 시설의 보유, 그리고 제품의 안전성에 대한 내용은 본문에 나와 있다. 텍스트에 언급되지 않은 부분은 (c)의 '운동장의 가격'이다.

번역 '어린이를 위한 마당' 회사는 아이들도 어른들도 운동할 수 있는 운동장을 소개한다. 운동장에서의 신체 활동은 몸의 성장을 가능케 하고 근육을 강화시킨다. 우리는 실외 및 실내 신체 활동을 위한 현대적이고 안전한 운동 시설을 제공한다. 회사의 전문가들이 선택된 운동 장비를 조립해 주면 당신은 아무때나 가족의 건강을 단련시킬 수 있을 것이다.

질문: 이 텍스트에서는 무엇에 대해 또는 누구에 대해 언급하지 않습니까?

(a) 회사의 직원들에 대해.
(b) 운동장의 종류에 대해.
(c) 운동장의 가격에 대해.
(d) 회사가 제안하는 제품의 품질에 대해.

참고

● Сою́зы 접속사

역할	접속사	예문
연결	и..., и... ~도, ~도	У них есть и сын, и дочь. 그들은 아들도 딸도 있다.
	не то́лько..., но и... ~뿐만 아니라 ~도	В го́сти пригласи́ли не то́лько меня́, но и тебя́. 손님으로 나뿐만 아니라 너도 초대되었다.
	ни..., ни... ~도, ~도 (않다)	Ни мне, ни дру́гу фильм не понра́вился. 나도 친구도 영화가 마음에 들지 않았다.
대립	не..., а... ~가 아니라 ~이다	Э́то не Анто́н, а Ни́на. 이 사람은 안톤이 아니라 니나이다.
선택, 변화	и́ли..., и́ли... 또는 ~ 또는 ~	Я и́ли приду́, и́ли позвоню́. 나는 가든가 전화하든가 하겠다.
	то..., то... 때로는 ~, 때로는 ~	Пого́да то я́сная, то па́смурная. 날씨가 맑았다 흐렸다 한다.

46 В шко́лах Росси́и вско́ре начну́т изуче́ние «ро́бототе́хники». Благодаря́ но́вому предме́ту, старшекла́ссники полу́чат зна́ния из о́бласти фи́зики, черче́ния, инжене́рии и други́х дисципли́н, применя́емых при проекти́ровании ро́ботов. Ва́жно знако́мить шко́льников с нове́йшими техноло́гиями. Э́то должно́ стать толчко́м для подраста́ющего поколе́ния к со́бственным разрабо́ткам и изобрете́ниям.

Вопро́с: О каки́х измене́ниях в росси́йских шко́лах говори́тся в те́ксте?

(a) В шко́лах поя́вится но́вая те́хника.
(b) В шко́льную програ́мму бу́дет введён но́вый предме́т.
(c) Де́ти полу́чат но́вые уче́бники по фи́зике и други́м предме́там.
(d) Подро́стки бу́дут уча́ствовать в ко́нкурсах по разрабо́ткам и изобрете́ниям.

| 해설 | 러시아 학교의 새로운 교과목 도입 계획과 그 목적에 관한 글이다. 첫 문장의 'вско́ре начну́т изуче́ние «ро́бототе́хники» 곧 '로봇공학' 학습이 시작된다'라는 부분을 이해하는 것이 중요하다. (a)는 '새로운 기계', (c)는 '새로운 교과서'에 대해 말하기 때문에 문맥상 글의 내용과 맞지 않는다. 경시대회에 대한 언급이 없기 때문에 (d) 또한 답이 될 수 없다.

번역 러시아 학교들에서 곧 '로봇공학' 학습이 시작된다. 새로운 과목 덕분에 고학년 학생들은 로봇 설계 과정에서 필요한 물리, 제도학, 엔지니어링 분야와 다른 교과의 지식을 얻을 것이다. 학생들에게 최신 기술을 소개하는 것이 중요하다. 이것은 자라나는 세대를 자신만의 연구와 발명으로 이끄는 자극이 될 것이다.

질문: 이 텍스트에서는 러시아 학교의 어떤 변화에 대해 언급되고 있습니까?

(a) 학교에 새로운 기계가 생길 것이다.
(b) 교과 프로그램에 새로운 과목이 도입될 것이다.
(c) 아이들은 물리와 다른 과목의 새 교과서를 받을 것이다.
(d) 청소년들은 연구와 발명품 경시대회에 참가할 것이다.

참고 **● Сло́жные существи́тельные** 복합명사

• 연결 모음 -о-

ро́бот 로봇 + те́хника 기술, 기계, 공학 → ро́бототе́хника 로봇공학
юг 남쪽 + за́пад 서쪽 → ю́го-за́пад 남서쪽

• 연결 모음 -е-

ста́рший 나이가 위인 + класс 학급 + 접미사 ник → старшекла́ссник 고학년 학생
пе́ший 보행의 + ход 움직임 → пешехо́д 보행자

• 연결 모음 없이

кино́ 영화 + теа́тр 극장 → кинотеа́тр 영화관
спорт 운동 + площа́дка 땅, 장소 → спо́ртплоща́дка 운동장

47 В па́мяти ка́ждого челове́ка храня́тся его́ о́пыт, семе́йные и культу́рные тради́ции. Мы ча́сто жа́луемся на па́мять и ду́маем, что забыва́ем ва́жные ве́щи. Но на са́мом де́ле э́то не так. Информа́ция, полу́ченная челове́ком, никогда́ не исчеза́ет из па́мяти, она́ остаётся в тех и́ли ины́х уча́стках мо́зга. На́ша па́мять рабо́тает, как компью́терный жёсткий диск: что́бы запо́мнить но́вую информа́цию, ну́жно освободи́ть для неё ме́сто.

Вопро́с: Что, согла́сно те́ксту, происхо́дит, когда́ мозг челове́ка получа́ет но́вую информа́цию?

(a) Стира́ется ста́рая информа́ция.
(b) Увели́чивается разме́р и ма́сса мо́зга.
(c) Ста́рая информа́ция сохраня́ется в друго́м ме́сте.
(d) Изменя́ются дета́ли существу́ющей информа́ции.

| 해설 | 새로운 정보를 받아들일 때 인간의 뇌에서 일어나는 일을 설명하는 글이다. 정보가 'остаётся в тех и́ли ины́х уча́стках мо́зга 뇌의 여러 부위에 남는다'라는 부분을 이해하면 정답이 (c)임을 알 수 있다.

번역 각자의 기억에는 경험과 가족적, 그리고 문화적 전통이 보관된다. 우리는 자주 기억력이 안 좋다고 불만을 토로하고 중요한 것을 잊어버린다고 생각한다. 그러나 실제로는 그렇지 않다. 사람이 입수한 정보는 결코 기억에서 사라지지 않고 뇌의 여러 부위에 남는다. 우리의 기억은 컴퓨터 하드 디스크처럼 작동한다. 새로운 정보를 기억하기 위해서는 이를 위한 공간을 비워야 한다.

질문: 이 텍스트의 내용에 따르면 인간의 뇌가 새로운 정보를 받아들일 때 어떤 일이 일어납니까?

(a) 오래된 정보가 지워진다.
(b) 뇌의 크기와 중량이 증가한다.
(c) 오래된 정보가 다른 곳에 보관된다.
(d) 이미 존재하는 정보의 디테일들이 바뀐다.

참고

- **Возвра́тные глаго́лы** 재귀동사

-ся로 끝나는 재귀동사는 재귀대명사 себя́의 축약형에서 유래되었으며, 항상 자동사이다.

стира́ть 지우다 → стира́ться 지워지다
увели́чивать 증가시키다 → увели́чиваться 증가하다
изменя́ть 바꾸다 → изменя́ться 바뀌다
сохраня́ть 보관하다 → сохраня́ться 보관되다

인칭변화 때 자음이나 -ь로 끝나면 -ся, 모음으로 끝나면 -сь가 붙는다.
ты жа́луешь-ся, он жа́лует-ся
я жа́лую-сь

48 При ремóнте квартúр лю́ди старáются вы́брать для отдéлки кáчественные и экологúчески чúстые материáлы. В числó такúх материáлов вхóдит дéрево. Глáвное знать, какúе применя́ть порóды дéрева и как их испóльзовать. Для создáния осóбого тúпа интерьéра дéревом облицóвывают стéны и потолóк помещéния. При э́том необязáтельно, чтóбы облицóвка пóлностью былá деревя́нной.

Вопрóс: Какóе предложéние мóжет продóлжить сообщéние?

(a) Другóй популя́рный материáл для облицóвки – э́то дуб.
(b) Достáточно тогó, чтóбы из дéрева былá вы́полнена однá стенá.
(c) Слéдовательно, любóй деревя́нный пол в дóме вы́глядит роскóшно.
(d) Поэ́тому для создáния тёплого интерьéра мóжно постáвить кáдку с дéревом.

| 해설 | 인테리어 공사에서 목재를 이용한 마감 처리가 인기를 끌고 있음을 알려주는 글이다. 텍스트에 이어질 문장을 선택하기 위해 마지막 문장에 주의해야 한다. 천장이나 벽이 'пóлностью 전부' 원목으로 마감될 필요가 없다는 내용이므로, 이어서 'однá стенá 한쪽 벽'가 그렇게 꾸며진 것으로도 'достáточно 충분하다'라고 하는 것이 문맥상 맞다.

번역 사람들은 아파트를 수리할 때 마감 공사를 위해 질 좋고 친환경적인 재료를 선택하려고 한다. 이러한 자재에 목재도 포함된다. 어떤 품종의 나무를 활용할지, 그리고 그것을 어떻게 사용할지 아는 것이 중요하다. 사람들은 특별한 스타일의 인테리어를 만들기 위해 원목을 실내의 벽과 천장에 덧붙인다. 그러나 이때 마감재가 전부 원목일 필요는 없다.

질문: 위의 글에 이어질 수 있는 문장은 어떤 것입니까?

(a) 마감재로 인기 있는 다른 자재는 참나무이다.

(b) 한쪽 벽만 원목으로 마무리하는 것으로 충분하다.

(c) 따라서 집안의 그 어떤 목재 바닥도 고급스럽게 보인다.

(d) 그렇기 때문에 따뜻한 인테리어를 만들기 위해 나무통을 세워 둘 수 있다.

참고

- **входи́ть в число́ + *кого́/чего́*** ~의 수에 들어가다, 속하다

  Ю́жная Коре́я вхо́дит в число́ стран с наиме́ньшей рожда́емостью.

  한국은 출산율이 가장 낮은 국가들에 속한다.

- **быть в числе́ + *кого́/чего́*** ~ 수에 속해 있다, 속하다

  Дре́вние гре́ки бы́ли в числе́ пе́рвых, кто разрабо́тал конце́пцию зако́на.

  고대 그리스인들은 법 개념을 처음으로 마련한 사람들에 속한다.

49 Где бы ни пробури́ть сква́жину, почти́ везде́ на како́й-то глубине́ до одного́ киломе́тра вы встре́тите во́ду, и она́ обяза́тельно бу́дет минера́льной. Э́та вода́ отлича́ется от обы́чной питьево́й воды́ тем, что минера́лы растворены́ в ней в бо́льшем коли́честве. В ра́зных места́х минера́льная вода́ бу́дет соверше́нно ра́зной, и её лече́бные сво́йства бу́дут абсолю́тно разли́чными.

Вопро́с: О чём не упомина́ется в сообще́нии?

(a) О соста́ве минера́льной воды́.
(b) О сво́йствах минера́льной воды́.
(c) О спо́собе добы́чи минера́льной воды́.
(d) Об объёмах добы́чи минера́льной воды́.

| 해설 | 광천수의 채수 방법과 특징에 대한 정보를 제공하는 글로, 본문에 언급되지 않은 내용을 고르는 문제이다. 광천수가 미네랄을 다량 함유하고, 시추 홀을 뚫어서 채수되고, 약효도 있다는 내용은 본문에 언급되기 때문에 (a), (b), (c)는 답이 될 수 없다. 반면에 광천수의 채수량에 대한 언급이 없으므로 정답은 (d)이다.

번역 어디에서 시추 홀을 뚫든 깊이 1킬로미터 미만인 모든 곳에서 당신은 물을 만나게 될 것이고, 그 물은 반드시 광천수일 것이다. 이 물이 일반 식수와 다른 점은 더 많은 양의 미네랄이 용해되어 있다는 것이다. 장소에 따라 광천수는 완전히 다를 것이며, 약효도 전혀 다를 것이다.

질문: 이 글에는 무엇에 대해 언급되어 있지 않습니까?

(a) 광천수의 성분에 대해.

(b) 광천수의 특성에 대해.

(c) 광천수의 채수 방법에 대해.

(d) 광천수의 채수량에 대해.

참고

- **большо́й** 큰, 많은

  В минера́льной водé минерáлы содéржатся в большóм колúчестве.

  광천수 속에는 미네랄이 다량 함유되어 있다.

- **бóльший** 더 큰, 더 많은

  В минерáльной водé минерáлы содéржатся в бóльшем колúчестве, чем в обы́чной питьевóй.

  광천수 속에는 일반 식수보다 더 많은 양의 미네랄이 함유되어 있다.

50 Значéние и́ндекса деловóй акти́вности (PMI) произвóдственного сéктора эконóмики в Китáе в прóшлом мéсяце сни́зилось с 51,1 до 50,8. Показáтель свы́ше 50 означáет рост произвóдства, ни́же 50 – сокращéние. Таки́м óбразом, тéмпы рóста в сéкторе произвóдства оказáлись ни́же, чем предполагáли анали́тики. Дáнные покáзывают, что китáйская эконóмика растёт сáмыми мéдленными тéмпами за послéднее пятилéтие.

Вопрóс: О чём свидéтельствуют дáнные э́того тéкста?

(a) Произвóдство в Китáе сокращáется.
(b) Рост произвóдства в Китáе склоня́ется к замедлéнию.
(c) Китáйскому прави́тельству удаётся сохраня́ть тéмпы рóста эконóмики.
(d) Эконóмика Китáя растёт бóлее мéдленными тéмпами, чем в други́х стрáнах.

| 해설 | 난이도가 높은 경제 관련 어휘로 구성된 글로, 추론 능력을 요구하는 문제이다. 텍스트에 제시된 생산량의 증가와 감소에 대한 조건에 따르면 50.8이라는 구매관리자지수는 생산량이 실제적으로 증가하고 있으나 이전의 51.1보다 낮은 수치로, 그 성장 속도가 떨어지고 있음을 나타낸다.

번역 지난달 중국 경제 생산 분야 구매관리자지수(PMI)가 51.1에서 50.8로 하락했다. 50 이상의 지수는 생산량 증가, 50 이하는 생산량 감소를 의미한다. 그리하여 생산 분야의 성장 속도가 분석가들이 예상했던 것보다 낮은 것으로 밝혀졌다. 데이터에 의하면 중국 경제는 최근 5년간 가장 느린 속도로 성장하고 있다.

질문: 이 텍스트에 나오는 데이터들은 어떤 사실을 입증하고 있습니까?

(a) 중국의 생산량이 감소한다.

(b) 중국의 생산량 증가 속도가 떨어지고 있다.

(c) 중국 정부는 성공적으로 경제 성장 속도를 유지하고 있다.

(d) 중국의 경제 성장 속도가 다른 나라보다 느리다.

참고

• 소수 읽는 방법

	це́лые 일의 자리	деся́тые 소수 첫째 자리	со́тые 소수 둘째 자리
0	ноль це́лых	ноль деся́тых	ноль со́тых
1	одна́ це́лая	одна́ деся́тая	одна́ со́тая
2	две це́лых	две деся́тых	две со́тых
3 (~20)	три це́лых	три деся́тых	три со́тых

составля́ть 1,9 (одну́ це́лую, де́вять деся́тых) 1.9이다

достига́ть 20,13% (двадцати́ це́лых, трина́дцати со́тых проце́нтов) 20.13%에 달하다

с 51,1 (пяти́десяти одно́й це́лой, одно́й деся́той) до 50,8 (пяти́десяти це́лых, восьми́ деся́тых) 51.1에서 50.8까지

SET 2

청해

독해

Part I

| 문제 1~15 | 다음 문장을 듣고 자연스러운 대화를 이룰 수 있는 가장 적절한 응답을 고르시오.

01

М: Всегó хорóшего. До встрéчи!
Ж: ____________________

(a) Э́то хорошó.
(b) До свидáния!
(c) Какáя встрéча!
(d) Ничегó хорóшего.

| 해설 | 헤어질 때 사용하는 표현에 관한 문제이다. (c)는 아는 사람을 우연히 만났을 때 하는 인사로 대화의 맥락에 어울리지 않는다. (a)와 (d)에는 남성의 말에 나오는 'хорóший 좋은'와 어근이 같은 단어가 등장하지만, 해당 표현은 작별 인사가 아니라 어떤 상황에 대한 자신의 의견을 말할 때 사용된다.

번역

남: 잘 지내요. 다음에 만나요!
여: ____________________

(a) 이것은 좋아요.
(b) 안녕히 가세요!
(c) 만나서 반가워요!
(d) 좋은 점이 전혀 없네요.

참고 • 주요 인사말

만날 때	Здра́вствуй(те)! 안녕(하세요)? До́брое у́тро! 아침에 하는 인사(Good morning!) До́брый день! 낮에 하는 인사(Good afternoon!) До́брый ве́чер! 저녁에 하는 인사(Good evening!) Кака́я встре́ча! 만나서 반가워요!(예기치 않게 만났을 때 하는 인사) Добро́ пожа́ловать! 환영합니다!(손님에게 하는 인사) С прие́здом! 잘 오셨어요!(여행하여 도착한 사람에게 하는 인사) Приве́т! 안녕?
헤어질 때	До свида́ния! 안녕히 가세요/계세요! До ско́рого! 곧 만나요! До встре́чи! 다음에 만나요! Всего́ хоро́шего! 잘 지내요! Счастли́во! 행복하길 바라요! Пока́! 안녕!

02

Ж: Куда́ ты уезжа́ешь?

М: ______________________

(a) Я пое́ду на по́езде.

(b) Я отдыха́л на да́че.

(c) Ду́маю, что за́втра.

(d) На ро́дину, в Кана́ду.

| 해설 | 의문사 'куда́ 어디로'의 용법을 확인하는 문항이다. 러시아어에서는 'куда́'에 대한 답으로 반드시 전치사 뒤에 명사의 대격이 와야 하므로 전치격이 사용된 (a)와 (b)는 정답이 될 수 없다. (c)는 '어디로'라는 질문에 대한 답이 아니라 'когда́ 언제'에 대한 답이다.

번역 여: 너는 어디로 가니?

남: ______________________

(a) 나는 기차 타고 갈 거야.

(b) 나는 별장에서 쉬고 있었어.

(c) 내일 갈까 생각 중이야.

(d) 고향, 캐나다로.

참고 ※ '의문사'에 대해서는 SET 1의 독해 13 참고.

03 M: Чей э́то уче́бник?

Ж: ______________________

(a) Э́то ста́рый уче́бник.

(b) Э́то хоро́ший уче́бник.

(c) Э́то уче́бник моего́ дру́га.

(d) Э́то уче́бник ру́сского языка́.

| 해설 | '누구의 교과서인가요?'라는 질문에 알맞은 답을 고르는 문제이다. 질문에 맞게 소유의 주체를 밝혀야 하므로 생격으로 소유자를 나타낸 (c)가 정답이다. (d)의 'ру́сского языка́ 러시아어의'는 생격이지만 분야를 나타내므로 적절한 응답이 아니며, (a)의 'ста́рый 오래된'와 (b)의 'хоро́ший 좋은'는 교과서의 상태와 질을 표현하므로 답이 될 수 없다.

번역 남: 이것은 누구의 교과서인가요?

여: ______________________

(a) 이것은 오래된 교과서예요.

(b) 이것은 좋은 교과서예요.

(c) 이것은 제 친구의 교과서예요.

(d) 이것은 러시아어 교과서예요.

참고 • **чей/чья/чьё/чьи** 누구의

의문대명사 чей는 명사에 성 · 수 · 격을 일치시킨다.

Чей э́то журна́л? 이것은 누구의 잡지입니까?

Чья э́то кни́га? 이것은 누구의 책입니까?

Чьё э́то письмо́? 이것은 누구의 편지입니까?

Чьи э́то уче́бники? 이것은 누구의 교과서들입니까?

04 Ж: Как называ́ется ваш рестора́н?
М: ______________________________

(a) Его́ зову́т Алекса́ндр.
(b) О́чень про́сто – «Алекса́ндр».
(c) Он откры́лся четы́ре го́да наза́д.
(d) Все назва́ния блюд в меню́ на ру́сском.

| 해설 | 사람 이름, 그리고 물건이나 장소의 명칭을 구분하여 말하는 방법을 알면 어렵지 않게 풀 수 있는 문제이다. 비활성 명사의 명칭을 물을 때는 'называ́ться 명칭을 가지다' 동사를 사용하고, 활성 명사의 이름을 물을 때는 'звать 부르다' 동사를 사용해야 한다. 따라서 'звать' 동사가 나오는 (a)는 답이 될 수 없다. 레스토랑의 개업 시기를 언급하는 (c)는 대화의 맥락과 어울리지 않으며, 메뉴가 어떤 언어로 되어 있는지 알려주는 (d) 또한 적절한 답이 아니다.

번역 여: 당신의 레스토랑 이름이 뭐예요?
남: ______________________________

(a) 그의 이름은 알렉산드르예요.
(b) 아주 단순하게 '알렉산드르'라고 해요.
(c) 그곳은 4년 전에 개업했어요.
(d) 메뉴에 나오는 모든 요리의 명칭은 러시아어로 되어 있어요.

참고

- *что* + **называ́ться** + *как* ~의 명칭은 ~이다

  Э́тот рестора́н называ́ется «Москва́».

  이 레스토랑의 이름은 '모스크바'이다.

- *кого́* + **звать** + *как* ~의 이름은 ~이다

  Э́ту де́вушку зову́т Мари́на.

  이 아가씨의 이름은 마리나이다.

- **называ́ть** + *кого́* + *кем* ~에게 ~라는 이름을 지어 주다

  Анто́н назва́л сы́на Алекса́ндром.

  안톤은 아들에게 알렉산드르라는 이름을 지어 줬다.

05 M: Каки́е иностра́нные языки́ вы зна́ете?

Ж: ____

(a) Ру́сскую литерату́ру.

(b) Англи́йский и ру́сский.

(c) Сейча́с я изуча́ю геогра́фию Росси́и.

(d) Я зна́ю коре́йские и ру́сские посло́вицы.

| 해설 | 구사할 수 있는 외국어를 묻는 말에 적절한 응답을 찾는 문제이다. (a), (b)와 (d)에는 모두 언어를 수식할 수 있는 형용사가 나오지만 (a)는 문학, (d)는 속담과 관련되므로 답이 될 수 없다. 정답인 (b)에는 형용사만 있으나 러시아어에서는 답할 때 명사가 생략되기도 하기 때문에 문제가 되지 않는다. (c)는 언어가 아닌 지리학을 공부한다는 내용이므로 답이 될 수 없다.

번역 남: 당신은 어떤 외국어를 압니까?

여: ____

(a) 러시아 문학을요.

(b) 영어와 러시아어를요.

(c) 저는 지금 러시아 지리학을 공부하고 있습니다.

(d) 저는 한국과 러시아 속담을 알고 있습니다.

참고 • **Предме́ты** 교과목

а́лгебра 대수학	исто́рия 역사
астроно́мия 천문학	литерату́ра 문학
бота́ника 식물학	матема́тика 수학
биоло́гия 생물학	фи́зика 물리학
геогра́фия 지리학	физкульту́ра 체육
геоме́трия 기하학	филосо́фия 철학
естествозна́ние 자연과학	черче́ние 제도학
иностра́нный язы́к 외국어	хи́мия 화학

06 Ж: Ты давно́ меня́ ждёшь?

М: ________________________________

(a) Нет, я то́лько что подошёл.

(b) Нет, мы познако́мились неда́вно.

(c) Да, я живу́ здесь почти́ два ме́сяца.

(d) Да, я жду тебя́ у авто́бусной остано́вки.

| 해설 | 약속을 정한 두 사람이 만나 대화하는 상황이다. 질문의 키워드는 'давно́ 오래전부터' 이고 선택지에서 중요한 단어는 (a)의 'то́лько что 방금'이다. 부사 то́лько는 '단지'라는 의미를 가지지만 뒤에 что가 오면 의미가 달라진다는 점에 주의해야 한다. (b)와 (c)는 기간을 나타내지만 내용이 질문에 상응하지 않고, (d)는 기다린 장소에 대해 말하기 때문에 문맥에 맞지 않는다.

번역 여: 너는 나를 오래 기다렸니?

남: ________________________________

(a) 아니, 방금 왔어.

(b) 아니, 우리는 얼마 전에 서로 알게 되었어.

(c) 응, 나는 여기서 산 지가 거의 두 달이 되어 가.

(d) 응, 나는 너를 버스 정류장 근처에서 기다리고 있어.

참고 ※ '시간 부사'에 대해서는 SET 1의 독해 16 참고.

07 М: Есть билéты на вечéрний спектáкль. Пойдём вмéсте?

Ж: ______________________________

(a) Да, я могý пойтú ýтром.

(b) Хорошó. Тóлько купú билéты.

(c) Я не люблю́ ходúть в кинотеáтры.

(d) Не откажýсь. Давнó не былá в теáтре.

| 해설 | 공연에 초대하는 내용의 대화로, 답을 찾기 위해 남성이 하는 말을 주의 깊게 들어야 한다. 그가 '저녁 공연 표'라고 말했기 때문에 (a)와 (c)는 답이 될 수 없다. 그리고 그에게 표가 이미 있기 때문에 표를 구입하라고 하는 (b) 역시 문맥에 맞지 않는다. 정답인 (d)의 'не откажýсь 사양하지 않겠어'는 다소 어렵게 느껴질 수도 있지만, 'соглáсен/соглáсна 동의한다'와 마찬가지로 일상생활에서 자주 사용되는 표현이다.

번역 남: 저녁 공연 표가 있어. 같이 갈래?

여: ______________________________

(a) 응, 아침에 갈 수 있어.

(b) 좋아. 표만 사놔.

(c) 나는 영화관에 가는 것을 안 좋아해.

(d) 사양하지 않겠어. 극장에 가본 지 오래거든.

참고 ● 청유문

불완료상 동사	дава́й(те) + 원형	Дава́й говори́ть по-ру́сски. 러시아어로 말하자. Дава́йте танцева́ть. 춤을 춥시다.
완료상 동사	дава́й(те) + мы의 변화형	Дава́й сде́лаем дома́шнее зада́ние. 우리 숙제를 해놓자. Дава́йте посмо́трим фильм вме́сте. 우리 함께 영화를 봅시다.
идти́/пойти́ е́хать/пое́хать	мы의 변화형	Идём домо́й. = Пойдём домо́й. 집에 가자. Е́демте на мо́ре. = Пое́демте на мо́ре. 우리 바닷가로 갑시다.
пойти́, пое́хать (존댓말은 가능하지 않음)	과거 복수형	Пошли́ домо́й. 집에 가자. Пое́хали на мо́ре. 바닷가로 가자.

08

Ж: На кого́ ты бо́льше похо́ж, на отца́ и́ли на мать?
М: ____________________

(a) Он похо́ж на отца́.
(b) Мы с ним похо́жи.
(c) Ни на кого́ из роди́телей.
(d) Ду́маю, мы о́чень похо́жи.

| 해설 | 어렵지 않은 내용이지만 선택지의 주어와 목적어를 주의해서 들어야 풀 수 있다. 질문에는 'ты 너'라는 대명사를 사용하기 때문에 (a)와 같이 'он 그는'으로 답할 수 없다. 그리고 아버지와 어머니 중 누구를 더 닮았는지 묻는데 (b)와 (d)는 자신이 누구를 닮았는지 정확하게 밝히지 않고 대명사를 사용하여 표현하고 있다. 정답인 (c)에는 질문에 있는 표현이 등장하지 않지만, 이것은 'я не похо́ж 나는 닮지 않았다'라는 부분이 생략되었기 때문에 가능하다.

번역 여: 너는 아버지와 어머니 중 누구를 더 많이 닮았니?
남: ____________________

(a) 그는 아버지를 닮았어.
(b) 나는 그와 닮았어.
(c) 부모님 중 그 누구와도 안 닮았어.
(d) 내 생각에, 우리는 무척 닮았어.

참고

- **ни + 의문사 + не + 동사: 행위의 부정**

Я ничего́ не де́лаю. 나는 아무것도 하지 않는다.
Он ни с кем не встреча́ется. 그는 그 누구와도 만나지 않는다.

- **ни + 의문사 + не + 형용사 단어미형: 성질/상태의 부정**

Я ни на кого́ не похо́ж. 나는 그 누구와도 닮지 않았다.
Мы ни с кем не согла́сны. 우리는 그 누구에게도 동의하지 않는다.

09 M: Мне ну́жно с тобо́й поговори́ть. Когда́ ты конча́ешь рабо́тать?
Ж: ______________________

(a) Чем ра́ньше, тем лу́чше.
(b) Я рабо́таю без выходны́х.
(c) Я зако́нчу рабо́ту к сро́ку.
(d) По́сле семи́ – я к твои́м услу́гам.

| 해설 | 만날 수 있는 시간을 묻는 상황으로, (d)에 나오는 'быть к услу́гам ~을 위해 자신의 시간을 내주다'이라는 표현을 아는 것이 관건이다. 휴일 없이 일한다는 내용의 (b)는 의문사 '언제'에 대한 답이 될 수 없으며, (c)는 일이 끝나는 '시간'이 아니라 '기간'에 대해 말하는 것이므로 역시 적절한 응답이 아니다.

번역 남: 너랑 이야기할 게 있어. 몇 시에 퇴근하니?
여: ______________________

(a) 빠르면 빠를수록 좋아.
(b) 나는 휴일 없이 일해.
(c) 기간에 맞춰서 일을 마무리할게.
(d) 7시 이후에는 너를 위해 시간을 낼 수 있어.

참고 ※ 'по́сле + 생격'의 용법에 대해서는 SET 1의 청해 5 참고.

10 Ж: Ты оста́лся дово́лен экраниза́цией э́того произведе́ния?
М: ______________________________

(a) Я прочита́л его́ с удово́льствием.
(b) Не так что́бы о́чень, но смотре́ть мо́жно.
(c) Дава́й оста́немся и посмо́трим э́тот фильм.
(d) Мне нра́вятся телеви́зоры с широ́ким экра́ном.

| 해설 | 영화화된 작품에 대한 상대방의 의견을 묻는 상황을 설정하여 어휘력을 확인하는 문제이다. 영화에 대해 질문하는 것이기 때문에 (a)에서처럼 '그것을 읽었어'라고 하거나 (d)에서처럼 '텔레비전들을 좋아해'라고 답하는 것은 맥락에 맞지 않는다. 동사 оста́ться가 단독으로 쓰일 때는 (c)에서처럼 '남다'라는 의미를 지니지만 дово́лен이라는 단어와 함께 쓰이면 '만족하다'라는 의미가 된다는 것을 기억하자.

번역 여: 너는 이 작품의 영화화가 마음에 들었니?
남: ______________________________

(a) 나는 그것을 기분 좋게 읽었어.
(b) 아주 마음에 든 것은 아니지만 볼 만했어.
(c) 우리 남아서 이 영화 보자.
(d) 나는 화면이 넓은 텔레비전들을 좋아해.

참고 • **동사원형 + мо́жно** –ㄹ 만하다

Фильм не осо́бо интере́сный, но смотре́ть мо́жно.
영화가 특별히 재미있지는 않지만 볼 만하다.
Она непло́хо гото́вит, есть мо́жно.
그녀는 요리 솜씨가 나쁘지 않아. 먹을 만해.

11 M: Мне придётся прода́ть свою́ маши́ну.

Ж: ________________________

(a) Я то́же к тебе́ приду́.

(b) Ты рабо́таешь продавцо́м?

(c) Уве́рена, пото́м жале́ть бу́дешь.

(d) А мне пришло́сь съе́здить на такси́.

| 해설 | 'придётся (어쩔 수 없이) ~해야만 한다'의 용법을 확인하는 문항이다. 이 단어에서 -ся가 빠진 'прийти́ 오다' 동사가 사용된 (a)는 상응하는 의미의 답이 아니다. 그리고 남성이 자신의 차를 파는 것이므로 (b)에서처럼 그를 판매원으로 생각하는 것은 논리적인 유추라 할 수 없다. '나는 어쩔 수 없이'라는 표현이 들어간 (d)를 정답으로 오인할 수 있으나, 'съе́здить на такси́ 택시를 타고 다녀오다'라는 부분 때문에 대화의 맥락에 어울리지 않는다.

번역 남: 내 차를 팔아야만 되겠어.

여: ________________________

(a) 나도 너의 집으로 갈게.

(b) 너는 판매원으로 일하니?

(c) 나는 네가 나중에 후회할 거라고 확신해.

(d) 나는 어쩔 수 없이 택시를 타고 다녀왔어.

참고 • приходи́ться/прийти́сь의 용법

시제	приходи́ться (불완료)	прийти́сь (완료)
현재	Ка́ждый день мне прихо́дится встава́ть ра́но. 나는 매일 일찍 일어나야만 한다.	
과거	Ра́ньше мне приходи́лось встава́ть ра́но. 예전에 나는 일찍 일어나야만 했었다.	Вчера́ мне пришло́сь встать ра́но. 어제 나는 일찍 일어나야만 했다.
미래		За́втра мне придётся встать ра́но. 내일 나는 일찍 일어나야만 할 것이다. Тепе́рь мне ка́ждый день придётся встава́ть ра́но. 이제 나는 매일 일찍 일어나야만 할 것이다.

12 Ж: Ты не мóжешь по дорóге заéхать за мной?
М: ______________________________

(a) Кто э́то за тобóй?
(b) Жди меня́ к двум.
(c) Я сижу́ ря́дом с тобóй.
(d) Я заéхал к тебé на мину́тку.

| 해설 | 일상생활에서 자주 들을 수 있는 내용의 대화이다. 미래의 상황에 대해서 말하기 때문에 과거형 동사를 사용한 (d)는 답이 될 수 없다. (a)에서는 전치사 за가 '~의 뒤에'라는 의미로 사용되어 질문의 'заéхать за ~을 데리러 오다'와는 의미가 다르다. 정답인 (b)를 이해하기 위해서 수사의 격변화를 알아야 한다.

번역 여: 가는 길에 나를 데리러 올 수 없겠니?
남: ______________________________

(a) 너의 뒤에 있는 사람이 누구니?
(b) 2시까지 갈 테니까 기다려.
(c) 나는 너의 옆에 앉아 있어.
(d) 나는 너의 집에 잠깐 들렀어.

참고 **● 수사의 격변화**

주격	생격	여격	대격	조격	전치격
оди́н(남) одно́(중) одна́(여) одни́(복수)	одного́ одно́й одни́х	одному́ одно́й одни́м	одного́(활성) оди́н/одно́(비활성) одну́ одни́х(활성) одни́(비활성)	одни́м одно́й одни́ми	(об) одно́м (об) одно́й (об) одни́х
два(남/중) две(여)	двух	двум	двух(활성) два/две(비활성)	двумя́	(о) двух
три	трёх	трём	трёх(활성) три(비활성)	тремя́	(о) трёх
четы́ре	четырёх	четырём	четырёх(활성) четы́ре(비활성)	четырьмя́	(о) четырёх
пять	пяти́	пяти́	пятеры́х(활성) пять(비활성)	пятью́	(о) пяти́
со́рок	сорока́	сорока́	со́рок	сорока́	(о) сорока́
сто	ста	ста	сто	ста	(о) ста
две́сти	двухсо́т	двумста́м	две́сти	двумяста́ми	(о) двухста́х
ты́сяча	ты́сячи	ты́сяче	ты́сячу	ты́сячей	(о) ты́сяче

13 М: По-мо́ему, в предыду́щем сезо́не игроки́ бы́ли в лу́чшей фо́рме.

Ж: ______________________________

(a) Да, их игра́ оставля́ет жела́ть лу́чшего.

(b) Да, они́ ста́ли игра́ть уве́реннее и точне́е.

(c) Да, ведь сейча́с их трениру́ют лу́чшие тре́неры.

(d) Да, расцве́тка ста́рой фо́рмы мне нра́вилась бо́льше.

| 해설 | 'быть в лу́чшей фо́рме 몸 상태가 더 좋다'라는 표현을 이해해야 풀 수 있는 문제이다. (d)에서는 фо́рма가 '몸 상태'가 아니라 '유니폼'이라는 뜻으로 사용되어 응답으로 적절하지 않다. 남성은 선수들이 예전에 비해 몸 상태가 더 안 좋아 보인다고 하는데, (b)와 (c)에서는 여성이 남성의 말에 동의하면서 선수들이 경기를 더 잘한다고 말하기 때문에 이 두 선택지의 내용은 논리적으로 적절하지 않다.

번역 남: 내 생각에는 지난 시즌에 선수들 몸 상태가 더 좋았던 것 같아.

여: ______________________________

(a) 응, 그들의 경기가 아쉽네.

(b) 응, 더 자신 있고 정확하게 경기하네.

(c) 응, 최고의 코치들이 지금 그들을 훈련시키고 있잖아.

(d) 응, 나는 옛날 유니폼 색상이 더 마음에 들었어.

참고 в про́шлом сезо́не 지난 시즌에

в предыду́щем сезо́не 이전 시즌에

в э́том сезо́не 이번 시즌에

в теку́щем сезо́не 현 시즌에

в сле́дующем сезо́не 다음 시즌에

в наступа́ющем сезо́не 다가오는 시즌에

14 Ж: Слы́шала, ваш сын занима́ется перево́дом?

М: ______________________________

(a) Да, времена́ми ему́ прихо́дится.

(b) Да, ему́ удало́сь найти́ перево́дчика.

(c) Да, он перевёлся на друго́й факульте́т.

(d) Да, его́ кни́гу перевели́ на ра́зные языки́ ми́ра.

| 해설 | 접두사 'пере-'와 어근 '-вод-/-вес-'를 가진 다양한 어휘가 등장하는 문항이다. 질문에는 통번역을 의미하는 명사 'перево́д'가 사용되고, 선택지 (b)에는 'перево́дчик 통번역가', (c)에는 'перевести́сь 전과하다', 그리고 (d)에는 'перевести́ 번역하다'가 나오는데 유사하게 들리는 이 단어들을 정확하게 구분할 수 있어야 한다.

번역 여: 당신의 아들이 통번역 일을 한다면서요?

남: ______________________________

(a) 네, 때때로 그 일을 해야 할 때가 있지요.

(b) 네, 그는 번역하는 사람을 구할 수 있었지요.

(c) 네, 그는 전과했어요.

(d) 네, 그의 책이 세계 여러 언어로 번역되었어요.

참고

- **переводи́ть/перевести́ + *что* + на *что*** ~을 ~로 통역/번역하다

  Анто́н перево́дит э́ту кни́гу на ру́сский язы́к.

  안톤은 이 책을 러시아어로 번역하고 있다.

- **переводи́ться/перевести́сь + *отку́да* + *куда́*** ~에서 ~로 전과하다

  Он перево́дится с на́шего факульте́та на филологи́ческий.

  그는 우리 학부에서 어문학부로 전과한다.

15 М: У тебя́ о́тпуск опла́чиваемый?
Ж: ______________________________

(a) Э́то дорогова́то.
(b) Представля́ешь, за свой счёт.
(c) Да, я по́лностью оплати́ла его́.
(d) Нет, я получи́ла де́ньги нали́чными.

| 해설 | 무급 휴가, 유급 휴가와 같은 고급 어휘에 대한 지식이 요구되는 문제이다. 여성이 완불했다고 하는 (c)는 휴가와 관련된 응답이 아니다. (a) 또한 가격에 대한 의견을 말할 때 쓰는 표현이다. 현금으로 돈을 받았다는 내용의 (d)는 질문의 맥락에서 벗어나 있다. 정답인 (b)의 '스스로 비용을 감당하다'의 뜻을 가지는 'за свой счёт'라는 표현을 익혀 두도록 하자.

번역 남: 너는 휴가가 유급이니?
여: ______________________________

(a) 좀 비싼 편이네.
(b) 상상이나 가? 무급이야.
(c) 응, 나는 비용을 다 지불했어.
(d) 아니, 나는 돈을 현금으로 받았어.

참고
опла́чиваемый о́тпуск 유급 휴가
о́тпуск за свой счёт 무급 휴가
взять о́тпуск 휴가를 내다
взять отгу́л 연차/월차를 내다
взять больни́чный 병가를 내다

Part II

| 문제 16~30 | 다음 대화를 듣고 자연스러운 대화를 이룰 수 있는 가장 적절한 응답을 고르시오.

16

Ж: Приве́т! Как дела́?

М: Сего́дня у меня́ всё отли́чно.

Ж: Что но́вого?

М: ______________________

(a) У меня́ на́сморк.

(b) Я опозда́л на ле́кцию.

(c) Я, наконе́ц, сдал все экза́мены.

(d) У меня́ слома́лся моби́льный телефо́н.

| 해설 | 기본적인 안부 인사로 이루어진 대화로, 남성의 'всё отли́чно 모든 일이 잘되어 간다'라는 말을 이해하면 어렵지 않게 풀 수 있는 문제이다. (c)를 제외한 모든 선택지가 좋지 않은 일에 대한 내용이기 때문에 적절한 응답이 될 수 없다.

번역

여: 안녕? 어떻게 지내?

남: 오늘은 모든 일이 잘되어 가.

여: 어떤 새로운 소식이 있어?

남: ______________________

(a) 나는 코감기 걸렸어.

(b) 나는 강의에 늦었어.

(c) 나는 드디어 모든 시험에 통과했어.

(d) 나는 핸드폰이 고장 났어.

참고

Как (у вас/у тебя́) дела́? 어떻게 지내(세요)? Как (вы) пожива́ете? 어떻게 지내십니까?	Отли́чно. 아주 잘 지내요. Хорошо́. 잘 지내요 Норма́льно. 괜찮아요. Та́к себе. 그저 그래요. Непло́хо. 나쁘지 않아요. Пло́хо. 안 좋습니다.

17

M: Здрáвствуйте! Вам из мéбельного магази́на привезли́ дивáн.

Ж: Проходи́те.

M: Кудá стáвить?

Ж: ____________________________

(a) В вáнную, в шкаф.

(b) В туалéт, на пóлку.

(c) В гости́ную, у стены́.

(d) В кýхню, на гáзовую плитý.

| 해설 | 주거 공간과 관련된 기본 어휘력을 측정하는 문항이다. 'дивáн 소파'과 어울리는 공간은 (a)의 욕실과 (b)의 화장실이 아니라, (c)의 거실이다. 물론 부엌도 가능하지만 (d)는 '가스레인지 위에'라는 구체적인 설명이 있어서 논리적으로 맞지 않는다.

번역 남: 안녕하세요? 가구 가게에서 소파를 가져왔습니다.

여: 들어오세요.

남: 어디에다 둘까요?

여: ____________________

(a) 욕실 수납장 안에요.

(b) 화장실 선반 위에요.

(c) 거실 벽 옆으로요.

(d) 부엌 가스레인지 위에요.

참고 ● 주거 관련 어휘

ко́мната 방 **помеще́ние** 실내공간	гости́ная 거실	спа́льня 침실
	кабине́т 서재	де́тская ко́мната 아이 방
	гостева́я ко́мната 손님방	столо́вая 식당
	ку́хня 부엌	ва́нная 욕실
	душева́я 샤워실	туале́т 화장실
	вера́нда 베란다	балко́н 발코니
	прихо́жая 현관	коридо́р 복도
ме́бель 가구	дива́н 소파	кре́сло 안락의자, 1인용 소파
	сте́нка 장식장	ку́хонный стол 식탁
	пи́сьменный стол 책상	туале́тный сто́лик 화장대
	журна́льный столик 잡지용 탁자	стул 의자
	шкаф (옷)장	крова́ть 침대
	по́лка 선반	ту́мбочка 협탁
бытова́я те́хника 가전제품	телеви́зор 텔레비전	холоди́льник 냉장고
	но́утбу́к 노트북	кондиционе́р 에어컨
	компью́тер 컴퓨터	вентиля́тор 선풍기
	пылесо́с 청소기	утю́г 다리미
	стира́льная маши́на 세탁기	электроча́йник 전기주전자
	га́зовая плита́ 가스레인지	
	микроволно́вая печь 전자레인지	
	увлажни́тель во́здуха (во́здухоувлажни́тель) 가습기	
	очисти́тель во́здуха (во́здухоочисти́тель) 공기청정기	

18

Ж: Ты до сих пор не спишь?

М: Да, хочу́ дочита́ть кни́гу.

Ж: Мно́го оста́лось?

М: ____________________

(a) Два ра́за.

(b) В два часа́.

(c) Нет, две тетра́ди.

(d) Нет, две страни́цы.

| 해설 | 이 문제에서는 책을 읽고 있다는 남성의 말을 이해하는 것이 관건이다. 모든 선택지에 숫자 '2'가 들어 있는데 대화의 상황을 고려할 때 이 숫자와 어울리는 명사는 (d)의 'страни́ца 쪽'뿐이다.

번역

여: 너 아직도 안 자고 있었어?

남: 응, 책을 끝까지 읽고 싶어서.

여: 많이 남았어?

남: _______________

(a) 두 번.

(b) 2시에.

(c) 아니, 공책 두 권.

(d) 아니, 두 쪽.

참고

※ оди́н, два의 용법과 수사의 격변화에 대해서는 SET 2의 청해 12 참고.

19

M: Ты слы́шала прогно́з пого́ды?

Ж: Ещё нет, а что?

M: По́сле обе́да обеща́ли дождь.

Ж: ______________________

(a) Тебе́ нужна́ бу́дет ша́пка.

(b) Вот, возьми́ с собо́й зонт.

(c) Возьми́ с собо́й очки́ от со́лнца.

(d) Мне нра́вится э́тот си́ний плащ.

| 해설 | 일기예보와 날씨에 관한 대화이다. ‘обеща́ли дождь 비가 온다고 예보했다’를 이해하면 어렵지 않게 적절한 답을 고를 수 있다. 모자와 선글라스를 챙겨 가라고 하는 (a)와 (c)는 논리적으로 어울리는 응답이 아니다. (b)와 (d)에는 ‘зонт 우산’와 ‘плащ 우비, 트렌치코트’라는 비와 관련이 있는 단어가 나오는데, (d)에서는 트렌치코트가 마음에 든다고만 하기 때문에 남성의 발화를 이어갈 수 있는 문장이 아니다.

번역

남: 너는 일기예보를 들었니?

여: 아직 못 들었는데, 왜?

남: 오후에 비가 온다고 예보했어.

여: ______________________

(a) 너는 모자가 필요하겠네.

(b) 여기, 우산 가지고 가.

(c) 선글라스를 가지고 가.

(d) 나는 이 파란색 트렌치코트가 마음에 들어.

참고 **• Приро́дные явле́ния** 자연현상

дождь 비
ли́вень 폭우
гроза́ 폭풍우
гром 천둥
мо́лния 번개
снег 눈
ве́тер 바람
урага́н 허리케인
бу́ря 뇌우
тайфу́н 태풍
тума́н 안개
град 우박
за́суха 가뭄
наводне́ние 홍수
землетрясе́ние 지진
о́ползень 산사태

20

Ж: Теа́тр «Ро́дина», слу́шаю вас.

М: Де́вушка, у вас ещё оста́лись биле́ты на 8 часо́в?

Ж: Вам побли́же, пода́льше?

М: ______________________

(a) 500 рубле́й.

(b) Есть 12-й ряд.

(c) Возьму́ биле́ты сейча́с.

(d) Е́сли мо́жно, в середи́не.

| 해설 | 공연 티켓을 예매하기 위해 극장 매표소 직원과 통화하는 내용이다. 어떤 자리를 원하느냐는 직원의 질문에 어울리는 응답을 고르는 문제로, 중간 자리에 앉고 싶다고 하는 (d)가 정답이다. (a)와 (b)는 손님이 아니라 매표소 직원의 발화로 어울리며, (c)는 답을 하지 않고 바로 표를 사겠다고 하기 때문에 대화의 맥락에 맞지 않는다.

번역

여: '고향' 극장입니다. 무엇을 도와드릴까요?

남: 8시 표 아직 남아 있나요?

여: 앞자리 아니면 뒷자리를 원하세요?

남: ______________________

(a) 500루블입니다.

(b) 열두 번째 열에 자리가 있습니다.

(c) 지금 바로 표를 구입하겠습니다.

(d) 가능하다면 중간 자리로 주십시오.

참고

● **접두사 по + 비교급** 조금 더 ~하게/한

Я хочу́ сесть побли́же к вы́ходу. 나는 출구에 조금 더 가까이 앉고 싶어요.

Пого́да у нас сейча́с потепле́е, чем у вас. 거기보다 여기 날씨가 지금 더 따뜻해요.

21 М: Вы купи́ли но́вую кварти́ру?

Ж: Да, трёхко́мнатную.

М: А в како́м райо́не?

Ж: ____________________

(a) Недалеко́ от це́нтра.

(b) В многоэта́жном до́ме.

(c) Приходи́те к нам в го́сти.

(d) Ря́дом есть краси́вый парк.

| 해설 | 새로 산 아파트가 위치한 동네를 알려주는 응답을 찾는 문제이다. 고층 아파트에 있다고 말하는 (b)나 집에 초대하는 내용의 (c)는 질문에 적절한 답이 되지 않는다. (d)는 먼저 동네를 말한 뒤에 사용할 수 있는 문장이다.

번역 남: 새 아파트를 사셨어요?

여: 네, 방 3개짜리 아파트예요.

남: 어느 동네에 있어요?

여: ____________________

(a) 시내에서 멀지 않은 곳에요.

(b) 고층 아파트에 있어요.

(c) 우리 집에 놀러 오세요.

(d) 근처에 아름다운 공원이 있어요.

참고 **● 위치 표현**

전치사	격	예문
недалеко́ от 멀지 않은 곳에	*+ кого́/чего́*	Анто́н живёт недалеко́ от це́нтра го́рода. 안톤은 시내에서 멀지 않은 곳에 산다.
о́коло 근처에		Дава́й встре́тимся о́коло больни́цы. 병원 근처에서 만나자.
напро́тив 맞은편에		Я жду тебя́ напро́тив твоего́ до́ма. 나는 너의 집 맞은편에서 너를 기다리고 있어.
ря́дом с 옆에	*+ кем/чем*	Ря́дом с на́шей шко́лой есть бассе́йн. 우리 학교 옆에 수영장이 있다.
пе́ред 앞에		Пе́ред зда́нием растёт большо́е де́рево. 건물 앞에 커다란 나무가 자라고 있다.
ме́жду 사이에		Де́ти стоя́ли ме́жду отцо́м и ма́терью. 아이들은 아버지와 어머니 사이에 서 있었다.
над 위에		Над мо́рем лета́ли ча́йки. 바다 위에는 갈매기들이 날아다녔다.
под 아래에, 밑에		Под де́ревом лежа́ла ста́рая соба́ка. 나무 밑에는 늙은 개가 누워 있었다.
за 뒤에		Остано́вка нахо́дится за э́тим зда́нием. 정류장은 이 건물 뒤에 있다.

22

Ж: Зна́ешь, сейча́с о́чень популя́рны кулина́рные переда́чи.

М: Да, я то́же обожа́ю их.

Ж: А кака́я твоя́ люби́мая?

М: ______________________________

(a) Я ещё не жена́т.

(b) Мне нра́вятся все блю́да.

(c) Я мечта́ю стать кулина́ром.

(d) Та, что идёт по вто́рникам ве́чером.

| 해설 | 좋아하는 요리 프로그램을 묻는 내용의 대화이다. 아직 미혼이라고 답하는 (a)는 맥락에 전혀 맞지 않는다. 이것은 'люби́мая 좋아하는 것'를 '사랑하는 여인'으로 잘못 해석할 수 있는 것을 고려하여 만들어진 선택지이다. (b)는 'блю́да 요리들' 대신 'переда́чи 프로그램들'라는 단어가 사용되었다면 적절한 답이 되었을 것이다. 정답인 (d)에서는 지시대명사 'та 그'가 꾸미는 명사가 생략되었다.

번역

여: 있잖아, 요즘은 요리 프로그램들이 굉장히 인기가 있더라.

남: 응, 나도 그 프로그램들을 엄청 좋아해.

여: 네가 제일 좋아하는 프로그램은 뭔데?

남: ______________________________

(a) 나는 아직 미혼이야.

(b) 나는 모든 요리가 좋아.

(c) 나는 요리사가 되는 것이 꿈이야.

(d) 화요일 저녁마다 방영되는 그 프로그램.

참고

● 지시대명사 э́тот, тот

남성	여성	중성	복수
э́тот дом 이 집	э́та переда́ча 이 프로그램	э́то зда́ние 이 건물	э́ти лю́ди 이 사람들
тот дом 그/저 집	та переда́ча 그/저 프로그램	то зда́ние 그/저 건물	те лю́ди 그/저 사람들

23

М: Я хочу́ записа́ться на приём, но не зна́ю к како́му врачу́.

Ж: На что вы жа́луетесь?

М: У меня́ расстро́йство желу́дка.

Ж: ______________________________

(a) Хорошо́, я ему́ переда́м.

(b) Вам ну́жно к терапе́вту.

(c) Результа́ты бу́дут гото́вы че́рез два дня.

(d) Тогда́ я запишу́ вас на приём к хиру́ргу.

| 해설 | 병원에서 접수하는 과정에서 배탈이 났을 때 어느 과에서 진료를 받아야 하는지 간호사가 알려주는 상황이다. 배가 아프기 때문에 (d)의 외과가 아니라 (b)의 내과 진료를 받아야 한다고 말하는 것이 가장 적절하다. 남성은 아직 진료를 받기 전이므로 검사 결과에 대해 이야기하는 (c)는 순서상 어울리지 않는다.

번역

남: 진료를 받고 싶은데 어느 과 의사한테 가야 되는지 모르겠어요.

여: 어디가 불편하신가요?

남: 배탈이 났어요.

여: ______________________________

(a) 좋아요. 그에게 전하겠습니다.

(b) 내과 진료를 받으셔야 합니다.

(c) 검사 결과는 이틀 뒤에 나옵니다.

(d) 그렇다면 외과 진료를 예약해 놓겠습니다.

참고

- **В больни́це** 병원에서

Что у вас боли́т? 어디가 아픕니까?

Что вас беспоко́ит? 어디가 불편합니까?

На что жа́луетесь? 어디가 불편합니까?

Запиши́тесь на приём к врачу́. 진료를 접수하세요.

Кака́я у вас температу́ра? 체온이 어떻게 됩니까?

Изме́рьте температу́ру. 열을 재보세요.

Откро́йте рот, пожа́луйста. 입을 벌리세요.

Дыши́те, не дыши́те. 숨을 들이쉬고, 참으세요.

У вас анги́на. 후두염입니다.

У вас всё в поря́дке. 다 괜찮습니다.

Я вы́пишу вам реце́пт. 처방전을 써드리겠습니다.

Поправля́йтесь/Выздора́вливайте! 쾌차하세요!

※ '질병 및 증상 관련 표현'은 SET 1의 청해 18, '의학 전문의'에 대해서는 SET 1의 청해 38 참고.

24

Ж: До университе́та не довезёте?

М: Куда́ и́менно вам ну́жно?

Ж: К гла́вному вхо́ду.

М: ___________

(a) Входи́те.

(b) Сади́тесь.

(c) Откро́йте.

(d) Проходи́те.

| 해설 | 이 문제는 택시를 타는 상황에서 일어나는 대화로 구성되어 있으며, 일상생활에서 사용되는 표현에 대한 지식을 요구한다. 교통수단에 타는 것을 표현할 때는 'сади́ться 앉다' 동사를 쓰기 때문에 정답은 (b)이다. (a)와 (d)는 집이나 방과 같은 공간에 들어오라고 할 때 쓰는 표현이다.

번역

여: 대학교까지 태워다 주지 않을래요?

남: 정확히 어디까지 가십니까?

여: 정문까지요.

남: ___________

(a) 들어오세요.

(b) 타세요.

(c) 열어 주세요.

(d) 지나가세요.

참고 ● '앉아 있다/앉다' 유형의 동사

구분	앉아 있다 (상태)	앉다 (동작)	
	сиде́ть (불완료)	**сади́ться** (불완료)	**сесть** (완료)
현재	я сижу́ ты сиди́шь они́ сидя́т	я сажу́сь ты сади́шься они́ садя́тся	
과거	сиде́л(-а, -о, -и)	сади́лся сади́ла(-ло, -ли)сь	се́л(-а, -о, -и)
미래	я бу́ду + сиде́ть	я бу́ду + сади́ться	я ся́ду ты ся́дешь они́ ся́дут
명령형	Сиди́(те)!	Сади́(те)сь!	Ся́дь(те)!

Я сижу́ на сту́ле. 나는 의자에 앉아 있다.
Я сажу́сь на стул. 나는 의자에 앉는다.

25

М: До́ктор, у меня́ боли́т голова́, и я ка́шляю.

Ж: Я должна́ вас послу́шать. Подними́те руба́шку. Дыши́те.

М: Что у меня́?

Ж: ____________________

(a) Скоре́е выздора́вливайте!

(b) У вас высо́кая температу́ра.

(c) Вы сего́дня непло́хо вы́глядите.

(d) Ваши лёгкие в поря́дке, не волну́йтесь.

| 해설 | 병원에서 진료를 받는 상황이다. 의사가 '숨을 들이쉬세요'라고 말했기 때문에 폐가 괜찮다고 하는 (d)가 문맥상 가장 잘 어울린다. (b)는 체온을 잰 뒤 쓸 수 있는 표현이며, (a)와 (c) 또한 '제가 어디가 안 좋습니까?'라는 질문에 논리적으로 상응하는 응답이 되지 못한다.

번역

남: 선생님, 저는 머리가 아프고 기침을 합니다.

여: 숨소리를 들어 봐야겠어요. 셔츠를 올려 보세요. 숨을 들이쉬세요.

남: 제가 어디가 안 좋습니까?

여: ____________________

(a) 빨리 완쾌하세요!

(b) 고열이 있으시네요.

(c) 당신은 오늘 괜찮아 보이십니다.

(d) 걱정하지 마세요. 폐에는 이상이 없습니다.

참고

• **Внýтренние óрганы** 내장 기관

сéрдце 심장
головнóй мозг 두뇌
лёгкое(лёгкие) 폐
пéчень 간
желýдок 위장
пóчка(пóчки) 신장
кишéчник 창자
мочевóй пузы́рь 방광

26 Ж: Когда́ вы смо́жете осуществи́ть поста́вку?

М: Че́рез ме́сяц.

Ж: То́лько ника́к не по́зже. Мы мо́жем пропусти́ть зи́мний сезо́н.

М: ______________________

(a) Поторопи́тесь, мы вас ждём.

(b) К сожале́нию, э́то невозмо́жно.

(c) Хорошо́, даю́ вам своё разреше́ние.

(d) Мы постара́емся уложи́ться в срок.

| 해설 | 무역 관련 전문용어가 사용되어 다소 어려운 문제이다. 서둘러야 하는 남성 측이 오히려 서두르라고 하기 때문에 (a)는 어울리는 응답이 될 수 없다. 앞서 남성이 한 달 후에 납품 가능하다고 말했기 때문에 불가능하다는 (b)는 논리적으로 상응하지 않는다. 기간을 맞추도록 노력하겠다는 (d)가 대화를 가장 적절하게 이어가는 문장이다.

번역 여: 물품 공급을 언제 해줄 수 있나요?

남: 한 달 후에 가능합니다.

여: 그렇지만 더 늦어서는 안 됩니다. 겨울 시즌을 놓칠 수 있거든요.

남: ______________________

(a) 서둘러 주세요. 우리는 당신을 기다리고 있습니다.

(b) 안타깝지만 그것은 불가능합니다.

(c) 좋아요. 허락하겠습니다.

(d) 기한을 맞추도록 노력하겠습니다.

참고

подпи́сывать/подписа́ть контра́кт/догово́р 계약에 서명하다
заключа́ть/заключи́ть сде́лку 거래를 체결하다
де́лать/сде́лать зака́з + на *что* ~을 주문하다
осуществля́ть/осуществи́ть поста́вку 납품하다
соблюда́ть/соблюсти́ усло́вия догово́ра 계약 조건을 지키다
укла́дываться/уложи́ться в срок 기한을 맞추다
наруша́ть/нару́шить догово́р 계약을 위반하다

27

M: Вы подгото́вились к встре́че двух кома́нд?

Ж: Да, но их боле́льщики меня́ трево́жат.

M: Бу́дем наде́яться, что они́ бу́дут держа́ть себя́ в рука́х.

Ж: ______________________________

(a) Как бы не так.

(b) Де́ло ма́стера бои́тся.

(c) Да, они́ бу́дут держа́ть у́хо востро́.

(d) Встреча́ют по одёжке, а провожа́ют по уму́.

| 해설 | 응원하러 온 관중들이 난동을 피우지 않을까 염려하는 내용의 대화이다. 여러 속담과 관용구가 포함되어 난이도가 상당히 높은 문제이다. (b)는 직역하면 '일이 전문가를 무서워한다'로, '전문가라면 일을 잘하지요'라는 의미의 속담이다. (d) 또한 자주 쓰는 속담 중 하나인데 '사람의 겉모습보다 그의 지성이 더 중요하다'라는 뜻이다.

번역

남: 두 팀의 경기 준비는 마치셨나요?

여: 네, 하지만 응원하러 온 관중들이 걱정이랍니다.

남: 그들이 자중하리라 믿어 봅시다.

여: ______________________________

(a) 그럴 리가 있겠어요?

(b) 전문가라면 일을 잘하지요.

(c) 네, 그들은 주의해서 잘 지켜볼 것입니다.

(d) 사람의 겉모습보다는 그의 지성이 더 중요하지요.

참고 ※ '신체 부위와 관련된 관용구'는 SET 1의 청해 27 참고.

28 Ж: Какова́ цель ва́шей пое́здки?

М: Я прие́хал в командиро́вку.

Ж: Как до́лго вы пробу́дете в на́шей стране́?

М: ______________________________

(a) По обстоя́тельствам.

(b) Наде́юсь, не так ско́ро.

(c) Ду́маю, что неде́лю наза́д.

(d) Не ра́ньше, чем че́рез две неде́ли.

| 해설 | 입국 시 여권 심사 과정에서 이루어지는 대화로, 국내에 얼마 동안 머물 예정인지 묻는 질문에 어울리는 답을 선택해야 한다. (c)는 과거에 일어난 일을 말하므로 적절하지 않다. (b)와 (d)는 'как до́лго? 얼마 동안?'가 아니라 'когда́? 언제?'에 대한 답이다.

번역 여: 여행 목적이 무엇입니까?

남: 출장을 왔습니다.

여: 우리나라에 얼마 동안 머무실 예정입니까?

남: ______________________________

(a) 상황을 봐야 합니다.

(b) 그렇게 빠르지는 않으리라 믿습니다.

(c) 일주일 전이라 생각됩니다.

(d) 최소 2주 후입니다.

참고 ● **Пáспортный контрóль** 여권 심사

Покажи́те, пожáлуйста, ваш пáспорт. 여권을 보여 주십시오.

Ваш пáспорт, пожáлуйста. 여권을 주십시오.

Каковá цель вáшей поéздки? 여행 목적이 무엇입니까?

– Я приéхал в командирóвку. 출장을 왔습니다.

– Я приéхал на учёбу. 유학을 왔습니다.

– Я приéхал на стажирóвку. 연수를 왔습니다.

Как дóлго вы пробу́дете в нáшей странé? 우리나라에 얼마 동안 머무실 예정입니까?

– Примéрно недéлю. 약 일주일 동안이요.

– Покá не знáю. По обстоя́тельствам. 아직 모르겠습니다. 상황을 봐야 합니다.

29

M: Мы реши́ли сде́лать зака́з на ва́шу колле́кцию о́буви.

Ж: Вы мо́жете дать информа́цию по расцве́ткам и разме́рам?

M: Все подро́бности мы могли́ бы указа́ть в бла́нке зака́за.

Ж: ______________________________

(a) Уве́рена, на́ши цветы́ вам обяза́тельно понра́вятся.

(b) Не забу́дьте указа́ть их во́зраст и семе́йное положе́ние.

(c) Зака́з при́нят. Блю́да бу́дут по́даны че́рез не́сколько мину́т.

(d) В тако́м слу́чае, я отпра́влю его́ вам на электро́нную по́чту.

| 해설 | 거래처에 제품을 주문하는 내용의 대화이다. 여기에는 구두의 'расцве́тка 색상'에 대한 언급이 나오는데 (a)에서 цветы́는 '꽃'을 가리킨다. '색'의 복수형은 цветы́가 아니라 цвета́임을 기억하자. (b)는 제품의 사양이 아니라 인적 사항에 대한 내용이며, (c)는 요리 주문을 받았을 때 사용되는 표현이다.

번역

남: 우리는 귀사의 구두 컬렉션을 주문하기로 했습니다.

여: 색상과 사이즈 정보를 주실 수 있습니까?

남: 모든 자세한 사항은 주문서에 적어 드릴 수 있습니다.

여: ______________________________

(a) 우리 꽃이 반드시 당신 마음에 들 것이라 확신합니다.

(b) 그들의 나이와 가족관계를 적는 것을 잊지 마십시오.

(c) 주문을 받았습니다. 요리는 몇 분 후 갖다 드리겠습니다.

(d) 그렇다면 그것을 전자메일로 당신께 보내 드리겠습니다.

참고 • **О́бщая характери́стика това́ра** 제품의 기본 사양

название това́ра 제품명
моде́ль 모델명
соста́в/комплекта́ция 구성
цвет/расцве́тка 색상
разме́р 사이즈
ма́сса 중량
себесто́имость 원가
потреби́тельская це́на 소비자 가격
да́та изготовле́ния 생산 날짜
ме́сто изготовле́ния 생산지
производи́тель 생산자
срок го́дности 유효 기간
срок хране́ния 유통 기간
гаранти́йный срок AS 보증 기간

30 Ж: Вы согласова́ли гра́фик проведе́ния совеща́ний?

М: Да, бы́ло решено́ провести́ их в конце́ тре́тьего кварта́ла.

Ж: А мы успе́ем подгото́виться?

М: ______________________________

(a) Ещё бы, ведь мы ухо́дим в о́тпуск.

(b) Коне́чно. Мы про́сто обожа́ем гото́вить.

(c) Ви́димо, придётся отказа́ться от выходны́х.

(d) Успе́ем, тре́тий кварта́л в двух шага́х отсю́да.

| 해설 | 회의 일정과 준비 과정을 확인하는 질문에 적절한 응답을 고르는 문항이다. (b)의 гото́вить는 '준비하다'가 아닌 '요리하다'이며, (d)의 кварта́л은 '4분기'가 아닌 '구역'으로 해석되기 때문에 대화의 내용과 맞지 않는다. 그리고 휴가를 간다고 하는 (a)와 휴일을 반납해야 한다는 (c)는 상반된 내용인데, 시간 내에 준비할 수 있는지를 물었기 때문에 적절한 답은 (c)이다.

번역 여: 회의 진행 일정을 조율했나요?

남: 네, 제3사분기 말에 진행하기로 했어요.

여: 우리가 기간 안에 준비할 수 있을까요?

남: ______________________________

(a) 그럼요. 우리가 휴가를 가잖아요.

(b) 물론이지요. 우리는 요리하는 것을 무척 좋아해요.

(c) 아무래도 주말을 반납해야 되겠지요.

(d) 시간 맞춰 갈 수 있어요. 제3구(區)는 여기서 아주 가까워요.

참고 **Омóнимы** 동음이의어

квартáл 4(사)분기	квартáл 구역
ключ 열쇠	ключ 샘
лук 양파	лук 활
рýчка 볼펜	рýчка 손잡이
мир 세계	мир 평화
лист 종잇장	лист 나뭇잎

Part III

| 문제 31~40 | 다음 대화를 잘 듣고 제시하는 질문에 대한 가장 적절한 응답을 고르시오.

31

М: Включи́, пожа́луйста, телеви́зор.
Ж: Дава́й лу́чше послу́шаем ра́дио.
М: А что там сейча́с?
Ж: Ру́сские наро́дные пе́сни.
М: Э́то интере́сно?
Ж: Вот уви́дишь, тебе́ понра́вится.

Вопро́с: Что бу́дут де́лать мужчи́на и же́нщина?

(a) Покупа́ть ра́дио.
(b) Петь наро́дные пе́сни.
(c) Смотре́ть переда́чи по телеви́зору.
(d) Слу́шать конце́рт наро́дной му́зыки.

| 해설 | 여가 시간에 무엇을 할지 의논하는 대화를 듣고, 그들이 최종적으로 무엇을 하기로 했는지 추측하는 문제이다. 남자가 텔레비전을 보자고 했지만 여자는 라디오를 듣자고 그를 설득한다. 그래서 (c)는 답이 될 수 없다. 라디오를 산다는 (a)나 민요를 직접 부른다는 (b)는 대화의 맥락에 맞지 않는다.

번역

남: 텔레비전 좀 켜 줄래?
여: 차라리 라디오를 듣자.
남: 지금 뭐가 나오는데?
여: 러시아 민요.
남: 재미있어?
여: 분명 네 마음에 들 거야.

질문: 이들은 무엇을 하고 있을 것입니까?

(a) 라디오를 사고 있을 것이다.

(b) 민요를 부르고 있을 것이다.

(c) 텔레비전을 보고 있을 것이다.

(d) 민요 콘서트를 듣고 있을 것이다.

참고

- **Музыка́льные жа́нры** 음악 장르

наро́дная му́зыка 민속 음악

класси́ческая му́зыка 클래식 음악

джаз 재즈

ка́нтри 컨트리

электро́нная му́зыка 전자 음악

ро́к-му́зыка 록

по́п-му́зыка 팝

хип-хо́п 힙합

32

Ж: Привéт, Антóн! Как провёл óтпуск?

М: Отли́чно. Éздил с семьёй на мóре.

Ж: Вы жи́ли в гости́нице?

М: Нет, мы сня́ли кварти́ру на недéлю.

Ж: А я былá в горáх.

М: Да, в горáх сейчáс тóже хорошó.

Вопрóс: Что дéлал Антóн?

(a) Оди́н éздил на мóре.

(b) Жил недéлю в гости́нице.

(c) Отдыхáл с семьёй на мóре.

(d) На недéлю éздил с семьёй в гóры.

| 해설 | 휴가를 어떻게 보냈는지에 대해 나누는 대화이다. 질문이 안톤에게 휴가를 어떻게 보냈는지 묻는 내용이기 때문에 안톤의 발화 부분을 주의해서 들어야 한다. 중요한 정보는 '그가 아파트를 빌려 가족과 함께 일주일 동안 바닷가에서 보냈다'인데 이 모든 조건에 어긋나지 않게 상황을 묘사하는 선택지는 (c)뿐이다.

번역

여: 안녕, 안톤! 휴가는 어떻게 보냈어?

남: 아주 잘 보냈어. 가족과 함께 바닷가에 다녀왔어.

여: 호텔에 머물렀니?

남: 아니, 일주일 동안 아파트를 빌렸어.

여: 나는 산에 갔었어.

남: 그래, 산도 지금 가면 좋지.

질문: 안톤은 무엇을 했습니까?

(a) 혼자서 바닷가에 다녀왔다.
(b) 일주일 동안 호텔에서 머물렀다.
(c) 가족과 함께 바닷가에서 휴식을 취했다.
(d) 일주일 일정으로 가족과 함께 산에 다녀왔다.

참고

отдыха́ть/отдохну́ть + 휴식을 취하다	в гора́х 산에서 в лесу́ 숲에서 в санато́рии 요양 리조트에서 на мо́ре 바닷가에서 на о́зере 호숫가에서 на да́че 별장에서 на куро́рте 휴양지에서

33

М: Что бу́дете зака́зывать?

Ж: На пе́рвое я возьму́ борщ, а на второ́е котле́ты.

М: Хорошо́. А что бу́дете пить? Есть апельси́новый и я́блочный со́ки.

Ж: Я́блочный сок, пожа́луйста.

М: А моро́женое или пиро́жные бу́дете?

Ж: Нет, спаси́бо.

Вопро́с: Что заказа́ла же́нщина?

(a) Борщ, котле́ты и сок.
(b) Борщ, сок и пиро́жные.
(c) Борщ, сок и моро́женое.
(d) Борщ, котле́ты и апельси́новый сок.

| 해설 | 음식점에서 종업원에게 식사를 주문하는 내용의 대화이다. 러시아 음식 문화와 관련된 단어를 알고 여성의 주문 사항을 주의해서 들으면 어렵지 않게 풀 수 있는 문제이다.

번역

남: 무엇을 주문하시겠습니까?

여: 첫 번째 코스 요리로는 보르쉬, 두 번째로는 커틀릿을 주문하겠습니다.

남: 좋습니다. 마실 것은요? 오렌지 주스와 사과 주스가 있습니다.

여: 사과 주스 주십시오.

남: 아이스크림이나 조각 케이크는 드시겠습니까?

여: 아닙니다. 감사합니다.

질문: 여성은 무엇을 주문했습니까?

(a) 보르쉬, 커틀릿과 주스.

(b) 보르쉬, 주스와 조각 케이크.

(c) 보르쉬, 주스와 아이스크림.

(d) 보르쉬, 커틀릿과 오렌지 주스.

참고

- Меню́ 메뉴

закýски 안주

сала́ты 샐러드

пéрвые блю́да (супы́) 첫 번째 코스 요리(수프 종류)

вторы́е блю́да 두 번째 코스 요리, 메인 요리

гарни́ры 곁들이는 요리, 가니쉬

десéрт 디저트

напи́тки 음료

34 Ж: Помоги́ мне сде́лать дома́шнее зада́ние.
М: А что тебе́ ну́жно сде́лать?
Ж: Я должна́ перевести́ расска́з.
М: Мно́го незнако́мых слов?
Ж: Да, на ка́ждой страни́це по 20-30 слов.
М: Ну, неси́ учéбник.

Вопро́с: Кем мо́жет быть де́вушка?

(a) Она́ студе́нтка.
(b) Она́ перево́дчица.
(c) Она́ писа́тельница.
(d) Она́ преподава́тель.

| 해설 | 어렵지 않은 내용의 대화이지만 'помоги́ мне сде́лать дома́шнее зада́ние 숙제를 하는 것 좀 도와줘' 부분을 놓치면 여성이 번역가라고 하는 (b)를 정답으로 생각할 수 있다. '숙제를 하다'라는 단어를 통해서 그녀가 학생임을 알 수 있다.

번역 여: 숙제를 하는 것 좀 도와줘.
남: 무엇을 해야 하는데?
여: 단편을 번역해야 해.
남: 모르는 단어가 많아?
여: 응, 페이지마다 20~30단어씩 있어.
남: 그래, 교과서를 가져와 봐.

질문: 아가씨는 누구인 것 같습니까?

(a) 그녀는 대학생이다.
(b) 그녀는 번역가이다.
(c) 그녀는 작가이다.
(d) 그녀는 교사이다.

참고 ※ '직업'에 대해서는 SET 1의 청해 25, '명령형'에 대해서는 SET 1의 청해 14 참고.

35

М: Ни́на, я ви́жу, у вас на столе́ фотогра́фия. Э́то ва́ша семья́?

Ж: Да, Вади́м. Хоти́те, покажу́?

М: Коне́чно. Мы ведь уже́ пять лет рабо́таем вме́сте, а я о вас почти́ ничего́ не зна́ю.

Ж: Э́то мои́ роди́тели, а вот э́то – моя́ сестра́.

М: Она́ о́чень похо́жа на вас. Ско́лько ей лет?

Ж: Ей три́дцать лет. Она́ моло́же меня́ на́ три го́да.

Вопро́с: Ско́лько лет Ни́не?

(a) Два́дцать пять лет.
(b) Два́дцать семь лет.
(c) Три́дцать лет.
(d) Три́дцать три го́да.

| 해설 | 숫자와 나이 관련 표현을 아는 것이 관건인 문항이다. 대화에서 가장 중요한 내용은 니나의 마지막 두 문장이다. 여동생은 서른 살이고, 자신보다 세 살 어리다고 했으므로 니나는 서른세 살이다.

번역

남: 니나, 책상 위에 사진이 있네요. 당신 가족이에요?

여: 네, 바짐. 보여 드릴까요?

남: 그럼요. 우리는 이미 5년 동안 함께 일했는데 저는 당신에 대해서 아는 것이 거의 없네요.

여: 이분들은 나의 부모님이시고, 이 사람은 나의 여동생이에요.

남: 당신을 굉장히 닮았네요. 몇 살이에요?

여: 서른 살이에요. 저보다 세 살 어려요.

질문: 니나는 몇 살입니까?

(a) 스물다섯 살.

(b) 스물일곱 살.

(c) 서른 살.

(d) 서른세 살.

참고

- **мла́дше + *кого́* + на ...** ~보다 … 살 어리다

Сын мла́дше до́чери на 2 го́да.

아들은 딸보다 두 살 어리다.

- **моло́же + *кого́* + на ...** ~보다 … 살 젊다

Же́ня моло́же меня́ на 5 лет.

제냐는 나보다 다섯 살 젊다.

- **ста́рше + *кого́* + на ...** ~보다 … 살 많다

Я ста́рше бра́та на́ год.

나는 남동생보다 한 살 많다.

- ***кто* + с *кем* + рове́сники(рове́сницы)/одного́дки** ~는 ~와 동갑이다

Анто́н с Ива́ном рове́сники.

안톤은 이반과 동갑이다.

Ма́ша с И́рой рове́сницы.

마샤는 이라와 동갑이다.

Они́ одного́дки.

그들은 동갑이다.

36

Ж: Хочу́ познако́мить тебя́ со свое́й подру́гой Ми́лой.

М: А како́й у неё хара́ктер?

Ж: Ду́маю, весёлый и энерги́чный.

М: Пря́мо как у меня́.

Ж: К тому́ же, она́ то́же в свобо́дное вре́мя занима́ется велоспо́ртом.

М: Нам ну́жно обяза́тельно познако́миться.

Вопро́с: Что мо́жно узна́ть из диало́га о мужчи́не и Ми́ле?

(a) Они́ спортсме́ны.

(b) У них мно́го о́бщего.

(c) Они́ хорошо́ зна́ют друг дру́га.

(d) Им нра́вится пасси́вный о́тдых.

| 해설 | 대화의 흐름 전체를 파악해야 풀 수 있는 문제이다. 여성의 첫 번째 문장과 남성의 마지막 문장을 들으면 밀라와 남성이 서로 잘 아는 사이라는 (c)가 정답이 아님을 알 수 있다. 그리고 밀라와 남성이 자전거를 '여가 시간'에 타기 때문에 (a)도 적절한 답이 될 수 없다. 그들이 공통점이 많다는 (b)가 정답임을 파악하기 위해서는 'как у меня́ 나처럼, 나와 같이', 'она́ то́же 그녀 역시'라는 표현을 포착해야 한다.

번역

여: 너에게 내 친구 밀라를 소개해 주고 싶어.

남: 그녀는 성격이 어때?

여: 내 생각에는 유쾌하고 활동적이야.

남: 나랑 똑같네.

여: 게다가 그녀도 여가 시간에 사이클을 해.

남: 우린 꼭 만나야겠네.

질문: 대화를 통해서 남자와 밀라에 대해서 무엇을 알 수 있습니까?

(a) 그들은 운동선수이다.

(b) 그들은 공통점이 많다.

(c) 그들은 서로 잘 안다.

(d) 그들은 수동적인 휴식을 좋아한다.

참고 ※ 'друг дрýга의 용법'에 대해서는 SET 1의 독해 6 참고.

37

М: Ока́зывается, сего́дня отмеча́ют День влюблённых.

Ж: Ну, меня́ э́то не каса́ется.

М: В э́тот день ну́жно дари́ть друг дру́гу пода́рки.

Ж: Ничего́ глупе́е и не приду́маешь.

М: А тебе́ не хоте́лось бы получи́ть что́-нибудь?

Ж: Переста́нь отвлека́ть меня́ по пустяка́м.

Вопро́с: Как отно́сится же́нщина к слова́м мужчи́ны?

(a) С иро́нией.

(b) С понима́нием.

(c) С раздраже́нием.

(d) С любопы́тством.

| 해설 | 연인들의 날인 발렌타인데이에 대한 대화를 듣고 여성의 감정을 파악하는 문제로, 감정을 나타내는 다양한 어휘를 알아야 한다. 정답은 (c)로, 여성이 짜증을 느끼고 있음을 암시하는 표현은 'переста́нь отвлека́ть меня́ 그만 나를 방해해'이다.

번역

남: 알고 보니 오늘이 연인들의 날이야.

여: 그거야 뭐, 나랑은 상관없어.

남: 오늘 같은 날은 서로 선물을 주는 거야.

여: 그보다 더 멍청한 일은 상상하기 힘들 거야.

남: 너는 뭐 받고 싶은 것 없니?

여: 쓸데없는 일로 그만 나를 방해해.

질문: 여자는 남자의 말에 어떤 태도를 취하고 있습니까?

(a) 야유를 표한다.
(b) 이해심을 보인다.
(c) 짜증을 낸다.
(d) 호기심을 보인다.

참고

- **Чу́вства и эмо́ции** 감정과 기분

любо́вь 사랑	удивле́ние 놀라움
интере́с 관심, 흥미	любопы́тство 호기심
ра́дость 기쁨	иро́ния 야유
уваже́ние 존경심	страда́ние 고통
умиле́ние 감동	гнев 분노
восхище́ние 환호	не́нависть 증오
понима́ние 이해(심)	отвраще́ние 혐오
презре́ние 경멸	страх 두려움
раздраже́ние 짜증	стыд 부끄러움, 창피

38

Ж: Что́-то мне ску́чно, настрое́ние плохо́е.

М: У меня́ есть смешно́й фильм. Посмотри́, он тебя́ то́чно развесели́т.

Ж: А как он называ́ется?

М: «Шапито́-шо́у».

Ж: По-мо́ему, я слы́шала о нём. О чём он?

М: О приключе́ниях в куро́ртном го́роде, куда́ все геро́и прие́хали в одно́ и то же вре́мя.

Вопро́с: Чем сове́тует заня́ться мужчи́на?

(a) Посмотре́ть коме́дию.

(b) Сходи́ть в цирк-шапито́.

(c) Съе́здить в куро́ртный го́род.

(d) Сходи́ть в кинотеа́тр на но́вый фильм.

| 해설 | 심심해하는 친구에게 기분전환으로 재미있는 영화를 추천하는 내용의 대화이다. 가장 중요한 부분은 'у меня́ есть смешно́й фильм 나에게 웃기는 영화가 있다'인데, 이것을 이해하면 (d)에서처럼 영화관에 갈 필요가 없음을 알 수 있다. 그리고 (b)는 영화가 아니라 실제 서커스를 보라고 권유하고, (c)는 휴양 도시에 다녀오라고 하기 때문에 적절한 응답이 될 수 없다.

번역

여: 왠지 심심하고 기분이 안 좋아.

남: 나에게 웃기는 영화가 있어. 한 번 봐봐, 분명히 기분이 좋아질 거야.

여: 제목이 뭐야?

남: 《샤피토 쇼》.

여: 그 영화에 대해서 들어본 적이 있는 것 같아. 무엇에 대한 영화야?

남: 주인공 모두가 동시에 가게 된 휴양 도시에서 일어난 일들에 대한 거야.

질문: 남자는 무엇을 해보라고 조언합니까?

(a) 코미디 영화를 보라고.

(b) 샤피토 서커스에 다녀오라고.

(c) 휴양 도시에 다녀오라고.

(d) 새로 개봉한 영화를 보러 영화관에 다녀오라고.

참고

- Жáнры фи́льмов 영화 장르

боеви́к 액션
блóкбáстер 블록버스터
воéнный фильм 전쟁 영화
детекти́в 추리 영화
документáльный фильм 다큐멘터리 영화
истори́ческий фильм 역사 영화
комéдия 코미디
короткометрáжный фильм 단편 영화
мелодрáма 멜로드라마
музыкáльный фильм 뮤지컬 영화
мультфи́льм 만화 영화, 애니메이션
приключéнческий фильм 모험 영화
три́ллер 스릴러
фильм у́жасов 공포 영화
фантáстика 판타지 영화
наýчная фантáстика 공상과학(SF) 영화

39

M: Почему́ у тебя́ тако́й серьёзный вид?

Ж: Я то́лько что получи́ла счёт за электри́чество.

М: А я ду́мал, он придёт на сле́дующей неде́ле.

Ж: Вот, посмотри́. Мы тра́тим сли́шком мно́го эне́ргии.

М: Но ведь у нас больша́я семья́.

Ж: Всё равно́, мы должны́ быть бережли́вее.

Вопро́с: О чём разгова́ривают мужчи́на и же́нщина?

(a) О коммуна́льных затра́тах.

(b) О пла́нах на сле́дующую неде́лю.

(c) О семе́йных отноше́ниях и пробле́мах.

(d) О бе́режном отноше́нии к окружа́ющей среде́.

| 해설 | 전기요금에 대해 나누는 부부의 대화이다. 'счёт за электри́чество 전기요금 청구서' 라는 말을 이해하면 대화의 주제가 (a)의 공공요금임을 알 수 있다. 또 이 문제를 통해서 형용사 'бережли́вый 절약하는' 와 'бе́режный 소중히 하는'의 차이를 알아 두자.

번역

남: 왜 그렇게 심각한 표정이야?

여: 방금 전기요금 청구서를 받았어.

남: 다음 주에 오는 것으로 알고 있었는데.

여: 여기, 봐봐. 우리는 전기를 너무 많이 쓰고 있어.

남: 하지만 우리는 대가족이잖아.

여: 그래도 좀 더 아껴 써야 돼.

질문: 남자와 여자는 무엇에 대해 이야기하고 있습니까?

(a) 공공요금에 대해서.
(b) 다음 주 계획에 대해서.
(c) 가족 간의 관계와 문제에 대해서.
(d) 환경을 소중히 다뤄야 한다는 것에 대해서.

참고

- **Коммуна́льные услу́ги** 공공 서비스

газ 가스
электри́чество 전기
отопле́ние 난방
горя́чая и холо́дная вода́ 온수와 냉수

40

Ж: Слы́шала, вы уча́ствуете в но́вом прое́кте?

М: Да, мы разраба́тываем но́вые страховы́е проду́кты.

Ж: А чем вы, в ча́стности, занима́етесь?

М: Я иссле́дую потреби́тельский ры́нок.

Ж: Рабо́ты, наверняка́, хвата́ет?

М: Бу́дьте уве́рены, дел по го́рло.

Вопро́с: Где рабо́тает мужчи́на?

(a) На ры́нке це́нных бума́г.
(b) В продукто́вой компа́нии.
(c) В ча́стной страхово́й компа́нии.
(d) В нау́чно-иссле́довательском институ́те.

| 해설 | 남성이 어떤 종류의 일을 하는지 듣고, 그가 어디서 일하는지 유추해야 하는 문제이다. проду́кт는 주로 '식품'을 의미하는데 이 문항에서는 형용사 страхово́й와 결합하여 'страхово́й проду́кт 보험 상품'라는 다소 어려운 어휘로 사용된다.

번역

여: 새 프로젝트에 참여하신다면서요?

남: 네, 우리는 새로운 보험 상품을 개발 중입니다.

여: 당신은 구체적으로 어떤 일을 하세요?

남: 저는 소비시장을 조사하고 있습니다.

여: 일이 많을 것 같네요.

남: 일이 태산같다고 보시면 틀림없습니다.

질문: 남자는 어디서 일합니까?

(a) 증권 시장에서.

(b) 식품 회사에서.

(c) 민영 보험사에서.

(d) 과학 연구소에서.

참고

• 접두사 + рабо́тать 동사

выраба́тывать/вы́работать 생산하다, 제조하다

дораба́тывать/дорабо́тать 마무리하다, 끝내다

зараба́тывать/зарабо́тать (돈을) 벌다

обраба́тывать/обрабо́тать 가공하다, 다듬다

перераба́тывать/перерабо́тать 과로하다; (새로운 것으로) 가공하다

подраба́тывать/подрабо́тать 아르바이트를 하다

прораба́тывать/прорабо́тать (일정한 기간 동안) 일하다, 연구하다, 조사하다

разраба́тывать/разрабо́тать 개발하다

сраба́тывать/срабо́тать 작동하다

Part IV

| 문제 41~50 | 다음 글을 듣고 제시하는 질문에 대한 가장 적절한 답을 고르시오.

41 У мое́й сестры́ Ната́ши есть подру́га. Её зову́т Светла́на. Светла́на симпати́чная де́вушка. У неё больши́е се́рые глаза́ и све́тлые во́лосы. Светла́на у́мная, до́брая. У неё прекра́сный хара́ктер. Она́ мя́гкий челове́к. Мя́гкий, но принципиа́льный. Поэ́тому у неё мно́го друзе́й.

Вопро́с: Како́е предложе́ние пра́вильно опи́сывает Светла́ну?

(a) У неё больши́е голубы́е глаза́.
(b) У неё тёмные дли́нные во́лосы.
(c) У неё прекра́сный мя́гкий го́лос.
(d) У неё принципиа́льный хара́ктер.

| 해설 | 인물을 묘사하는 내용으로, 텍스트와 선택지의 형용사들을 비교하면서 주의 깊게 들어야 한다. 텍스트의 "Мя́гкий, но принципиа́льный."라는 문장에서 'хара́ктер 성격'가 생략되었음을 파악하면 정답이 (d)라는 것을 알 수 있다.

번역 나의 여동생 나타샤에게는 여자 친구가 있다. 그녀의 이름은 스베틀라나이다. 스베틀라나는 매력적인 아가씨이다. 그녀의 눈은 크고 회색이며, 머리카락은 밝은색이다. 스베틀라나는 똑똑하고 착하다. 그녀는 성격이 아주 좋다. 그녀는 부드러운 사람이다. 부드럽지만 원칙주의자이다. 그래서 그녀에게는 친구가 많다.

질문: 어떤 문장이 스베틀라나를 알맞게 묘사하고 있습니까?

(a) 그녀는 눈이 크고 파랗다.
(b) 그녀는 머리카락이 짙은색이고 길다.
(c) 그녀는 목소리가 아름답고 부드럽다.
(d) 그녀는 원칙주의자적인 성격의 소유자이다.

참고 ※ '인물 묘사'에 대해서는 SET 1의 청해 10 참고.

42 Друзья́! У меня́ огро́мная ра́дость! Вчера́ у меня́ бы́ло после́днее интервью́ в компа́нии «Ро́сне́фть». Всё прошло́ как нельзя́ лу́чше, и я тепе́рь бу́ду там рабо́тать! Коне́чно, всё бы́ло непро́сто. На ка́ждое ме́сто – по де́вять кандида́тов, но у меня́ получи́лось! По всем интервью́ и те́стам у меня́ лу́чшие результа́ты! В суббо́ту приглаша́ю всех вас в рестора́н! Отме́тим мой успе́х!

Вопро́с: Почему́ а́втор сообще́ния приглаша́ет друзе́й в рестора́н?

(a) Он устро́ился на рабо́ту.
(b) Он встре́тил всех свои́х конкуре́нтов.
(c) Он успе́шно сдал выпускны́е экза́мены.
(d) Он оказа́лся лу́чшим из всех рабо́тников фи́рмы.

| 해설 | 자신의 취직을 축하하기 위해 친구들과 파티를 연다는 내용의 메시지이다. 가장 중요한 부분은 'я тепе́рь бу́ду там рабо́тать 나는 이제 그곳에서 일할 거야'이다. (c)는 형용사 'выпускны́е 졸업의' 때문에 답이 될 수 없으며, (d)는 'из всех рабо́тников 모든 직원 중'가 아니라 'из всех кандида́тов 모든 지원자 중'이었다면 적절한 답이 되었을 것이다.

번역 얘들아, 엄청나게 기쁜 소식이 있어! 어제 내가 '러시아석유'라는 회사에서 마지막 인터뷰를 봤어. 모든 것이 더할 나위 없이 잘 진행되었고, 나는 이제 그곳에서 일할 거야! 물론 이 모든 일은 그렇게 쉽지는 않았어. 한 자리당 9명의 후보자가 지원했지만 내가 해냈어! 모든 인터뷰와 시험에서 내가 가장 좋은 점수를 받았어. 토요일에 너희들 모두를 레스토랑에 초대해! 나의 성공을 축하하자!

질문: 왜 화자는 친구들을 레스토랑으로 초대합니까?

(a) 그는 취업을 했다.

(b) 그는 자신의 모든 경쟁자들을 만났다.

(c) 그는 졸업 시험을 잘 봤다.

(d) 그는 회사 직원 중 최고가 되었다.

참고

- **Ви́ды экза́менов** 시험의 종류

вступи́тельный экза́мен 입학 시험

выпускно́й экза́мен 졸업 시험

полусеместро́вый экза́мен 중간 고사

семестро́вый экза́мен 기말 고사

Еди́ный госуда́рственный экза́мен (ЕГЭ) 단일국가시험, 수학능력시험

43 2 ию́ня состои́тся торже́ственное откры́тие Междунаро́дной театра́льной ле́тней шко́лы Сою́за театра́льных де́ятелей Росси́йской Федера́ции. Здесь в тече́ние ме́сяца бу́дут занима́ться бо́лее 80 молоды́х актёров из 20 стран, а спекта́кли, кото́рые они́ создаду́т, бу́дут пока́заны в театра́льном це́нтре «На Страстно́м».

Вопро́с: О чём да́нное сообще́ние?

(a) О молоды́х актёрах Росси́и.
(b) Об откры́тии но́вого теа́тра.
(c) О театра́льной ле́тней шко́ле.
(d) О театра́льном це́нтре «На Страстно́м».

| 해설 | 연극 여름학교 운영에 대해 안내하는 내용이다. 첫 문장에 등장하는 'откры́тие Междунаро́дной театра́льной ле́тней шко́лы 국제 연극 여름학교 개강'라는 부분을 듣고 이해하면 (b)와 (d)를 오답으로 소거할 수 있다. 또한 본문에 'актёры из 20 стран 20개국에서 온 배우들'이라는 표현이 있기 때문에 러시아 젊은 배우들에 대한 텍스트라는 (a)도 답이 될 수 없다.

번역 6월 2일 러시아연방 연극인 연합이 주최하는 국제 연극 여름학교 개강식이 있을 예정이다. 이 학교에서는 20개국에서 온 80명 이상의 젊은 배우들이 한 달 동안 공부하게 될 것이다. 그들이 만든 연극 작품들은 연극센터 '나 스트라스트놈'에서 공연될 것이다.

질문: 이 텍스트는 무엇에 대해 이야기하고 있습니까?

(a) 러시아의 젊은 배우들에 대해.

(b) 새 극장의 개관식에 대해.

(c) 연극 여름학교에 대해.

(d) 연극센터 '나 스트라스트놈'에 대해.

참고

торже́ственная церемо́ния +	откры́тия 개막식 закры́тия 폐막식 бракосочета́ния 혼인신고식 вруче́ния пре́мии 시상식 награжде́ния победи́телей 수여식 инагура́ции президе́нта 대통령 취임식

44 Са́мый востре́бованный у россия́н зарубе́жный куро́рт – Ту́рция – ре́зко теря́ет свою́ популя́рность. Впро́чем, на фо́не други́х туристи́ческих направле́ний 30-проце́нтное сниже́ние вы́глядит ещё не так пло́хо. Вино́й э́тому, среди́ про́чих обстоя́тельств, переключе́ние жи́телей Росси́и на вну́тренний тури́зм.

Вопро́с: О каки́х измене́ниях говори́тся в сообще́нии?

(a) Цена́ пое́здок в Ту́рцию сни́зилась на 30%.
(b) Пое́здки в Ту́рцию ста́ли приобрета́ть популя́рность.
(c) В Ту́рции сни́зилось коли́чество росси́йских тури́стов.
(d) Жи́тели Ту́рции переключи́лись на вну́тренний тури́зм.

| 해설 | 러시아인들의 해외 관광에 대한 상황을 보고하는 내용이다. 텍스트에는 터키 여행 상품의 가격이 아니라 인기가 30% 급감했다고 되어 있기 때문에 (a)는 답이 될 수 없다. 또 국내 관광으로 발길을 돌리는 사람들은 러시아인이므로 (d)도 적절하지 않다. 터키 여행이 'приобрета́ть популя́рность 인기를 얻는다'라고 하는 (b)는 텍스트와 상반된 내용이다.

번역 러시아인들 사이에서 가장 인기 있는 해외 휴양지인 터키가 급격하게 그 인기를 잃고 있다. 그러나 다른 관광지들과 비교할 때 30% 하락은 그렇게 심각해 보이지는 않는다. 이와 같은 현상의 원인으로는, 다른 이유와 함께, 러시아 국민들이 국내 관광으로 발길을 돌리는 것을 꼽을 수 있다.

질문: 이 텍스트에서는 어떤 변화가 언급되고 있습니까?

(a) 터키 여행 비용이 30% 하락했다.
(b) 터키 여행이 점점 인기를 얻고 있다.
(c) 터키 내 러시아 관광객 수가 줄었다.
(d) 터키 국민들은 국내 관광으로 발길을 돌렸다.

참고

● Вво́дные слова́ 삽입어

의미	예	
확신	коне́чно 물론 разуме́ется 당연히 бесспо́рно 논쟁의 여지 없이	несомне́нно 틀림없이 безусло́вно 물론, 무조건 действи́тельно 실제로
불확실성	возмо́жно 어쩌면 пожа́луй 아마도 мо́жет быть 아마도	ка́жется ~인 것 같다 вероя́тно -ㄹ 가능성이 있다
감정	к сча́стью 다행히도 к несча́стью 불행히도	к сожале́нию 안타깝게도 к удивле́нию 놀랍게도
정보의 출처	по сообще́нию ~의 보도에 따르면 по слова́м ~의 말에 따르면	по мне́нию ~의 견해에 따르면 по-мо́ему 내 생각에
생각의 순서와 흐름	во-пе́рвых 첫째로 во-вторы́х 둘째로 в-тре́тьих 셋째로 наконе́ц 드디어, 마침내 сле́довательно 따라서 зна́чит 즉	ита́к 이리하여, 자 впро́чем 그러나 одна́ко 그러나 напро́тив 반대로 наоборо́т 이에 반하여 наприме́р 가령
생각의 정리	таки́м о́бразом 그리하여 одни́м сло́вом 한마디로	ина́че говоря́ 다시 말해서 коро́че говоря́ 간단히 말해서

SET 2 청해

45 Два ме́сяца Серге́й гото́вился к экза́менам, что́бы получи́ть води́тельские права́. Экза́мен по пра́вилам доро́жного движе́ния он сдал с пе́рвого ра́за. А вот вожде́ние сдава́л два ра́за. Пе́рвый раз он вы́ехал на доро́гу, дое́хал до перекрёстка и не успе́л притормози́ть на кра́сном светофо́ре. Коро́че, не сдал. Прие́хал второ́й раз вчёра и сдал. Сейча́с у него́ про́сто превосхо́дное настрое́ние.

Вопро́с: Почему́ Серге́й не смог получи́ть права́ с пе́рвого ра́за?

(a) Он перее́хал перекрёсток на кра́сный свет.
(b) Он останови́л маши́ну на зелёном светофо́ре.
(c) Он не сдал экза́мен по пра́вилам доро́жного движе́ния.
(d) Он пое́хал на экза́мен по вожде́нию, но не успе́л на него́.

| 해설 | 운전면허증 취득 시험에 관한 내용으로 어휘력을 측정하는 문제이다. 교통법규 시험을 'с пе́рвого ра́за 단번에' 통과했다는 표현이 있기 때문에 (c)는 답이 될 수 없다. 그리고 도로주행 시험에 늦은 것이 아니라 빨간 신호등에 미처 정지하지 못했으므로 (d)도 적절한 답이 아니다. 정지하지 못했다는 것은 빨간불에 사거리를 통과했음을 의미한다. 따라서 운전면허증을 단번에 취득하지 못한 이유는 (a)이다.

번역 세르게이는 운전면허증을 취득하기 위해 두 달 동안 시험을 준비했다. 그는 교통법규 시험을 단번에 통과했다. 그런데 도로주행 시험은 두 번 치렀다. 첫 번째 시험 때 그는 도로로 나가 사거리까지 운전했는데 신호등이 빨간불인데도 멈추지 못했다. 간단히 말해, 탈락했다. 그리고 어제 재시험을 봤는데 통과했다. 지금 그는 기분이 더할 나위 없이 좋다.

질문: 왜 세르게이는 단번에 운전면허를 따지 못했습니까?

(a) 그는 빨간불일 때 사거리를 통과했다.
(b) 그는 신호등이 초록 불일 때 차를 멈췄다.
(c) 그는 교통법규 시험을 통과하지 못했다.
(d) 그는 도로주행 시험에 시간 맞춰 가지 못했다.

참고

води́тельские права́ 운전면허증
роди́тельские права́ 양육권
гражда́нские права́ 시민권
а́вторское пра́во 저작권
избира́тельное пра́во 선거권
пра́во го́лоса 발언권, 투표권
пра́во ве́то 거부권
пра́во со́бственности 소유권

46 Ду́маю, молодёжь, к сожале́нию, о́чень далека́ от исто́рии, и тому́ есть ма́сса приме́ров: отве́ты на экза́менах, когда́ не зна́ют элемента́рного, что в при́нципе до́лжен знать любо́й челове́к, кото́рый ощуща́ет себя́ ча́стью страны́. Не представля́ю, как мо́жно жить в стране́ и не знать её исто́рии хотя́ бы в са́мых о́бщих черта́х. Счита́ю, что э́то ну́жно коренны́м о́бразом меня́ть.

Вопро́с: Чем недово́лен а́втор сообще́ния?

(a) Экза́менами по исто́рии.
(b) Измене́ниями в исто́рии страны́.
(c) Случи́вшейся на экза́мене исто́рией.
(d) Пренебреже́нием молодёжи к исто́рии.

| 해설 | 젊은이들의 역사 인식에 대한 불만을 토로하는 내용이다. 화자는 'отве́ты на экза́менах 시험 답안지'가 문제가 된다고 하기 때문에 시험 자체를 문제 삼는 (a)는 답이 될 수 없다. 그리고 (c)의 исто́рия는 '역사'가 아니라 '사건'으로 해석되므로 텍스트와 맞지 않는 내용이다.

번역 안타깝게도 젊은이들이 역사에 전혀 관심이 없는 것으로 내겐 여겨지며, 이에는 무수한 예가 있다. 그것은 바로 자신을 이 나라의 구성원으로 느끼고 있는 사람이라면 누구나 알아야 되는 기본적인 지식을 모른다는 것을 보여 주는 시험 답안지들이다. 어떻게 한 나라에 살면서 그 나라의 역사를 대략적으로라도 모를 수 있는지 이해가 안 된다. 이것은 근본적으로 바뀌어야 하는 문제라고 생각한다.

질문: 화자는 무엇에 대해 불만입니까?

(a) 역사 시험에 대해.

(b) 한 나라 역사에 있어서의 변화에 대해.

(c) 시험 중에 일어난 사건에 대해.

(d) 젊은이들의 역사에 대한 무관심에 대해.

참고

есть +	мно́го мно́жество ма́сса ряд ку́ча (회화체) у́йма (회화체)	+ приме́ров	많은 예가 있다

47 В прису́тствии тре́тьего лица́ не расска́зывают о свои́х серде́чных дела́х и́ли дома́шних ссо́рах, так как э́то мо́жет поста́вить собесе́дника в нело́вкое положе́ние. За столо́м не говоря́т о веща́х, кото́рые мо́гут испо́ртить аппети́т и́ли удово́льствие от еды́. Во вре́мя разгово́ра насто́йчиво пыта́ться вмеша́ться в чужу́ю инти́мную жизнь неве́жливо и беста́ктно.

Вопро́с: О чём нельзя́ узна́ть из сообще́ния?

(a) О пра́вилах хоро́шего то́на.
(b) О пра́вилах поведе́ния за столо́м.
(c) О хоро́ших мане́рах культу́рного челове́ка.
(d) О ме́рах предосторо́жности в обще́ственных места́х.

| 해설 | 교양 있는 사람이 지켜야 하는 예절에 대한 내용이다. 선택지에 나오는 'ме́ры предосторо́жности'의 용법을 정확하게 아는 것이 관건이다. 이것을 '주의할 점'으로 생각하면 텍스트에 나오는 내용으로 볼 수 있겠지만, 실제로는 '예방 수칙'이라는 뜻을 가진다. 그러므로 텍스트에 언급되지 않은 내용은 (d)이다.

번역 제3자가 있는 자리에서 자신의 연애사나 가정불화에 대해 이야기하는 것은 적절하지 않다. 왜냐하면 이런 이야기들은 상대방을 불편하게 만들 수 있기 때문이다. 식사 중에 식욕이나 구미를 떨어뜨릴 수 있는 이야기는 하지 말아야 한다. 대화 도중 타인의 사생활에 집요하게 간섭하려 하는 것은 무례하고 경솔한 행동이다.

질문: 이 텍스트를 통해서 알 수 없는 것은 무엇입니까?

(a) 예의범절에 대한 것.

(b) 식사 예절에 대한 것.

(c) 교양 있는 사람이 지닌 예의범절에 대한 것.

(d) 공공장소에서의 예방 수칙에 대한 것.

참고

● 성품을 묘사하는 형용사

ве́жливый 예의 바른, 친절한
неве́жливый 예의 없는, 불친절한

воспи́танный 예의 바른, (가정)교육을 잘 받은
невоспи́танный 무례한

образо́ванный 교육 수준이 높은
необразо́ванный 교육 수준이 낮은

обходи́тельный 매너가 좋은
гру́бый 매너가 없는

такти́чный 예의를 지키는
беста́ктный 예의 없는, 경솔한

культу́рный 교양 있는
бескульту́рный 교양 없는

интеллиге́нтный 교양 있는, 지적인
неинтеллиге́нтный 교양 없는, 무지한

48 Е́сли вас интересу́ет вы́годная поку́пка жилья́, на на́шем порта́ле вы найдёте широ́кий вы́бор кварти́р в са́мых ра́зных райо́нах го́рода с разли́чной инфраструкту́рой, планиро́вкой помеще́ний и ценовы́ми характери́стиками. Ка́ждое объявле́ние соде́ржит прямы́е конта́ктные да́нные владе́льца и риэ́лтора, что позволя́ет вам не то́лько убеди́ться в надёжности предста́вленной информа́ции, но и незамедли́тельно офо́рмить поку́пку любо́го вариа́нта.

Вопро́с: Что реклами́рует да́нное сообще́ние?

(a) Сда́чу жилья́ в аре́нду.
(b) Кварти́ры в ра́зных райо́нах го́рода.
(c) О́фис кру́пной риэ́лторской конто́ры.
(d) Интерне́т-порта́л по прода́же недви́жимости.

| 해설 | 고급 어휘에 속하는 부동산 관련 전문용어가 많이 사용되는 문항이다. 텍스트의 첫 문장에 나오는 'на на́шем порта́ле 우리의 포털사이트에서'라는 표현이 문제 풀이의 키워드가 된다.

번역 만약 당신이 유리한 조건으로 집을 구입하는 것에 관심이 있다면 우리의 포털사이트에서 당신은 도시의 다양한 지역에 위치하고, 다양한 인프라, 내부 구조와 가격대를 지닌 많은 아파트에 대한 광범위한 정보를 얻을 수 있을 것이다. 각 게시물에는 집주인과 공인중개사의 직통 연락처가 명시되어 있기 때문에 당신은 제공된 정보의 신빙성을 확인할 수 있을 뿐만 아니라 모든 게시물의 구매 계약을 즉각 체결할 수 있다.

질문: 이 텍스트는 무엇을 홍보하고 있습니까?

(a) 주택 임대.
(b) 도시의 다양한 지역의 아파트.
(c) 대규모 공인중개사 사무소.
(d) 부동산 매매 관련 인터넷 포털.

참고

● 전치사 по의 용법

의미	예문
~마다	По вто́рникам я пла́ваю в бассе́йне. 화요일마다 나는 수영장에서 수영한다.
~을 통해	А́нна разгова́ривает по телефо́ну. 안나는 전화로 통화하고 있다.
~을 따라	Маши́на е́дет по доро́ге. 자동차는 길을 따라서 가고 있다.
(분야)	Э́то учe̍бник по ру́сскому языку́. 이것은 러시아어 교과서이다.
~씩	Мы написа́ли ка́ждое сло́во по два ра́за. 우리는 각 단어를 두 번씩 썼다.
~짜리	Он купи́л хлеб по два́дцать рубле́й. 그는 20루블짜리 빵을 샀다.

49 Дорогáя Елéна Алексáндровна! Как дóлго мы с вáми не ви́делись! Пишý вам, чтóбы поздрáвить вас с Днём учи́теля. Желáю вам крéпкого здорóвья и успéхов в жи́зни и рабóте. Я до сих пор с удовóльствием и рáдостью вспоминáю нáшу совмéстную с вáми преподавáтельскую рабóту и ученикóв.

Вопрóс: Кто мог написáть Елéне Алексáндровне э́то письмó?

(a) Её учени́к.
(b) Её племя́нник.
(c) Её бы́вший коллéга.
(d) Её стáрый преподавáтель.

| 해설 | 편지 형식의 텍스트로 발송인이 누구인지 유추해야 하는 문제이다. 모든 문장에서 존칭을 쓰기 때문에 (d)에서 말하는 엘레나의 선생님이 아닐 가능성이 높다. 정답을 찾기 위해 집중해서 들어야 하는 부분은 'нáшу совмéстную с вáми преподавáтельскую рабóту 우리가 함께했던 교편 생활'이다.

번역 친애하는 엘레나 알렉산드로브나! 우리가 서로 못 본 지도 오래됐네요. 스승의 날을 축하하기 위해 당신에게 이 글을 써요. 건강하고 개인 생활과 직장 생활에서 성공을 거두시기를 빌어요. 저는 아직까지도 즐겁고 기쁜 마음으로 우리가 함께했던 교편 생활과 우리의 학생들을 생각하곤 해요.

질문: 이 편지를 엘레나 알렉산드로브나에게 쓸 수 있는 사람은 누구입니까?

(a) 그녀의 제자.
(b) 그녀의 조카.
(c) 그녀의 옛 동료.
(d) 그녀의 옛 선생님.

참고 ● 편지에 사용되는 표현

시작할 때	Здра́вствуй(те), ...! …, 안녕하세요? Дорого́й(ая) ...! 친애하는 …! Уважа́емый(ая) ...! 존경하는 …!
마무리할 때	До свида́ния! 안녕히 계세요. С уваже́нием, ... 존경을 표하며, …가 С любо́вью, ... 사랑하는 …가 Целу́ю, ... 키스를 하며, …가

50 Сего́дня у́тром движе́ние автотра́нспорта в райо́не Воло-кола́мского тонне́ля на се́веро-за́паде Москвы́ ограни́чено и́з-за гололе́дицы. В ночь на 19 ноября́ по неустано́вленным причи́нам произошло́ подтопле́ние прое́зжей ча́сти Воло-кола́мского тонне́ля в райо́не ста́нции метро́ «Со́кол». Сотру́дники ДПС бы́ли вы́нуждены ограни́чить движе́ние автотра́нспорта по тонне́лю.

Вопро́с: Кому́ наибо́лее необходи́мо да́нное сообще́ние?

(a) Тоннелестрои́телям из Колымы́.
(b) Петербу́ржцам, е́дущим у́тром на рабо́ту.
(c) Пассажи́рам, проезжа́ющим ста́нцию «Со́кол».
(d) Столи́чным владе́льцам легковы́х автомоби́лей.

| 해설 | 사건·사고에 대한 뉴스에서 들을 수 있는 내용이다. 육하원칙에 따라 보도된 내용을 기억하고 그 내용을 바탕으로 추론하는 능력을 확인하는 문제이다. 사고는 모스크바에서 일어났기 때문에 (b)는 답이 될 수 없다. 그리고 터널 공사가 아니라 터널 내 차량 운행 통제에 대한 내용이므로 (a)도 정답이 아니다. 자동차 도로의 부분 통제에 대한 보도라는 것을 파악하면 정답이 (d)임을 알 수 있다.

번역 오늘 아침 모스크바 북서쪽 볼로콜람스키 터널에서 빙판길 때문에 차량 운행이 통제되었다. 11월 19일로 가는 밤 아직 밝혀지지 않은 원인에 의해 '소콜' 지하철역 근처 볼로콜람스키 터널의 도로 일부가 침수되었다. 교통경찰은 불가피하게 터널 내 차량 운행을 통제했다.

질문: 이 정보를 누가 가장 필요로 합니까?

(a) 콜르마에서 온 터널 공사자들.

(b) 아침에 출근하는 페테르부르크 시민들.

(c) '소콜' 지하철역을 지나가는 승객들.

(d) 수도에 사는 승용차 운전자들.

참고

• **Назва́ние жи́телей городо́в** 시민의 명칭

Москва́ 모스크바	남	москви́ч
	여	москви́чка
	복수	москвичи́
Петербу́рг 페테르부르크	남	петербу́ржец
	여	петербу́рженка
	복수	петербу́ржцы
Ирку́тск 이르쿠츠크	남	иркутя́нин
	여	иркутя́нка
	복수	иркутя́не

※ ДПС(Доро́жно-патру́льная слу́жба) 교통경찰

Part I

| 문제 1~4 | 다음 대화문의 빈칸에 들어갈 가장 적절한 표현을 고르시오.

01

А: Каки́ми иностра́нными языка́ми вы владе́ете?

Б: Я говорю́ ______________________________.

(a) по-англи́йски и по-францу́зски

(b) по англи́йскому и францу́зскому

(c) англи́йский и францу́зский языки́

(d) с англи́йским и францу́зским языка́ми

| 해설 | 외국어 구사에 대한 표현을 확인하는 문항이다. говори́ть는 '(어떤 언어로) 말하다'의 뜻으로 쓰일 때 по-가 들어가는 부사를 요구한다. 따라서 정답은 (a)이다.

번역 A: 당신은 어떤 외국어들을 구사합니까?

Б: 저는 ______________________ 말합니다.

참고

● 언어 구사 관련 표현

говори́ть + *как*

говори́ть по-ру́сски 러시아어로 말하다

знать + *что*

знать ру́сский язы́к 러시아어를 알다

владе́ть + *чем*

владе́ть ру́сским языко́м 러시아어를 구사하다

• Стра́ны и языки́ 국가와 언어

국가	사용 언어
Росси́йская Федера́ция (РФ, Росси́я) 러시아연방	ру́сский язы́к 러시아어
Респу́блика Коре́я (РК, Ю́жная Коре́я) 대한민국	коре́йский язы́к 한국어
Соединённые Шта́ты Аме́рики (США, Аме́рика) 미국 Великобрита́ния (А́нглия) 영국 Австра́лия 호주	англи́йский язы́к 영어
Фра́нция 프랑스	францу́зский язы́к 프랑스어
Герма́ния 독일	неме́цкий язы́к 독일어
Испа́ния 스페인	испа́нский язы́к 스페인어
Кита́йская Наро́дная Ре́спублика (КНР, Кита́й) 중화인민공화국	кита́йский язы́к 중국어
Япо́ния 일본	япо́нский язы́к 일본어

02 A: Когда́ вы поéдете на учёбу в Росси́ю?
Б: В слéдующем годý ________.

(a) о зимé
(b) зимóй
(c) у зимы́
(d) зá зиму

| 해설 | 시간을 나타내는 명사의 조격이 '언제'를 표현하는 부사의 기능을 한다는 것을 알면 풀 수 있는 문제이다. (a)는 '겨울에 대해서', (c)는 '겨울은 ~을 지니고 있다', (d)는 '겨울 동안'을 의미하기 때문에 유학을 가는 시점을 알려주는 응답이 될 수 없다. 명사 зимá의 조격 형태인 зимóй가 '겨울에'라는 뜻의 부사이므로 정답은 (b)이다.

번역 A: 당신은 언제 러시아에 공부하러 갑니까?
Б: 내년 ____________.

참고 ※ 계절과 날씨 관련 어휘는 SET 1의 청해 16 참고.

03 A: Отку́да ты прие́хал, Пьер?

Б: Я ____________.

(a) от Фра́нции

(b) из Фра́нции

(c) до Фра́нции

(d) во Фра́нцию

| 해설 | 의문사 'отку́да 어디로부터, 어디서'의 용법을 묻는 문제이다. (a)는 'от чего́?', (c)는 'до чего́?', (d)는 'куда́?'에 대한 응답이다. 출신 국가를 말하는 경우 'отку́да?'에 대한 응답으로 'из + 생격' 또는 'с + 생격' 형태가 나온다.

번역 A: 피에르, 너는 어디서 왔니?

Б: 나는 ____________ 왔어.

참고 ● 의문사 'куда́, где, отку́да'에 대한 응답으로 사용되는 전치사

구분		куда́? 어디로?	где? 어디에?	отку́да? 어디로부터?
장소	в를 취하는 명사	в + 대격 идти́ в шко́лу	в + 전치격 быть в шко́ле	из + 생격 приходи́ть из шко́лы
	на를 취하는 명사	на + 대격 идти́ на по́чту	на + 전치격 быть на по́чте	с + 생격 приходи́ть с по́чты
사람		к + 여격 идти́ к дру́гу	у + 생격 быть у дру́га	от + 생격 приходи́ть от дру́га

04

А: Кто вам сообщи́л э́ту но́вость?

Б: Сотру́дник, ______________ вчера́ из командиро́вки.

(a) вы́ехавший
(b) пое́хавший
(c) прие́хавший
(d) приезжа́вший

| 해설 | 능동형동사 과거형과 е́хать를 어근으로 하는 여러 동사를 알아야 풀 수 있는 문제이다. (a)는 '~로부터 출발한'이라는 의미이기 때문에 문맥상 맞지 않는다. (d)는 불완료상이므로 일회적 사건을 표현하는 부사 'вчера́ 어제'와 어울리지 않는다. '돌아온'의 뜻을 지닌 형동사 прие́хавший가 해당 문맥에 가장 적절하다.

번역

A: 이 소식을 누가 당신에게 알려줬습니까?

Б: 어제 출장에서 ______________ 동료가요.

참고

● **능동형동사 과거형**

능동형동사의 과거형은 완료상 동사와 불완료상 동사 모두에서 파생될 수 있다.

동사유형	동사원형	과거형	접미사	능동형동사 과거형
-ть	чита́ть	чита́-л	-вш-	чита́-вш-ий 읽고 있었던
	прочита́ть	прочита́-л		прочита́-вш-ий 읽은
-ться	учи́ться	учи́-л-ся		учи́-вш-ийся 공부했었던
-ти	нести́	нёс	-ш-	нёс-ш-ий 들고 갔었던
-чь	помо́чь	помо́г		помо́г-ш-ий 도왔던

※ '접두사 + е́хать'의 용법에 대해서는 SET 1의 청해 8 참고.

| 문제 5~8 | 다음 문장의 빈칸에 들어갈 가장 적절한 표현을 고르시오.

05 Не́ было здесь ______________ письма́. Э́то был конве́рт, а не письмо́.

(a) ничто́
(b) никого́
(c) никаки́е
(d) никако́го

| 해설 | 러시아어에서는 존재가 부정될 때 생격으로 표현되기 때문에 'не́ было 없었다' 다음에 생격이 와야 한다. (a)와 (c)는 주격이고, (b)는 사물이 아니라 사람을 지칭하므로 정답은 (d)이다.

번역 여기에 ________ 편지도 없었다. 그것은 편지가 아니라 봉투였다.

참고 ● 부정 접두사 ни + кто/что/како́й

격	아무도, 그 누구도	아무것도, 그 무엇도	아무런, 그 어떤			
			남성	여성	중성	복수
주격	никто́	ничто́	никако́й	никака́я	никако́е	никаки́е
생격	никого́	ничего́	никако́го	никако́й	никако́го	никаки́х
여격	никому́	ничему́	никако́му	никако́й	никако́му	никаки́м
대격	никого́	ничто́	никако́го (활성) никако́й (비활성)	никаку́ю	никако́е	никаки́х (활성) никаки́е (비활성)
조격	нике́м	ниче́м	никаки́м	никако́й	никаки́м	никаки́ми
전치격	ни о ко́м	ни о чём	ни о како́м	ни о како́й	ни о како́м	ни о каки́х

В аудитóрии никогó нет. 강의실에는 아무도 없다.

Я сейчас ничéм не зáнят. 나는 지금 아무것도 하지 않는다.

Никакóму дрýгу я дéнег не давáл. 나는 그 어떤 친구에게도 돈을 준 적이 없다.

Никакýю Лéну я не знáю. 레나라고 하는 그 어떤 사람도 나는 모른다.

Ни о какóм сотрýдничестве не мóжет быть и рéчи. 그 어떤 협력에 대해서도 이야기할 수 없다.

Никакúх гостéй мы не приглашáли. 그 어떤 손님도 우리는 초대하지 않았다.

전치사와 함께 쓸 때는 ни와 кто, что, какóй를 분리하고 그 사이에 전치사를 넣는다.

Ни от когó пúсем не приходúло. 그 누구한테서도 편지가 오지 않았다.

Э́ту рáдость ни с чéм не сравнúшь. 이 기쁨은 그 어떤 것과도 비교할 수 없다.

Ни к какóму экзáмену я не готóвился. 나는 그 어떤 시험도 준비하지 않았다.

06 Автомоби́льная фи́рма отпра́вит нам фотогра́фии и подро́бную техни́ческую информа́цию ______ в конце́ апре́ля.

(a) что́-то
(b) где́-то
(c) ка́к-то
(d) куда́-то

| 해설 | 부사 где́-то의 용법을 알아야 풀 수 있는 문제이다. где́-то는 '어디선가'라는 의미 외에 '즈음, 대략'이라는 뜻도 지니고 있다. '4월 말'이라는 기간이 제시되어 있기 때문에 정답은 (b)이다. (a)의 'что́-то 무엇인가'와 (d)의 'куда́-то 어디론가'는 시기와 관련 없는 부사이므로 정답이 될 수 없다. (c)는 '언젠가 한 번'이라는 의미로 문맥상 맞지 않는다.

번역 자동차 회사는 사진과 자세한 기술 정보를 4월 말 ______ 우리에게 보내줄 것이다.

참고 ※ '소사 -то의 용법'에 대해서는 SET 1의 독해 30 참고.

07 Мы ____________ поздравля́ем с Но́вым го́дом!

(a) вам то́же
(b) вас та́кже
(c) о вас то́же
(d) к вам та́кже

| 해설 | 이 문장에서 동사 'поздравля́ть 축하하다'가 대격을 요구하므로 정답은 (b)이다. (a)와 (d)는 여격, (c)는 전치격 형태의 대명사가 나오기 때문에 문법적으로 맞지 않는다.

번역 우리는 ____________ 새해를 축하합니다!

참고

- **поздравля́ть/поздра́вить + *кого́* + с *чем*** ~을 ~(와 관련해서) 축하하다
  Поздравля́ю тебя́ с днём рожде́ния! 생일 축하해!

- **жела́ть/пожела́ть + *кому́* + *чего́*** ~에게 ~을 기원하다
  Жела́ю тебе́ кре́пкого здоро́вья! 너에게 건강을 기원해!

※ '축하 표현'에 대해서는 SET 1의 청해 1 참고.

08 ________________ го́рьким о́пытом, генера́льный дире́ктор заключи́л контра́кт лишь на год.

(a) Нау́чен
(b) Научи́в
(c) Нау́ченный
(d) Научи́вший

| 해설 | 'го́рький о́пыт 쓴 경험'라는 표현이 조격으로 사용되고 빈칸에 들어갈 단어가 '사장님'이라는 명사를 수식해야 하기 때문에 (c)의 'нау́ченный 교훈을 얻은'라는 피동형동사가 가장 적절하다. (a)는 조격을 요구하지만 단어미형이므로 명사를 수식하는 이 문장 구조에서는 사용할 수 없다. (b)와 (d)는 조격이 아니라 여격 또는 대격과 써야 한다.

번역 쓴 경험을 통해 __________ 사장님은 딱 1년 계약을 체결했다.

참고

- **нау́ченный** (피동형동사 과거형) + *чем* ~에 의해 교육을 받은, 교훈을 얻은
  Нау́ченный жи́знью, он бо́льше не наде́ялся на лёгкий успе́х.
  인생을 통해 교훈을 얻은 그는 더 이상 쉬운 성공을 바라지 않았다.

- **нау́ченный** (피동형동사 과거형) + *чему́* ~을 배운
  Нау́ченный вожде́нию на ку́рсах, он никогда́ не наруша́л пра́вила.
  학원에서 운전을 배운 그는 절대로 법규를 위반하지 않았다.

- **нау́чен** (피동형동사 과거 단어미형) + *чем* ~에 의해 교육을 받았다, 교훈을 얻었다
  Он был нау́чен жи́знью.
  그는 인생을 통해 교훈을 얻었다.

- **нау́чен** (피동형동사 과거 단어미형) + *чему́* ~을 교육받았다

  Он был нау́чен вожде́нию на ку́рсах.

  그는 운전을 학원에서 배웠다.

- **научи́вший** (능동형동사 과거형) + *кого́* + *чему́* ~에게 ~을 가르쳐 준

  Оте́ц, научи́вший сы́на футбо́лу, ча́сто ходи́л с ним на стадио́н.

  아들에게 축구를 가르쳐 준 아버지는 아들과 함께 자주 운동장에 갔다.

- **научи́в** (완료상 부동사) + *кого́* + *чему́* ~에게 ~을 가르치고 나서

  Научи́в сы́на футбо́лу, оте́ц ча́сто ходи́л с ним на стадио́н.

  아들에게 축구를 가르치고 나서 아버지는 아들과 함께 자주 운동장에 갔다.

※ '피동형동사 과거형'은 SET 1의 독해 8, '피동형동사 단어미형'은 SET 1의 독해 27, '능동형동사 과거형'에 대해서는 SET 2의 독해 4 참고.

| 문제 9 | 다음 대화에서 어법상 틀리거나 어색한 부분을 고르시오.

09

(a) А: Ка́тя, по́мнится, вы говори́ли, что родили́сь в Перми́?
(b) Б: Нет, что вы. Я родила́сь в Смоле́нске, а в Перми́ учи́лась.
(c) А: Я слы́шал, что у вас о́чень тру́дно попа́сть в аспиранту́ру.
(d) Б: Да. Я поступи́ла в аспиранту́ру, но не поступа́ла.

| 해설 | 동사의 상에 대한 지식을 확인하는 문항이다. '입학하다'를 뜻하는 동사의 불완료상 형태는 поступа́ть이고, 완료상은 поступи́ть이다. 불완료상은 '행위의 시도', 완료상은 '결과의 산출'을 표현하므로, (d)를 바르게 쓰면 "Я поступа́ла в аспиранту́ру, но не поступи́ла."이다.

SET 2 독해

번역

(a) А: 카탸, 제 기억에 당신이 페름에서 태어났다고 하신 것 같은데요.
(b) Б: 아니요, 무슨 말씀이세요? 저는 스몰렌스크에서 태어났고 페름에서는 공부를 했어요.
(c) А: 제가 듣기론 당신 고향에서 대학원에 들어가는 것이 매우 어렵다던데요.
(d) Б: 네. 제가 대학원 입학을 시도했지만 입학하지 못했어요.

참고

- **поступа́ть/поступи́ть + *куда́*** ~에 입학하다, 들어가다

  А́нна поступа́ла в э́тот университе́т два ра́за и, наконе́ц, поступи́ла.
  안나는 그 대학에 입학을 두 번 시도한 결과 드디어 입학했다.

  Анто́н поступи́л на рабо́ту в кру́пную компа́нию.
  안톤은 대기업에 입사했다.

- **поступа́ть/поступи́ть + *как*** ~게 행동하다

  Ты о́чень му́дро поступи́л.
  너는 매우 지혜롭게 행동했어.

| 문제 10 | 다음 글에서 어법상 틀리거나 어색한 부분을 고르시오.

10 (a) Фина́нсовый кри́зис, нача́вшийся в 2014 году́ и́з-за ре́зкого паде́ния цен на нефть, (b) отпу́стил рубль в неспоко́йное пла́вание. (c) Кульмина́цией рублево́й дра́мы стал «чёрный понеде́льник» 15 декабря́ 2014 го́да. (d) Обме́нные пу́нкты озабо́тились по́иском пятизна́чных табло́, но э́та ме́ра была́ изли́шняя.

| 해설 | 어휘나 내용 모두 난이도가 높은 문제이다. 동사 быть가 과거형인 경우 보어가 되는 형용사나 명사를 조격으로 사용해야 하므로 (d)의 마지막 부분은 'э́та ме́ра была́ изли́шней'라고 하는 것이 문법적으로 맞는다.

번역 (a) 원유 가격의 급격한 하락으로 2014년에 시작된 금융 위기는 (b) 루블을 불안정하게 요동치게 했다. (c) '루블 드라마'의 절정은 2014년 12월 15일의 '검은 월요일'이었다. (d) 환전소들은 다섯 자릿수가 들어가는 숫자판을 찾을 걱정을 했으나, 이러한 조치는 불필요한 것이었다.

참고

• 동사 быть의 용법

현재	(быть 생략) 주격	Мой оте́ц хоро́ший учи́тель. 나의 아버지는 좋은 선생님이다.
과거	быть + 조격	Мой оте́ц был хоро́шим учи́телем. 나의 아버지는 좋은 선생님이었다.
미래		Мой оте́ц бу́дет хоро́шим учи́телем. 나의 아버지는 좋은 선생님이 될 것이다.
명령형		Бу́дь(те) хоро́шим учи́телем! 좋은 선생님이 되어라/되십시오!

회화체에서는 간혹 'был + 주격'의 형태를 사용한다.

А́нна была́ краси́вая. 안나는 예뻤다.

Part II

| 문제 11~15 | **다음 대화문의 빈칸에 들어갈 가장 적절한 표현을 고르시오.**

11

A: Твой оте́ц учи́тель?

Б: Да, он рабо́тает ______________.

(a) в ба́нке

(b) в шко́ле

(c) на по́чте

(d) в библиоте́ке

| 해설 | 아버지의 직업에 대해 듣고 그가 어디서 일하는지를 추측하는 문제이다. A의 아버지가 선생님으로 일한다고 하기 때문에 정답은 (b) '학교에서'이다.

번역 A: 너의 아버지는 선생님이시니?

Б: 응, 그는 ____________ 일해.

참고 ※ '직업'에 대해서는 SET 1의 청해 25 참고.

12

A: Включи́, пожа́луйста, свет.
Б: Ты прав, в ко́мнате о́чень ________.

(a) темно́
(b) жа́рко
(c) светло́
(d) удо́бно

| 해설 | 기본적인 부사를 알면 어렵지 않게 풀 수 있는 문제이다. 불을 켜 달라고 부탁하는 A의 말에서 방이 어둡다는 것을 추측할 수 있다.

번역 A: 불 좀 켜 줘.
Б: 맞아, 방이 너무 ________.

참고 ● 성질형용사에서 만들어진 부사들

성질형용사	접미사	부사
тёмн-ый 어두운		темн-о́ 어둡다/어둡게
све́тл-ый 밝은		светл-о́ 밝다/밝게
холо́дн-ый 추운, 차가운		хо́лодн-о 춥다/춥게, 차갑다/차갑게
тёпл-ый 따뜻한	-о	тепл-о́ 따뜻하다/따뜻하게
жа́рк-ий 더운		жа́рк-о 덥다/덥게
горя́ч-ий 뜨거운		горяч-о́ 뜨겁다/뜨겁게
удо́бн-ый 편한		удо́бн-о 편하다/편하게

13

А: Ты едúнственный ребёнок в семьé?
Б: Нет, у меня́ есть ___________ сестрá.

(a) стáрая
(b) блúзкая
(c) стáршая
(d) молодáя

| 해설 | 명사 'сестрá 여자 형제'를 수식할 수 있는 적절한 형용사를 찾는 문제이다. '손위의' 또는 '손아래의' 여자 형제가 있다고 하는 것이 대화의 맥락상 가장 자연스럽다. (a)는 '늙은', (b)는 '가까운', (d)는 '젊은'으로 해석되기 때문에 이 상황에 어울리지 않는다. 정답은 (c)의 'стáршая 손위의'이다.

번역 A: 너는 외동이야?
Б: 아니, 나는 ___________ 여자 형제가 있어.

참고 млáдший 손아래의 ↔ стáрший 손위의
молодóй 젊은 ↔ стáрый 나이 많은, 낡은
мáленький 작은, 어린 ↔ большóй 큰, 다 자란

14

А: А зна́ешь, ведь мы рове́сники.

Б: Тогда́ дава́й ____________ на ты!

(a) пойдём

(b) пройдём

(c) перейдём

(d) подойдём

| 해설 | '말을 놓다'라는 표현을 찾는 문항이다. 러시아어에서는 이것을 '존댓말에서 반말로 넘어가다'라고 표현한다. 따라서 정답은 '건너다, 넘어가다'의 뜻을 지닌 동사 перейти́가 있는 (c)이다.

번역

A: 있잖아, 우리는 동갑이네.

Б: 그러면 서로 ('너'라고) ______________!

참고

● 접두사 + ходи́ть/идти́의 용법

접두사	접두사의 의미	동사 ходи́ть, идти́
при-	도착	приходи́ть/прийти́ (걸어서) 오다 прийти́ домо́й 집으로 오다
у-	출발	уходи́ть/уйти́ (걸어서) 떠나다; 그만두다; 회피하다 уйти́ из до́ма 집을 떠나다 уйти́ с рабо́ты 직장을 그만두다 уйти́ от отве́та 답을 회피하다
в-	들어감	входи́ть/войти́ (걸어서) 들어가다; 헤아리다 войти́ в зда́ние 건물 안에 들어가다 войти́ в чьё-ли́бо положе́ние ~의 입장을 헤아리다

접두사	접두사의 의미	동사 ходи́ть, идти́
вы-	나감	выходи́ть/вы́йти (걸어서) 나가다; (시집)가다; (화가) 나다 вы́йти из ко́мнаты 방에서 나가다 вы́йти за́муж 시집가다 вы́йти из себя́ 매우 화가 나다, 이성을 잃다
под-	접근	подходи́ть/подойти́ (걸어서) 다가가다; 어울리다 подойти́ к па́мятнику 기념비에 다가가다 подойти́ к костю́му 정장에 어울리다
от-	~로부터 떠남	отходи́ть/отойти́ (걸어서) 물러서다, 떠나다 отойти́ от де́рева 나무에서 물러서다
до-	도달	доходи́ть/дойти́ (걸어서) 도착하다 дойти́ до па́рка 공원에 도착하다
про-	통과	проходи́ть/пройти́ (걸어서) 지나가다; 배우다, 이수하다 пройти́ ми́мо теа́тра 극장 옆을 지나가다 пройти́ но́вую те́му 새로운 주제를 배우다
пере-	가로지름	переходи́ть/перейти́ (걸어서) 건너가다, 넘어가다; (말을) 놓다 перейти́ доро́гу 길을 건너가다 перейти́ на ты 말을 놓다
с-	내려옴	сходи́ть/сойти́ (걸어서) 내려가다; 미치다 сойти́ с ле́стницы 계단에서 내려가다 сойти́ с ума́ 미치다
за-	뒤로	заходи́ть/зайти́ (걸어서) ~의 뒤로 가다; 데리러 가다 зайти́ за зда́ние 건물 뒤로 가다 зайти́ за сы́ном 아들을 데리러 가다
об-	우회	обходи́ть/обойти́ (걸어서) 우회하다; 돌아다니다; 피해 가다 обойти́ я́му 구덩이를 우회하다 обойти́ весь свет 전 세계를 돌아다니다 обойти́ зако́н 법망을 피해 가다

15 A: В э́том ме́сте нельзя́ бы́ло превыша́ть ско́рость.
Б: Извини́, я не успе́л ____________ доро́жный знак.

(a) узна́ть
(b) вы́знать
(c) разузна́ть
(d) распозна́ть

| 해설 | 'знать 알다'에 다양한 접두사가 붙어 파생된 동사의 의미를 알아야 풀 수 있는 문제이다. 도로 표지판을 '인식하다, 식별하다'의 뜻을 가진 동사는 (d)의 распозна́ть이다.

번역 A: 여기서는 속도위반을 하면 안 됐어.
Б: 미안해, 표지판을 미처 ____________ 못했어.

참고

- **узнава́ть/узна́ть** (사람을, 몰랐던 것을) 알아보다
  Я сра́зу узна́ла тебя́.
  나는 너를 바로 알아봤다.

- **вызнава́ть/вы́знать** (비밀, 소식을) 알아내다
  На́ша сосе́дка лю́бит всё о всех вызнава́ть.
  우리 이웃 여자는 모든 사람들에 대한 모든 정보를 캐내기 좋아한다.

- **разузнава́ть/разузна́ть** (자세하게 여기저기서) 알아보다
  Ну́жно всё разузна́ть до мелоче́й.
  사소한 것까지 전부 알아봐야 한다.

- **распознава́ть/распозна́ть** (자세히 들여다보고) 인식하다, 식별하다
  В темноте́ бы́ло тру́дно распозна́ть, кто э́то.
  어둠 속에서 그 사람이 누군지 식별하기 힘들었다.

| 문제 16~20 | 다음 글의 빈칸에 들어갈 가장 적절한 표현을 고르시오.

16 Oná дóлго жилá в Сеýле и довóльно хорошó вы́учила ________ корéйский язы́к.

(a) там
(b) тудá
(c) сюдá
(d) оттýда

| 해설 | 장소 부사와 그 용법을 확인하는 문제이다. 동사 'вы́учить 배우다'는 'где? 어디에서?'에 대한 답이 되는 부사를 요구하기 때문에 (a)의 'там 그곳에서'이 정답이다. (b)와 (c)는 'кудá? 어디로?', (d)는 'откýда? 어디서부터?'에 대한 응답이므로 이 상황에 맞지 않는다.

번역 그녀는 서울에서 오랫동안 살았고 ____________ 한국어를 상당히 잘 배웠다.

참고 ※ '장소 부사'에 대해서는 SET 1의 독해 12 참고.

17 Концéрт в Москóвском дóме мýзыки был ________________, потомý что был организóван в пóмощь дéтям, больны́м рáком.

(a) юбилéйным
(b) прáздничным
(c) симфони́ческим
(d) благотвори́тельным

| 해설 | 다양한 형용사를 사용하여 어휘력을 확인하는 문제이다. 어울리는 단어를 선택하기 위해 이해해야 하는 부분은 'организóван в пóмощь ~을 돕기 위해 주최되었다'이다. (d)의 'благотвори́тельный 자선의'라는 형용사가 정답이다.

번역 모스크바 음악홀에서 있었던 음악회는 소아암 환자들을 돕기 위해 주최되었기 때문에 ________________ 공연이었다.

참고

- **юбилéйный концéрт** (~주년) 기념 음악회
  Вчерá прошёл юбилéйный концéрт, посвящённый 70-лéтию теáтра.
  어제 극장 창립 70주년 기념 음악회가 개최되었다.

- **прáздничный концéрт** (명절, 국경일) 기념 음악회
  Арти́сты учáствуют в прáздничном концéрте, посвящённом Дню Побéды.
  예술인들은 전승기념일 기념 음악회에 참가한다.

- **симфони́ческий концéрт** 교향악 음악회
  Мы купи́ли билéт на симфони́ческий концéрт.
  우리는 교향악 음악회 공연 표를 구입했다.

18 Гру́ппа музыка́нтов из Фра́нции ______________ за свою́ 30-ле́тнюю исто́рию приезжа́ет в Росси́ю с больши́м ту́ром.

(a) пе́рвая
(b) впереди́
(c) впервы́е
(d) во-пе́рвых

| 해설 | '30년 활동 역사상' 그리고 '순회공연을 온다'라는 내용을 연결할 수 있는 단어를 찾아야 한다. (a)는 서수 '첫 번째의', (b)는 장소 부사 '앞에', (d)는 삽입어 '첫째로'이기 때문에 문맥상 어울리지 않는다. 정답은 (c)에 나오는 부사 'впервы́е 최초로'이다.

번역 프랑스 출신 음악가들로 구성된 그룹은 30년 활동 역사상 ___________ 대규모 순회공연을 위해 러시아에 온다.

참고

- **впервы́е в + *чём*** ~에서 최초로
  впервы́е в жи́зни 살면서 처음으로
  впервы́е в исто́рии челове́чества 인류 역사상 최초로

- **впервы́е за + *что*** ~동안 최초로
  впервы́е за по́лго́да 반년 만에 처음으로
  впервы́е за всю исто́рию челове́чества 인류의 역사가 있는 한 처음으로

19 Э́то лека́рство ______________ то́лько по реце́пту.

(a) сдаётся
(b) выдаётся
(c) раздаётся
(d) передаётся

| 해설 | '처방전에 따라 약을 주다'라는 표현을 완성하기 위해 필요한 동사를 찾는 문제이다. дать에 다양한 접두사와 접미사 -ся가 붙어 파생된 새로운 의미를 지닌 동사들을 알아야 한다. '교부되다'의 뜻으로 쓰이는 выдава́ться가 위의 맥락에 가장 어울린다. 따라서 정답은 (b)이다.

번역 이 약은 처방전이 있어야만 ______________.

참고

- **сдава́ться/сда́ться** 항복하다, 포기하다; 임대되다

  Приня́в испа́нцев за бого́в, инде́йцы сда́лись без осо́бого сопротивле́ния.
  스페인 사람들을 신들로 착각한 인디언들은 특별한 저항 없이 항복했다.
  Кварти́ра сдаётся на оди́н год.
  아파트는 1년을 기간으로 임대된다.

- **выдава́ться/вы́даться** 돌출되다; 발급되다, 주어지다

  У не́которых люде́й выдаётся вперёд подборо́док, у други́х – лоб.
  어떤 사람들은 턱이, 어떤 사람들은 이마가 돌출되어 있다.
  В Росси́и паспорта́ выдаю́тся гра́жданам в 14 лет.
  러시아에서 여권은 14세가 되는 국민들에게 발급된다.

- **раздава́ться/разда́ться** 울리다; 분배되다, 배포되다

  В ко́мнате вдруг разда́лся звоно́к.

  방안에 갑자기 벨이 울렸다.

  Студе́нтам раздали́сь экзаменацио́нные листы́.

  대학생들에게 시험지가 배포되었다.

- **передава́ться/переда́ться** 전달되다, 전해지다

  Не́которые боле́зни передаю́тся по насле́дству.

  어떤 병은 유전적으로 전달된다.

20 Законопрое́кт внесли́ на рассмотре́ние в пя́тницу, одна́ко за су́тки он успе́л собра́ть бо́льше негати́вных о́тзывов, __________ любо́й друго́й зако́н.

(a) ли́бо
(b) да́бы
(c) е́жели
(d) не́жели

| 해설 | '그 어떤 다른 법'이라는 어구에 어울리는 접속사를 찾는 문제이다. 가장 주의를 기울여야 하는 단어는 'бо́льше 더 많이'로, 본 구문이 비교급임을 보여 준다. 따라서 빈칸에 들어갈 접속사는 비교급에 사용되는 '~보다'의 의미를 지녀야 한다. (d)의 не́жели가 'чем ~보다'과 동일한 의미로 사용된다.

번역 이 법안은 금요일에 심의에 제출되었지만 하루 사이에 그 어떤 법령__________ 많은 부정적 논평을 모았다.

참고

- **ли́бо (= и́ли)** 또는, ~든지

  На кани́кулы я пое́ду ли́бо на мо́ре, ли́бо в го́ры.
  방학 때 나는 바닷가에 가든지 산에 가든지 하겠다.

- **да́бы (= что́бы)** 위하여, ~하도록

  Дава́й всё запи́шем, да́бы пото́м не́ было ли́шних спо́ров.
  나중에 불필요한 논쟁이 없도록 다 기록하자.

- **е́жели (= е́сли)** 만일, 만약

Е́жели вы не уста́ли, не лу́чше ли нам немно́го прогуля́ться.
만약 당신이 피곤하지 않으시면 우리 좀 걷는 것이 어떨까요?

- **не́жели (= чем)** ~보다

Говоря́т, что же́нщине одно́й жить лу́чше, не́жели одино́кому мужчи́не.
사람들은 여성이 혼자 사는 것이 남성이 혼자 사는 것보다 낫다고 말한다.

Part III

| 문제 21~35 | 다음 글을 읽고 빈칸에 들어갈 가장 알맞은 표현을 고르시오.

21 Я ме́неджер по прода́жам в одно́й кру́пной торго́вой фи́рме. Рабо́таю по 12-14 часо́в в день, без пра́здников и выходны́х. Семья́, дом, обще́ние с друзья́ми – к сожале́нию, на всё э́то у меня́ ________________.

(a) есть вре́мя
(b) мно́го вре́мени
(c) не хвата́ет вре́мени
(d) нет рабо́чего време́ни

| 해설 | 화자는 자신이 큰 회사에서 근무하는 매니저로, 쉬는 날 없이 매우 바쁘게 일한다고 한다. 가족과 친구들을 언급하면서 그는 'к сожале́нию 아쉽게도'라는 단어를 사용하기 때문에 그들을 위한 시간이 없음을 알 수 있다. (a)와 (b)는 '시간이 있다'고 말하므로 글의 내용과 상반된다. (c)와 (d)는 '시간이 없다'고 말하지만 (d)는 '일할 시간' 부족에 대해 이야기하기 때문에 문장의 전체적인 맥락과 맞지 않는다.

번역 나는 규모가 큰 한 무역 회사에서 판매 담당 매니저이다. 명절과 휴일 없이 하루에 12~14시간씩 일한다. 가정, 집안일, 친구들과의 교제, 아쉽게도 이 모든 것을 위해 나는 ________________.

(a) 시간이 있다
(b) 시간이 많다
(c) 시간이 부족하다
(d) 일할 시간이 없다

참고

● -мя로 끝나는 중성 명사

러시아어 중성 명사는 대개 -o, -e로 끝나지만 -мя로 끝나는 몇몇 중성 명사가 있다.

주격	вре́мя 시간	и́мя 이름
생격	вре́мени	и́мени
여격	вре́мени	и́мени
대격	вре́мя	и́мя
조격	вре́менем	и́менем
전치격	(о) вре́мени	(об) и́мени

22 Андре́й вы́шел из университе́та за два часа́ до нача́ла сеа́нса в кино́. Де́сять мину́т он шёл пешко́м до метро́, пото́м по́лчаса́ е́хал, а пото́м ещё де́сять мину́т шёл пешко́м. В результа́те он ____________________________________.

(a) пришёл пря́мо к нача́лу фи́льма
(b) пришёл на час с ли́шним ра́ньше
(c) пришёл за по́лчаса́ до нача́ла фи́льма
(d) пришёл сли́шком по́здно и не смог посмотре́ть фильм

| 해설 | 시간 관련 기본 어휘를 알면 풀 수 있는 문제이다. 안드레이는 영화가 시작되기 2시간 전에 출발해서 길에서 50분을 소비했으므로 영화 상영 1시간 10분 전에 영화관에 도착했다. 따라서 정답은 (b)이다.

번역 안드레이는 영화가 시작되기 2시간 전에 대학교에서 나왔다. 그는 지하철까지 10분간 걸어갔고, 그 다음에 30분 동안 지하철을 탔고, 그리고 또 10분을 걸어갔다. 결국 그는 ____________________.

(a) 영화가 시작되기 직전에 도착했다
(b) 1시간 이상 일찍 도착했다
(c) 영화가 시작되기 30분 전에 도착했다
(d) 너무 늦게 도착해서 영화를 보지 못했다

참고 ※ '시간 표현'에 대해서는 SET 1의 청해 5 참고.

23 Уважа́емые посети́тели! В на́шем музе́е фо́то и видеосъёмки карти́н и экспона́тов стро́го запрещены́. Для жела́ющих ____________________ устано́влены специа́льные фо́тозо́ны.

(a) посети́ть музе́й
(b) откры́ть фотосало́н
(c) снять па́мятные фо́то
(d) посмотре́ть фо́тоальбо́мы

| 해설 | 박물관에서 볼 수 있는 사진 촬영과 동영상 촬영에 대한 안내문이다. 중요한 단어는 'фо́тозо́ны 포토존들'이며, 이것이 설치된 목적을 찾아야 한다. 정답은 '기념사진을 촬영하다'를 뜻하는 (c)이다.

번역 존경하는 관람객 여러분! 우리 박물관에서는 그림과 전시품의 사진 촬영과 비디오 촬영이 엄격히 금지되고 있습니다. ________________ 하는 분들을 위해 전용 포토존들이 설치되어 있습니다.

(a) 박물관을 방문하고자
(b) 사진관을 개업하고자
(c) 기념사진을 촬영하고자
(d) 사진첩을 보고자

참고

● **снима́ть/снять** 제거하다; 벗다; 빌리다; 촬영하다

Сними́, пожа́луйста, пе́нку с молока́.

우유에서 거품을 걷어내 줄래?

В помеще́нии ну́жно снима́ть головно́й убо́р.

실내에서는 모자를 벗어야 한다.

Я хочу́ снять кварти́ру в Сеу́ле.

나는 서울에서 아파트를 빌리고 싶다.

Фильм был снят по моти́вам одноимённого рома́на.

영화는 동명 소설을 원작으로 하여 제작되었다.

24 На тре́тьем этаже́ универма́га нахо́дится отде́л ____________ ____________. Здесь мо́жно приобрести́ стира́льные маши́ны, пылесо́сы, электроча́йники и мно́гое друго́е.

(a) «Ме́бель»
(b) «Бытова́я те́хника»
(c) «Пищевы́е проду́кты»
(d) «Канцеля́рские това́ры»

| 해설 | 판매되는 제품을 보고 매장의 이름을 맞춰야 하는 문제이다. 세탁기, 청소기, 전기주전자와 같은 물건을 판매하는 곳은 (b)의 '생활가전' 매장이다.

번역 백화점 3층에는 __________ 매장이 있다. 여기서는 세탁기, 청소기, 전기주전자 등을 구입할 수 있다.

(a) 가구
(b) 생활가전
(c) 식료품
(d) 문구류

참고

- **приобрета́ть/приобрести́** 구입하다; 얻다
  Где вы приобрели́ э́тот телефо́н?
  이 전화기를 어디서 구입하셨어요?
  В после́днее вре́мя о́н-ла́йн знако́мства приобрели́ большу́ю популя́рность. 최근에 온라인 만남이 큰 인기를 얻고 있다.

※ 가전제품 관련 어휘는 SET 2의 청해 17, '백화점 매장'에 대해서는 SET 1의 독해 11 참고.

25 Мари́на Сёмина – студе́нтка педагоги́ческого институ́та. Она́ одна́ из лу́чших студе́нток факульте́та дошко́льного воспита́ния. По́сле оконча́ния институ́та она́ хо́чет рабо́тать с ма́ленькими детьми́, стать ________________.

(a) профе́ссором в институ́те
(b) учи́тельницей ста́рших кла́ссов
(c) преподава́телем в университе́те
(d) воспита́тельницей де́тского са́да

| 해설 | 사범대 유아교육 학부에 다니는 우수한 여대생 마리나에 대한 글이다. 졸업 후 마리나는 어린아이들과 일하고 싶어한다는 언급에서 그녀의 희망이 '유치원 교사'라는 것을 짐작할 수 있다. (a), (b), (c)는 어린아이들과 함께 지내며 일하는 직업이 아니므로 답이 될 수 없다.

번역 마리나 쇼미나는 사범대 학생이다. 그녀는 취학 전 유아교육 학부에서 가장 우수한 학생 중 한 명이다. 대학교를 졸업한 후 그녀는 ________________ 되어 어린아이들과 일하고 싶어한다.

(a) 대학교 교수가
(b) 고학년 학생들의 선생님이
(c) 대학교 강사가
(d) 유치원 보육교사가

참고 • 동사 'стать 되다'의 용법

동사원형	стать (완료상)
현재	
과거	ста́л(-а, -о, -и)
미래	я ста́ну ты ста́нешь они ста́нут
명령형	Ста́нь(те)!

• стать + *кем/чем* ~이 되다

Сын сказа́л, что ста́нет лётчиком.

아들은 비행사가 될 것이라고 말했다.

• стать + 동사원형 ~하기 시작하다

А́нна заволнова́лась и ста́ла говори́ть о́чень бы́стро.

안나는 긴장해서 매우 빨리 말하기 시작했다.

26 Бывáет так, что роди́телям трýдно научи́ть ребёнка читáть. Поначáлу дéти читáют с трудóм, но со врéменем у них вырабáтывается нáвык. В дальнéйшем ребёнок читáет бéгло, однáко ____________________ появля́ется не у всех.

(a) любóвь к трудý
(b) кни́га для детéй
(c) забóта о роди́телях
(d) интерéс к чтéнию книг

| 해설 | 아이들의 글 배우기와 독서에 대한 흥미를 주제로 하는 글이다. (a)와 (c)의 내용은 책 읽기와 관련이 없으므로 답이 될 수 없다. (b)는 '아동 도서'로 해석되므로 빈칸에 어울리지 않는다. 정답은 '독서에 대한 관심'을 말하는 (d)이다.

번역 부모가 아이에게 글 읽기를 가르치기 힘든 경우가 있다. 아이들은 처음 글을 읽을 때 어려움을 느끼지만 시간이 지날수록 그 능력을 갖추게 된다. 이후 아이는 유창하게 글을 읽게 되지만 ______________ 누구에게나 생기는 것은 아니다.

(a) 부지런함은
(b) 아동 도서는
(c) 부모님에 대한 걱정은
(d) 독서에 대한 관심은

참고

- **с трудóм** (부사) 어렵게, 힘들게
  Тури́сты с трудóм подняли́сь на верши́ну горы́.
  관광객들은 어렵게 산 정상까지 올라갔다.
- **к трудý** (전치사 + 명사) 일에, 노동에
  Нýжно с дéтства приучáть детéй к трудý.
  어릴 적부터 아이들에게 일하는 습관을 들여야 한다.

27 В 1991 году́ большинство́ ленингра́дцев выступа́ли за возвраще́ние Ленингра́ду истори́ческого и́мени «Санкт-Петербу́рг». Одна́ко ____________________, не жела́вших возвраще́ния го́роду истори́ческого назва́ния.

(a) в го́роде не́ было жи́телей
(b) в стране́ не́ было жи́телей
(c) у них бы́ло не ма́ло проти́вников
(d) у них бы́ло не ма́ло сторо́нников

| 해설 | 전후 문맥의 논리 관계를 파악해야 하는 문항이다. 첫 번째 문장은 레닌그라드라는 도시에 역사적 이름을 되돌려주는 것을 찬성하는 사람들에 대해 이야기하고, 두 번째 문장은 접속사 'однáко 그러나'로 이어지면서 '도시가 역사적인 명칭으로 다시 명명되는 것을 원하지 않았던' 사람들에 대해 말한다. 따라서 '반대자'라는 단어가 들어간 (c)가 가장 잘 어울린다.

번역 1991년에 대부분의 레닌그라드 시민들은 레닌그라드에 역사적인 명칭인 '상트 페테르부르크'를 복원하자는 의견에 찬성했다. 그러나 도시가 역사적인 명칭으로 다시 명명되는 것을 원하지 않았던 ____________________.

(a) 사람은 도시에는 없었다
(b) 사람은 나라에는 없었다
(c) 반대자도 그들에게는 적지 않았다
(d) 지지자도 그들에게는 적지 않았다

참고

- **выступа́ть за + *кого́/что*** ~을 (공개적으로, 공공연히) 지지하다

  Рабо́чие вы́ступили за сокраще́ние рабо́чего вре́мени.

  노동자들은 노동시간 단축을 공개적으로 지지했다.

- **выступа́ть про́тив + *кого́/чего́*** ~을 (공개적으로, 공공연히) 반대하다

  Демонстра́нты вы́ступили про́тив при́нятого прави́тельством реше́ния.

  시위 참가자들은 정부의 결의를 공공연히 반대했다.

28 Чемпиона́т ми́ра в Ката́ре бу́дет проходи́ть не в традицио́нный ле́тний пери́од, а зимо́й. Причи́на перено́са – кли́мат в стране́-хозя́йке, где ле́том температу́ра во́здуха достига́ет +40℃. В Росси́йском футбо́льном сою́зе к тако́й инициати́ве отнесли́сь с понима́нием и счита́ют, что перено́с чемпиона́та явля́ется ________________________.

(a) дово́льно стра́нным реше́нием
(b) абсолю́тно логи́чным реше́нием
(c) непроду́манным и поспе́шным реше́нием
(d) соверше́нно немотиви́рованным реше́нием

| 해설 | 축구 월드컵 개최 기간 변경에 대한 글로, 러시아 축구 연맹의 입장을 설명하는 적절한 어구를 찾는 문제이다. 이때 중요한 내용은 'отнесли́сь с понима́нием 입장을 이해했다'이다. 이 말을 통해서 러시아 측이 개최 기간 변경을 '논리적인 결정'으로 본다는 것에 대해 알 수 있다.

번역 카타르 월드컵은 전통적인 여름 기간이 아니라 겨울에 개최될 것이다. 변경 원인은 개최국의 기후에 있었는데, 이 나라는 여름에 기온이 +40℃까지 올라간다. 러시아 축구 연맹은 이 결정을 이해하고 월드컵 기간 변경이 ________________________이라고 생각한다.

(a) 상당히 이상한 결정
(b) 지극히 논리적인 결정
(c) 무계획적이고 성급한 결정
(d) 전혀 동기부여가 없는 결정

참고

- **относи́ться/отнести́сь + к *кому́/чему́* + с *чем*** ~을 ~게 대하다

  Ученики́ относи́лись к преподава́телю с уваже́нием.

  학생들은 선생님을 존경했다.

- **относи́ться + к *кому́/чему́*** ~에 해당되다, 속하다

  Ти́гры отно́сятся к семе́йству коша́чьих.

  호랑이들은 고양잇과에 속한다.

29 Москва́ – нау́чный центр. Несмотря́ на то, что нас уверя́ют, что все «мозги́» уе́хали за рубе́ж, в столи́це Росси́и продолжа́ют «шевели́ть мозга́ми» учёные бо́лее чем в 60 акаде́миях и в 975 нау́чно-иссле́довательских институ́тах. Таки́м о́бразом, бу́дущая го́рдость Росси́и ________________________.

(a) у́чится в росси́йских университе́тах
(b) преподаёт в зарубе́жных институ́тах
(c) у́чится в основно́м в провинциа́льных города́х
(d) прохо́дит стажиро́вку в прести́жных университе́тах ми́ра

| 해설 | 빈칸의 앞부분은 명석한 사람들이 모두 해외로 떠났다는 설에도 불구하고 여전히 많은 사람들이 러시아에 남아 공부하고 있다는 내용이다. (b)와 (d)는 러시아 인재들의 외국 활동에 대해 언급하고 있기 때문에 문맥상 답이 될 수 없다. 학자들이 '러시아의 수도'에서 연구 활동을 한다는 부분이 있으므로 빈칸에 들어갈 내용으로는 '지방 도시'를 언급하는 (c)가 아니라 (a)가 가장 적절하다.

번역 모스크바는 과학의 중심지이다. '뛰어난 두뇌'를 가진 모든 사람들이 외국으로 떠났다고 말하지만 러시아 수도에 있는 60개 이상의 아카데미와 975개의 과학 연구소에서 학자들이 여전히 자신의 '두뇌를 회전시키고 있다'. 그러므로 러시아의 미래의 자부심은 ________________________.

(a) 러시아 대학에서 공부한다
(b) 외국 대학에서 가르친다
(c) 주로 지방 도시에서 공부한다
(d) 인지도 높은 전 세계 대학에서 연수를 받는다

참고

культу́рный центр 문화 중심지
нау́чный центр 과학 중심지
полити́ческий центр 정치 중심지
промы́шленный центр 산업 중심지
сельскохозя́йственный центр 농업 중심지
торго́вый центр 상업 중심지
тра́нспортный центр 교통 중심지

※ '수사의 격변화'에 대해서는 SET 2의 청해 12 참고.

30 Медици́нское обсле́дование и диагно́стика позволя́ют ________________ и обнару́жить его́ на са́мой ра́нней ста́дии разви́тия, и тем са́мым созда́ть благоприя́тные усло́вия для дальне́йшего успе́шного лече́ния.

(a) упусти́ть моме́нт лече́ния
(b) разрабо́тать ме́тод лече́ния
(c) улу́чшить состоя́ние больно́го
(d) предупреди́ть разви́тие заболева́ния

| 해설 | 건강검진과 진단학의 이점에 대해 설명하는 글이다. '그것을 진행 초기 단계에서 발견하는 것을 가능케 한다'의 '그것'에 해당하는 명사를 찾는 것이 가장 중요하다. (a)는 '치료 시기', (b)는 '치료 방법', 그리고 (c)는 '환자 상태'에 대한 내용이므로 빈칸에 어울리지 않는다. 'заболева́ние 질병'가 언급된 (d)가 정답이다.

번역 건강검진과 진단학은 ________________ 그것을 진행 초기 단계에서 발견하는 것을 가능케 하고, 그리하여 이후의 성공적인 치료를 위한 좋은 조건의 형성을 용이하게 한다.

(a) 치료 시기를 놓치고
(b) 치료 방법을 개발하고
(c) 환자의 상태를 호전시키고
(d) 질병의 진전을 막고

참고

- **да́льний** (거리가) 먼
  да́льний ро́дственник 먼 친척
  да́льний путь 먼 길
  Да́льний Восто́к 극동 지방

- **далёкий** (거리 및 시간적으로) 먼
  далёкие края́ 먼 곳
  в далёком про́шлом 먼 과거에

- **удалённый** 멀리 떨어진; 뽑힌
  удалённые от це́нтра райо́ны 중심지에서 멀리 떨어진 동네
  удалённый зуб 뽑힌 치아

- **дальне́йший** 차후의, 이후의
  дальне́йшие пла́ны 차후의 계획
  в дальне́йшем 차후에

31 Берёзовый сок – э́то жи́дкость, вытека́ющая из перере́занных и надло́мленных ство́лов и ветве́й берёзы. Он явля́ется ________________ ока́зывает благотво́рное влия́ние на органи́зм челове́ка.

(a) дорогосто́ящим де́ревом, кото́рое
(b) газиро́ванным напи́тком, кото́рый
(c) о́чень це́нным проду́ктом, кото́рый
(d) изве́стным ме́стом о́тдыха, кото́рое

| 해설 | 빈칸이 있는 문장의 대명사 'он'이 가리키는 것이 자작나무가 아니라 그 수액임을 파악하면 (a)와 (d)를 오답으로 소거할 수 있다. (b)와 (c)는 둘 다 식료품에 대해 말하지만 (b)는 '탄산음료'이므로 정답은 (c)이다.

번역 자작나무 수액은 자작나무 줄기와 가지를 자르거나 꺾은 부분에서 흘러나오는 액체이다. 이것은 인체에 좋은 영향을 미치는 ________________이다.

(a) 고가의 나무
(b) 탄산음료
(c) 매우 귀한 식료품
(d) 유명한 휴식처

참고

- **явля́ться + *кем/чем*** ~이다

  Он явля́ется чле́ном ассоциа́ции.

  그는 협회의 회원이다.

- **явля́ться/яви́ться + *куда́*** 나타나다, 오다

  Почему́ ты не яви́лся на уро́к?

  너는 왜 수업에 안 왔니?

32 Накану́не, и́з-за непра́вильной эксплуата́ции га́зовой плиты́ произошёл взрыв бытово́го га́за. В результа́те инциде́нта обру́шились несу́щие констру́кции пе́рвого этажа. Сотру́дниками МЧС (Министе́рство по чрезвыча́йным ситуа́циям) э́та часть до́ма была́ ______________________.

(a) на́звана э́кстренной
(b) при́знана авари́йной
(c) ука́зана крити́ческой
(d) объя́влена чрезвыча́йной

| 해설 | 고급 수준의 생활 어휘를 확인하는 문항이다. 붕괴된 건물의 일부를 수식할 수 있는 적절한 형용사를 찾아야 하는데, 앞에 사용되는 단어미형 형동사의 사용에도 주의를 기울여야 한다. 폭발에 의한 사고이므로 (b)에 나오는 형용사 авари́йная가 가장 잘 어울린다.

번역 전날 가스레인지의 잘못된 사용으로 인해 가정용 가스 폭발이 일어났다. 이 사고로 1층의 주요 구조부가 붕괴되었다. 비상사태부 관계자들에 의해 아파트의 해당 부분은 ______________________.

(a) 긴급한 것으로 지칭되었다
(b) 사고 구역으로 지정되었다
(c) 위급한 것으로 지적되었다
(d) 비상한 것으로 공표되었다

참고

- **э́кстренный** 긴급한, 긴급의
  э́кстренное заседа́ние 긴급회의
  э́кстренные ме́ры 긴급조치

- **авари́йный** 사고 처리의, 비상용의
  авари́йный исто́чник эне́ргии 비상등
  авари́йное состоя́ние (사고로 인한) 비상 상황

- **крити́ческий** 위기의; 비평의, 비판의
  крити́ческий моме́нт 위기의 순간
  крити́ческий реали́зм 비판적 사실주의

- **чрезвыча́йный** 비상의; 특명의
  чрезвыча́йная ситуа́ция (위기로 인한) 비상사태
  чрезвыча́йный посо́л 특명 대사

33 На восто́чном побере́жье в тече́ние дня ожида́ется си́льный ве́тер. ____________ мо́гут достига́ть 17 м/с, при э́том возмо́жны лока́льные дожди́.

(a) Оса́дки
(b) Его́ разме́ры
(c) Поры́вы ве́тра
(d) Направле́ния ве́тра

| 해설 | 일기예보 형식의 텍스트로 м/с가 '초속'을 나타내는 것을 알아야 문제를 풀 수 있다. (a)는 '강수량', (b)는 '규모', 그리고 (d)는 '방향'을 뜻하므로 빈칸에 들어갈 말로 적절하지 않다.

번역 동쪽 해안에 하루 내내 강풍이 예상된다. ____________ 초속 17미터에 이를 수 있고, 동시에 국지적으로 비가 내릴 가능성이 있다.

(a) 강수량은
(b) 그 규모는
(c) 풍속은
(d) 풍향은

참고 ● **Едини́цы измере́ния** 단위

длина́ 길이	киломе́тр (км) 킬로미터 метр (м) 미터 сантиме́тр (см) 센티미터 миллиме́тр (мм) 밀리미터
ма́сса 무게, 중량	то́нна (т) 톤 килогра́мм (кг) 킬로그램 грамм (г) 그램 миллигра́мм (мг) 밀리그램
вре́мя 시간	час (ч) 시간 мину́та (мин) 분 секу́нда (с) 초
пло́щадь 면적	квадра́тный киломе́тр ($км^2$) 제곱킬로미터 квадра́тный метр ($м^2$) 제곱미터 квадра́тный сантиме́тр ($см^2$) 제곱센티미터
объём 부피	куби́ческий метр ($м^3$) 세제곱미터 куби́ческий сантиме́тр ($см^3$) 세제곱센티미터
ско́рость 속도	киломе́тры в час (км/ч) 시간당 킬로미터 ме́тры в секу́нду (м/с) 초당 미터

34 По словáм Министéрства здравоохранéния вúрус H7N9 не передаётся от человéка к человéку. ______________________, существýет возмóжность бóлее скóрого устранéния вúруса.

(a) По итóгам
(b) В чáстности
(c) В сúлу э́того
(d) В противополóжность э́тому

| 해설 | 앞뒤 문장을 논리적으로 연결해 주는 단어를 찾는 문제이다. '사람 간에 감염이 되지 않는다'와 '바이러스를 보다 빠른 시일 내에 제거할 가능성이 있다'라는 내용을 자연스럽게 이어 줄 단어는 '이유'를 나타내는 'в сúлу э́того 그러므로'이다. (a)는 '결과', (b)는 '예시', (d)는 '반대 의견 제시'에 사용되므로 답이 될 수 없다.

번역 보건부 보도자료에 따르면 H7N9 바이러스는 사람 간에 감염이 되지 않는다. ______________ 이 바이러스를 보다 빠른 시일 내에 제거할 가능성이 있다.

(a) 결과에 따르면
(b) 특히
(c) 그러므로
(d) 이에 반하여

참고

- **передавáться/передáться + от *когó/чегó* + к *комý/чемý*** ~에서 ~로 전달되다, 전염되다
  передавáться от родúтелей к дéтям 부모에게서 아이들에게 전해지다
- **передавáться/передáться + по *чемý*** ~을 통해서 전달되다; 방송되다
  передавáться по наслéдству 유전적으로 전달되다; 유산으로 남겨지다
  передавáться по рáдио 라디오로 방송되다

35

За после́дние 10 ме́сяцев в Брита́нии число́ по́льзователей интерне́та, кото́рые обраща́ются на пла́тные новостны́е са́йты, бо́лее чем удво́илось. Подо́бные тенде́нции отмеча́ются та́кже в США, Фра́нции и Герма́нии. ________________________________, пла́тный конте́нт теря́ет приве́рженцев.

(a) В Да́нии же, наоборо́т

(b) В Брита́нии же, одна́ко

(c) В Норве́гии, таки́м о́бразом

(d) В э́тих стра́нах, сле́довательно

| 해설 | 글의 전반부는 미국·프랑스·독일에서 영국과 마찬가지로 유료 뉴스 사이트 사용자가 급증했다는 내용이다. 마지막 문장에서는 유료 콘텐츠 이용자가 줄어든다고 하기 때문에 빈칸에는 '이와 반대로'의 의미를 가진 표현이 어울린다.

번역 최근 10개월 동안 영국에서 유료 뉴스 사이트에 접속하는 인터넷 사용자 수가 두 배 이상 늘었다. 이와 같은 경향은 미국, 프랑스와 독일에서도 관찰된다. ________________________ 유료 콘텐츠가 애용자들을 잃어 가고 있다.

(a) 이와 반대로 덴마크에서는

(b) 그러나 영국에서는

(c) 그리하여 노르웨이에서는

(d) 따라서 이들 국가에서는

참고 ※ '삽입어'에 대해서는 SET 2의 청해 44 참고.

Part IV

| 문제 36~50 | 다음 글을 읽고 주어진 질문에 대한 가장 알맞은 답을 고르시오.

36 Госуда́рственный бале́т на льду Санкт-Петербу́рга был осно́ван в 1967 году́ изве́стным ру́сским хорео́графом Константи́ном Боя́рским. В репертуа́ре бале́та са́мые изве́стные произведе́ния П. Чайко́вского и С. Проко́фьева. В тече́ние после́дних лет э́ти спекта́кли успе́шно пока́зываются на лу́чших сце́нах США, Кана́ды, КНР, Ю́жной Коре́и и большинства́ стран Евро́пы.

Вопро́с: Как мо́жно озагла́вить текст?

(a) Лу́чшие бале́тные теа́тры ми́ра.
(b) Знако́мство с ру́сским бале́том на льду.
(c) Жизнь хорео́графа Константи́на Боя́рского.
(d) Истори́ческие па́мятники Санкт-Петербу́рга.

| 해설 | 상트페테르부르크 국립 아이스 발레단을 소개하는 글이다. (a)는 '발레단'이라는 명사가 복수 형태이므로 글의 내용과 상이하다. (c)는 '안무가', (d)는 '역사적 기념비들'에 대해 이야기하기 때문에 글의 주요 내용은 되지 못한다. '러시아 아이스 발레단 소개'로 요약한 (b)가 정답이다.

번역 상트페테르부르크 국립 아이스 발레단은 1967년 유명한 러시아 안무가 콘스탄틴 보야르스키에 의해 설립되었다. 발레 레퍼토리에는 차이코프스키와 프로코피에프의 가장 유명한 작품들이 들어 있다. 최근 몇 년간 이 작품들은 미국, 캐나다, 중국, 한국 그리고 대부분의 유럽 국가들의 최고의 무대에서 성공적으로 공연되고 있다.

질문: 이 텍스트에 어떤 제목을 붙일 수 있습니까?

(a) 세계 최고의 발레단들.
(b) 러시아 아이스 발레단 소개.
(c) 안무가 콘스탄틴 보야르스키의 생애.
(d) 상트페테르부르크의 역사적 기념비들.

참고

● **Бéглые глáсные** 출몰 모음

몇몇 명사들은 격변화할 때 어간에 있는 -о, -е와 ё가 생략되거나 ь로 축소된다.

отéц 아버지 сон 꿈 потолóк 천장 день 낮 лёд 얼음

주격	отéц	лёд
생격	отцá	льда
여격	отцý	льду
대격	отцá	лёд
조격	отцóм	льдом
전치격	(об) отцé	(о) льде/на льду

37 Что́бы слета́ть в ко́смос, сейча́с ну́жно лишь име́ть доста́точное коли́чество де́нег. Пе́рвый косми́ческий тури́ст Де́ннис Ти́то заплати́л за свой полёт аге́нтству «Ро́са́виако́смос» 20 миллио́нов до́лларов. Со вре́менем косми́ческие полёты для тури́стов должны́ подешеве́ть. По не́которым оце́нкам, когда́-то мо́жно бу́дет полете́ть в ко́смос и за 100 ты́сяч до́лларов.

Вопро́с: О чём э́тот текст?

(a) О косми́ческом тури́зме.
(b) О паде́нии цен на проду́кты.
(c) Об аге́нтстве «Ро́са́виако́смос».
(d) О жи́зни миллионе́ра Де́нниса Ти́то.

| 해설 | 이 글에서 가장 핵심적인 부분은 'пе́рвый косми́ческий тури́ст 최초의 우주 여행자'와 'косми́ческие полёты для тури́стов 여행자들을 위한 우주 비행'이기 때문에 글의 제목으로는 (a)가 가장 적절하다. (b)는 텍스트와 상관 없는 내용이며, (c)와 (d)는 언급되기는 했지만 주된 내용이 아니다.

번역 우주 비행을 하고자 한다면 지금은 충분한 액수의 돈만 있으면 된다. 최초의 우주 여행자 데니스 티토는 비행의 대가로 러시아 항공우주국에 2천만 달러를 지불했다. 시간이 흐르면 여행자들을 위한 우주 비행은 분명히 저렴해질 것이다. 언젠가는 우주 비행을 10만 달러로 할 수 있을 것이라는 예측들도 나온다.

질문: 이것은 무엇에 대한 텍스트입니까?

(a) 우주 여행에 대한 텍스트.

(b) 식료품 가격 인하에 대한 텍스트.

(c) 러시아 항공우주국에 대한 텍스트.

(d) 백만장자 데니스 티토의 생애에 대한 텍스트.

참고

платúть/заплатúть + 지불하다, 대가를 치르다	*что?*	штраф 벌금을 내다
	за *когó?*	за дрýга 친구 대신 지불하다
	за *что?*	за покýпку 물건 값을 치르다
	комý?	продавцý 판매원에게 지불하다
	кудá?	в кáссу 계산대에서 계산하다
	чем?	налúчными 현금으로 지불하다

SET 2 독해

38 В Росси́и поя́вится пе́рвый музе́й Алекса́ндра Солжени́цына. Он бу́дет располо́жен в до́ме, в кото́ром писа́тель провёл свои́ ра́нние го́ды. Здесь бу́дут со́браны фотогра́фии, кни́ги и видеоматериа́лы, расска́зывающие о судьбе́ писа́теля. Вы́ставка прово́дит зри́теля по страни́цам биогра́фии Солжени́цына, де́лая акце́нты на наибо́лее ва́жных её эта́пах.

Вопро́с: Какова́ гла́вная те́ма те́кста?

(a) Но́вый музе́й ру́сского писа́теля.
(b) Биогра́фия Алекса́ндра Солжени́цына.
(c) Знамени́тый музе́й семьи́ Солжени́циных.
(d) Дом, в кото́ром всю жизнь жил Алекса́ндр Солжени́цын.

| 해설 | 러시아 작가 알렉산드르 솔제니친의 첫 박물관에 대한 글이므로 정답은 (a)이다. (b)는 작가의 '전기', (c)는 '솔제니친가(家)의 박물관'에 대해 말하기 때문에 주제가 되지 못한다. 이야기되고 있는 집에서 작가가 평생이 아니라 유년시절만 보냈기 때문에 (d) 또한 본문의 내용과 일치하지 않는다.

번역 러시아에 알렉산드르 솔제니친의 첫 박물관이 생길 것이다. 그것은 작가가 어린 시절을 보낸 자택에 위치하게 될 것이다. 여기서는 작가의 운명에 대해 이야기해 주는 사진과 책, 그리고 동영상 자료가 수집될 것이다. 전시회는 가장 중요한 단계에 초점을 맞추면서 관람객에게 솔제니친의 전기를 시기별로 안내하게 될 것이다.

질문: 이 텍스트의 주제는 무엇입니까?

(a) 러시아 작가의 새 박물관.

(b) 알렉산드르 솔제니친의 전기.

(c) 솔제니친가(家)의 유명한 박물관.

(d) 알렉산드르 솔제니친이 평생 동안 살았던 자택.

참고

● в до́ме와 до́ма의 차이

где? 어디에서?	в до́ме 집 안에서	Они́ у́жинали не в саду́, а в до́ме. 그들은 정원이 아니라 집 안에서 저녁을 먹었다.
	до́ма 집에서	Сего́дня я у́жинала до́ма. 오늘 나는 집에서 저녁을 먹었다.
куда́? 어디로?	в дом 집 안으로	Занеси́те, пожа́луйста, ме́бель в дом. 가구를 집 안으로 좀 들여놔 주세요.
	домо́й 집으로	Дава́й поє́дем домо́й. 집으로 가자.

39 Ма́сленица – дре́вний славя́нский пра́здник, кото́рый дли́тся це́лую неде́лю. Всё э́то вре́мя в Росси́и пеку́т блины́ и прово́дят наро́дные гуля́ния. Лю́ди танцу́ют, пою́т, ката́ются на са́нках с гор. Та́кже на Ма́сленицу проща́ются с зимо́й: жгут костры́ и сжига́ют чу́чело, кото́рое символизи́рует зи́му. После́дний день Ма́сленицы называ́ется «Прощённое воскресе́нье». В э́тот день при́нято проси́ть проще́ния у всех родны́х и бли́зких.

Вопро́с: Како́е загла́вие наибо́лее то́чно отража́ет содержа́ние те́кста?

(a) Пра́здник дре́вних славя́н.
(b) Наро́дные реце́пты блино́в.
(c) Весна́ прошла́ – наступи́ло ле́то.
(d) Ле́тние наро́дные гуля́ния в Росси́и.

| 해설 | 첫 문장을 통해서 글의 주제가 러시아 전통 명절 '마슬레니차'임을 알 수 있다. 다음 문장들은 그 명절에 대해 보다 상세히 서술하고 있다. 러시아인은 슬라브 민족에 속하기 때문에 '마슬레니차'가 'славя́нский пра́здник 슬라브 명절'로 지칭될 수 있음을 알아 두자.

번역 마슬레니차는 일주일 동안이나 지속되는 고대 슬라브 명절이다. 이 기간 내내 러시아에서는 블린을 굽고 민속 놀이를 한다. 사람들은 춤추고, 노래하고, 언덕에서 썰매를 타고 내려온다. 또한 마슬레니차 기간에 겨울과 작별한다. 모닥불을 피우고 겨울을 상징하는 허수아비를 태우는 것이다. 마슬레니차의 마지막 날은 '용서를 구하는 일요일'이라 불린다. 이날에는 보통 모든 친척과 가까운 지인들에게 용서를 구한다.

질문: 어떤 제목이 가장 정확하게 텍스트의 내용을 반영합니까?

(a) 고대 슬라브인들의 명절.
(b) 블린의 민속 요리법.
(c) 봄이 가고 여름이 왔다.
(d) 러시아의 여름 민속 놀이.

참고

● 동사 жечь의 용법

구분	불완료		완료
	жечь 불을 피우다, 태우다	**сжигáть** 태우다, 소각하다	**сжечь** 불태워 버리다
현재	я жгу ты жжёшь они́ жгут	я сжигáю ты сжигáешь они́ сжигáют	
과거	жёг жгла(-о, -и)	сжигáл(-а, -о, -и)	сжёг сожглá(-ó, -и́)
미래	бýду жечь	бýду сжигáть	я сожгý ты сожжёшь они́ сожгýт
명령형	Жги́(те)!	Сжигáй(те)!	Сожги́(те)!

Жечь костёр в лесý нельзя́.
숲에서 모닥불을 피워서는 안 된다.

В Средневекóвье ведьм сжигáли на кострé.
중세 시대에는 마녀들을 화형시켰다.

Э́то письмó бы́ло секрéтным, поэ́тому я сжёг его́.
이 편지는 비밀편지였기 때문에 나는 그것을 불태워 버렸다.

40 В самолёте Лёша познако́мился с де́вушкой, кото́рую зва́ли И́рой. Она́ то́же лете́ла в Коре́ю, потому́ что у́чится в Сеу́льском университе́те, изуча́ет коре́йский язы́к. И́ра е́здила на кани́кулы домо́й, а сейча́с лете́ла обра́тно на учёбу. Но́вая знако́мая рассказа́ла Лёше о свое́й студе́нческой жи́зни, о друзья́х и развлече́ниях. Несмотря́ на тру́дности, ей нра́вится учи́ться в Коре́е, и она́ наде́ется стать хоро́шим специали́стом.

Вопро́с: Что мо́жно сказа́ть об И́ре?

(a) Она́ в пе́рвый раз лети́т в Коре́ю.
(b) Ей нра́вится преподава́ть в университе́те.
(c) У неё начина́ются кани́кулы, и она́ лети́т домо́й.
(d) Ей тру́дно, но интере́сно учи́ться в университе́те.

| 해설 | 기본 문법과 어휘로 구성되어 있어서 텍스트 전체를 정확하게 해석하고 선택지와 비교하면 어렵지 않게 풀 수 있다. 'несмотря́ на тру́дности, ей нра́вится учи́ться 여러 가지 어려움에도 불구하고 그녀는 공부하는 것을 좋아한다' 부분을 이해하면 정답이 (d)임을 알 수 있다.

번역 비행기 안에서 료샤는 이라라는 아가씨를 만나게 되었다. 그녀 또한 한국으로 가고 있었다. 왜냐하면 그녀는 서울대학교에 다니면서 한국어를 배우기 때문이다. 이라는 방학 동안 집에 갔다가 지금은 공부하러 돌아가는 길이었다. 새 친구는 료샤에게 자신의 대학 생활, 친구들 그리고 취미 활동에 대해 이야기했다. 여러 가지 어려움에도 불구하고 이라는 한국에서 공부하는 것이 좋고, 또한 그녀는 훌륭한 전문가가 되기를 희망한다.

질문: 이라에 대해 무엇을 말할 수 있습니까?

(a) 그녀는 처음 한국으로 간다.

(b) 그녀는 대학에서 가르치는 것을 좋아한다.

(c) 그녀는 방학이 시작되어서 집으로 가는 중이다.

(d) 그녀는 대학에서 공부하는 것이 어렵지만 재미있다.

참고

- **'여격 + нрáвиться/понрáвиться'의 용법**

동사 'нрáвиться 마음에 들다'를 사용할 때 좋아하는 마음을 가진 '주체'는 여격의 형태를 취하고, 그 '대상'은 주격의 형태를 취한다.

Мне нрáвится Антóн. 나는 안톤이 마음에 든다.

Я нрáвлюсь Антóну. 안톤은 내가 마음에 든다.

41 В Росси́и, возмо́жно, поя́вится но́вая о́трасль по перерабо́тке твёрдых бытовы́х отхо́дов. На да́нный моме́нт у́ровень отхо́дов растёт в не́сколько раз быстре́е, чем у́ровень их перерабо́тки. Е́сли не испра́вить ситуа́цию, то вся террито́рия Росси́и че́рез не́которое вре́мя преврати́тся в сплошну́ю огро́мную сва́лку. Министе́рство приро́дных ресу́рсов соста́вило законопрое́кт, кото́рый подразумева́ет внедре́ние твёрдых бытовы́х отхо́дов в за́мкнутый цикл перерабо́тки.

Вопро́с: Что явля́ется гла́вной те́мой те́кста?

(a) Нехва́тка приро́дных ресу́рсов.
(b) Перерабо́тка пищевы́х отхо́дов.
(c) Пути́ реше́ния пробле́мы твёрдого бытово́го му́сора.
(d) Но́вые законопрое́кты Министе́рства приро́дных ресу́рсов.

| 해설 | 생활폐기물로 인한 심각한 환경오염 문제를 다룬 글이다. (a)와 (b)는 텍스트 내용과 관련이 없다. (d)는 천연자원부의 새로운 법안이 언급되고 있으나, '법안'이라는 단어가 복수 형태로 사용되어 본문의 내용에서 벗어난다.

번역 러시아에 고형 생활폐기물을 재활용하는 새로운 분야가 생길 가능성이 있다. 현재 폐기물의 양은 재활용되는 양보다 몇 배 더 빠르게 증가하고 있다. 이 상황을 개선하지 않으면 일정한 시간이 지난 후 러시아의 영토 전체가 하나의 커다란 쓰레기장이 될 것이다. 천연자원부는 순환형 체계 속에서 고형 생활폐기물을 재활용하는 내용의 법안을 만들었다.

질문: 이 텍스트의 주제는 무엇입니까?

(a) 천연자원의 부족.

(b) 음식물 쓰레기의 재활용.

(c) 고형 생활폐기물 문제의 해결 방안.

(d) 천연자원부의 새로운 법안들.

참고

• **Основны́е министе́рства РФ** 러시아 연방 주요 부처

Министе́рство вну́тренних дел (МВД) 내무부

Министе́рство по дела́м гражда́нской оборо́ны, чрезвыча́йным ситуа́циям и ликвида́ции после́дствий стихи́йных бе́дствий (МЧС) 국민안전, 비상사태 및 재난관리부

Министе́рство иностра́нных дел (МИД) 외무부

Министе́рство оборо́ны (Минобороны) 국방부

Министе́рство юсти́ции (Миню́ст) 법무부

Министе́рство здравоохране́ния (Минздра́в) 보건부

Министе́рство культу́ры (Минкульту́ры) 문화부

Министе́рство образова́ния и нау́ки (Мино́брнау́ки) 교육과학부

Министе́рство приро́дных ресу́рсов и эколо́гии (Минприро́ды) 천연자원환경부

Министе́рство промы́шленности и торго́вли (Минпро́мто́рг) 산업통상부

Министе́рство свя́зи и ма́ссовых коммуника́ций (Минко́мсвязь) 통신매스컴부

Министе́рство се́льского хозя́йства (Минсельхо́з) 농업부

Министе́рство спо́рта (Минспо́рт) 체육부

Министе́рство строи́тельства и жили́щно-коммуна́льного хозя́йства (Минстро́й) 건설도시공학부

Министе́рство тра́нспорта (Минтра́нс) 교통부

Министе́рство труда́ и социа́льной защи́ты (Минтру́д) 노동사회보장부

Министе́рство фина́нсов (Минфи́н) 재정부

Министе́рство экономи́ческого разви́тия (Минэконо́мразви́тия) 경제발전부

Министе́рство энерге́тики (Минэне́рго) 에너지자원부

42 Лю́ди ещё с дре́вних времён заме́тили влия́ние цве́та на настрое́ние челове́ка, его́ самочу́вствие и да́же на здоро́вье. Психо́логи сове́туют для подня́тия настрое́ния одева́ться в я́ркие цвета́. Испо́льзуя цветотерапи́ю, мо́жно та́кже повы́сить свою́ работоспосо́бность, привести́ в гармони́чное состоя́ние не́рвную систе́му, улу́чшить состоя́ние здоро́вья.

Вопро́с: О како́й осо́бенности я́рких цвето́в не говори́тся в те́ксте?

(a) Они́ уменьша́ют стресс.
(b) Они́ улучша́ют настрое́ние.
(c) В них мо́жно вы́глядеть мо́дно.
(d) В них мо́жно чу́вствовать себя́ лу́чше.

| 해설 | 옷의 색깔이 사람의 기분에 미치는 영향에 대해 서술하는 글로, 본문에 언급되지 않은 내용을 고르는 문제이다. 화려한 색깔들은 건강과 기분을 좋게 한다는 내용이 텍스트에 있기 때문에 (a), (b), (d)는 답이 될 수 없다. '유행'에 대한 언급은 없으므로 정답은 (c)이다.

번역 사람들은 고대부터 색이 사람의 기분, 컨디션 그리고 심지어 건강에까지 영향을 미친다는 것을 주목했다. 심리학자들은 기분을 북돋우기 위해서 화사한 색의 옷을 입으라고 조언한다. 색치료 요법을 활용하여 또한 일 처리 능력도 높이고, 신경계를 조화로운 상태로 이끌고, 건강 상태도 개선시킬 수 있다.

질문: 텍스트에서 언급되지 않은 화사한 색들의 특징은 무엇입니까?

(a) 그것들은 스트레스를 줄인다.
(b) 그것들은 기분을 북돋운다.
(c) 그런 색의 옷을 입으면 유행을 잘 따라가는 것으로 보일 수 있다.
(d) 그런 색의 옷을 입으면 컨디션이 좋아질 수 있다.

참고 ● '옷을 입다'의 표현

на *ком* + *что*	На А́нне си́нее пла́тье. 안나는 파란 원피스를 입고 있다.
кто + в *чём*	А́нна в си́нем пла́тье. 안나는 파란 원피스를 입고 있다.
носи́ть + *что*	А́нна но́сит си́нее пла́тье. 안나는 (평소에) 파란 원피스를 입는다.
надева́ть/наде́ть + *что*	А́нна наде́ла си́нее пла́тье. 안나는 파란 원피스를 입었다.
одева́ться/оде́ться + во *что*	А́нна оде́лась в си́нее пла́тье. 안나는 파란 원피스를 입었다.

43 Михайлу всегó 32 гóда, но у негó ужé богáтая биогрáфия. Срáзу пóсле окончáния шкóлы он уéхал в Áвстрию и проработал там три гóда бетóнщиком на стрóйке. Потóм переéхал в Гермáнию, где два гóда рабóтал водителем такси. Слéдующие три гóда во Фрáнции – мéнеджером в супермáркете, а затéм в Словáкии – пóваром в ресторáне. Какáя активная и интерéсная жизнь! Мóжно тóлько позавидовать!

Вопрóс: Чегó нельзя сказáть о Михайле?

(a) Он умéет хорошó готóвить.
(b) Он разбирáется в мéнеджменте.
(c) Он лю́бит осéдлый óбраз жизни.
(d) У негó есть водительские правá.

| 해설 | 비교적 쉬운 어휘로 구성된 텍스트이지만 'осéдлый 정착의'라는 형용사의 뜻을 모르면 풀기 어려울 수 있다. 주인공 미하일은 젊은 나이에도 불구하고 여러 나라에서 생활했기 때문에 그가 '정착 생활을 좋아한다'고 말할 수는 없다.

번역 미하일은 겨우 32세이지만 이미 화려한 이력을 갖고 있다. 고등학교를 졸업하자마자 그는 오스트리아로 가서 그곳에서 3년 동안 건설 현장에서 콘크리트공으로 일했다. 다음에 독일로 넘어가서 2년 동안 택시 기사로 일했다. 이후 3년은 프랑스에서 슈퍼마켓 매니저로, 그 다음은 슬로바키아에서 레스토랑 요리사로 일했다. 얼마나 역동적이고 흥미로운 삶인가! 부러울 뿐이다.

질문: 미하일에 대해 할 수 없는 말은 무엇입니까?

(a) 그는 요리를 잘한다.

(b) 그는 경영에 대해 잘 안다.

(c) 그는 정착 생활을 좋아한다.

(d) 그는 운전면허증이 있다.

참고

осе́длый о́браз жи́зни 정착 생활
кочево́й о́браз жи́зни 유목 생활
акти́вная жизнь 활동적인 삶, 역동적인 삶
пасси́вная (споко́йная) жизнь 수동적인(조용한) 삶

44 Второ́е вы́сшее образова́ние в Росси́и – э́то освое́ние основны́х програ́мм вы́сшего образова́ния на ба́зе уже́ име́ющегося вы́сшего. Оно́ даёт возмо́жность стать специали́стом ещё по одному́ направле́нию, но в отли́чие от пе́рвого вы́сшего сде́лать э́то мо́жно то́лько на комме́рческой осно́ве. Его́ ва́жным преиму́ществом явля́ется возмо́жность обуча́ться в вече́рнее вре́мя, а та́кже зао́чно. Вре́мя обуче́ния на второ́м вы́сшем образова́нии мо́жет варьи́роваться от двух до шести́ лет.

Вопро́с: Каку́ю информа́цию о второ́м вы́сшем образова́нии нельзя́ получи́ть из те́кста?

(a) О сро́ках обуче́ния.
(b) О фо́рмах обуче́ния.
(c) Каки́е направле́ния наибо́лее востре́бованы.
(d) Что ну́жно име́ть для получе́ния второ́го вы́сшего образова́ния.

| 해설 | 대학 졸업장을 이미 소유하고 있는 사람이 다른 전공으로 또 하나의 졸업장을 받고 싶을 때 알아야 하는 내용으로, 본문에 언급되지 않은 것을 고르는 문제이다. (a)는 '2년에서 6년 사이'라는 교육 기간, (b)는 '야간 교육'과 '통신 교육'이라는 교육 형태, (d)는 '학사 학위를 기반으로'라는 언급이 있기 때문에 답이 될 수 없다. 인기가 있는 전공에 대한 내용은 없으므로 정답은 (c)이다.

번역 러시아에서 제2의 학사 학위는 이미 가지고 있는 학사 학위를 기반으로 대학 교육의 기본 커리큘럼을 이수하는 것이다. 이것은 또 하나의 방면에서 전문가가 될 수 있는 기회를 제공하지만 제1의 전공과 달리 돈을 내야만 공부할 수 있다. 가장 큰 장점은 야간 교육 또는 통신 교육을 받을 수 있다는 것이다. 제2의 학사 학위를 취득하기 위한 교육 기간은 2년에서 6년 사이가 될 수 있다.

질문: 텍스트에서 제2의 학사 학위에 대해 얻을 수 없는 정보는 무엇입니까?

(a) 교육 기간.

(b) 교육 방식.

(c) 어떤 방면이 가장 인기 있는지.

(d) 제2의 학사 학위를 취득하기 위해 무엇이 필요한지.

참고

• ***комý/чемý* + мóжно/нельзя́** ~은 ~해도 된다/안 된다

Мóжно мне уйти́ с лéкции порáньше?

제가 강의에서 조금 일찍 나가도 될까요?

Тебé нельзя́ так мнóго занимáться.

너는 그렇게 많이 공부해서는 안 된다.

• ***комý/чемý* + нýжно** ~은 ~할 필요가 있다

Дéтям нýжно дать хорóшее образовáние.

아이들에게는 좋은 교육을 줄 필요가 있다.

• ***кто/что* + дóлжен (должнá, -ó, -ы́)** ~은 ~해야만 한다

Антóн дóлжен получи́ть в университéте диплóм об окончáнии.

안톤은 대학교에서 졸업장을 받아와야만 한다.

Вы не должны́ так опáздывать.

당신은 그렇게 늦어서는 안 됩니다.

45 Тру́дно сказа́ть то́чно, что зна́чит сло́во «интеллиге́нтный», но ру́сские хорошо́ э́то понима́ют и ча́сто су́дят так о лю́дях: интеллиге́нтный и́ли неинтеллиге́нтный. Интеллиге́нтный зна́чит образо́ванный, воспи́танный, культу́рный. Ру́сские мо́гут посмотре́ть на челове́ка и сра́зу сказа́ть, интеллиге́нтный он и́ли нет. Отку́да они́ э́то зна́ют? Е́сли вы ещё не по́няли, спроси́те свои́х ру́сских знако́мых. В одно́м мы мо́жем быть уве́рены: интеллиге́нтный не перево́дится как «intelligent».

Вопро́с: Кого́, согла́сно те́ксту, ру́сские счита́ют интеллиге́нтным?

(a) Того́, кто прекра́сно оде́т и уве́рен в себе́.
(b) Того́, кто уме́ет хорошо́ себя́ вести́ и гра́мотно говори́т.
(c) Того́, кто красноречи́в и отли́чно говори́т на иностра́нных языка́х.
(d) Того́, кто с отли́чием зако́нчил университе́т и занима́ется нау́чной де́ятельностью.

| 해설 | 영어의 'intelligent 똑똑한'라는 단어 때문에 잘못 해석될 수 있는 러시아어 단어 'интеллиге́нтный 교양 있는, 지적인'를 설명하는 글이다. 이 단어의 정의를 담고 있는 텍스트의 두 번째 문장을 정확하게 이해하면 정답이 (b)임을 알 수 있다.

번역 '인텔리겐트느이'라는 단어가 무엇을 의미하는지 정확하게 말하기 어렵지만 러시아인들은 이것을 잘 이해하고 사람들에 대해 자주 '인텔리겐트느이하다' 혹은 '인텔리겐트느이하지 못하다'라고 평가한다. '인텔리겐트느이'한 사람은 학식 있고, 예의 바르고 교양 있는 사람이다. 러시아인들은 사람을 보고 그가 '인텔리겐트느이'한지 아닌지 바로 말할 수 있다. 그들은 그것을 어떻게 알까? 만약 당신이 아직 이 단어를 이해하지 못했다면 아는 러시아인에게 물어보라. 우리는 한 가지만은 확신할 수 있다. '인텔리겐트느이'를 'intelligent'로 번역할 수 없다는 것을 말이다.

질문: 이 텍스트에 의하면 러시아인들은 어떤 사람을 '인텔리겐트느이'하다고 간주합니까?

(a) 옷을 멋지게 차려입고 자신감이 있는 사람.
(b) 잘 처신하고 바르게 말하는 사람.
(c) 언변이 뛰어나고 외국어를 훌륭하게 구사하는 사람.
(d) 대학을 우수 졸업하고 연구활동을 하는 사람.

참고 ※ '성품을 묘사하는 형용사'에 대해서는 SET 2의 청해 47 참고.

46 В Ни́жнем Но́вгороде отпра́здновали 60-ле́тие Байкону́ра. Байкону́р – пе́рвый и крупне́йший космодро́м. И́менно отсю́да был осуществлён за́пуск пе́рвого иску́сственного спу́тника Земли́ и пе́рвый полёт челове́ка в ко́смос. Здесь запуска́лись пилоти́руемые косми́ческие корабли́, орбита́льные ста́нции и межплане́тные косми́ческие аппара́ты.

Вопро́с: Како́е собы́тие отмеча́ли в Ни́жнем Но́вгороде?

(a) День основа́ния го́рода.
(b) Пе́рвый полёт с Байкону́ра.
(c) Юбиле́й пе́рвого космодро́ма.
(d) За́пуск пе́рвого иску́сственного спу́тника.

| 해설 | 우주 비행과 관련된 어휘가 사용되어 난이도가 높은 문제이다. 답을 찾기 위해 가장 중요한 내용은 앞부분에 나오는 '60-ле́тие 60주년'와 'пе́рвый космодро́м 최초의 비행장'이다. 러시아에서는 5주년 또는 10주년을 기념할 때 형용사 юбиле́йный를 사용한다는 것을 기억하자.

번역 니즈니 노브고로드에서 바이코누르 60주년을 기념했다. 바이코누르는 최초이자 최대 규모의 우주선 발사장이다. 바로 이곳에서 지구의 첫 인공위성 발사와 인간의 최초 우주 비행이 이루어졌다. 여기서 유인 우주선, 우주 정거장과 행성간 우주선이 발사되었다.

질문: 니즈니 노브고로드에서는 어떤 사건을 기념했습니까?

(a) 도시의 창립일.

(b) 바이코누르에서의 첫 비행.

(c) 첫 우주선 발사장의 기념일.

(d) 첫 인공위성의 발사.

참고

искýсственный спýтник 인공위성

естéственный спýтник 자연위성

60(шестидесяти)-лéтний 60년의, 60세의

60(шестидесяти)-лéтие 60주년

47 Дербе́нтский винзаво́д в на́ши дни стал ли́дером росси́йского виноде́лия. Наибо́льшее разви́тие комбина́т получи́л за после́дние пять лет с прихо́дом молоды́х, энерги́чных, техни́чески гра́мотных руководи́телей. За э́тот пери́од значи́тельно улу́чшилась оснащённость произво́дственных проце́ссов, возросла́ культу́ра произво́дства.

Вопро́с: Како́е предложе́ние мо́жет продо́лжить текст?

(a) В ближа́йшем бу́дущем заво́д прекрати́т рабо́ту.
(b) Вско́ре вме́сто ста́рых руководи́телей приду́т но́вые.
(c) Тепе́рь дербе́нтские вина получа́ют меда́ли на междунаро́дных ко́нкурсах.
(d) Заво́д просуществова́л всего́ пять лет, но его́ проду́кция по́льзуется спро́сом.

| 해설 | 주어진 글을 읽고 추론하는 능력을 확인하는 문제이다. 새로운 지도자들이 온 후 데르벤트 와인 공장이 최근 5년 동안 큰 발전을 이뤘다는 내용의 두 번째 문장을 통해 (a), (b), (d)가 답이 아님을 알 수 있다. 데르벤트 공장에서 생산된 와인들이 '국제 콩쿠르에서 수상하고 있다'고 하는 (c)가 공장의 성장을 다룬 본문을 이어가는 내용으로 가장 자연스럽다.

번역 오늘날 데르벤트 와인 공장은 러시아 와인 제조업의 선두가 되었다. 이 공장 단지는 최근 5년간 젊고 열정적이며 기술력이 뛰어난 지도자들이 오면서 최고조의 발전을 이뤘다. 이 기간 동안 생산 공정 설비가 현저히 개선되었고 생산 문화가 성숙했다.

질문: 이 텍스트를 이어갈 수 있는 문장은 어떤 것입니까?

(a) 가까운 시일 내에 공장은 영업을 중지할 것이다.
(b) 곧 나이 든 지도자들 대신 새로운 지도자들이 올 것이다.
(c) 이제 데르벤트의 와인들이 국제 콩쿠르에서 수상하고 있다.
(d) 공장이 존재한 지 겨우 5년 됐지만, 그 제품은 수요가 높다.

참고

• 접두사 + расти́의 용법

выраста́ть/вы́расти 자라다, 성장하다	Де́ти А́нны вы́росли и живу́т отде́льно. 안나의 아이들은 다 커서 따로 산다.
возраста́ть/возрасти́ 높아지다, 증가하다	Капита́л фи́рмы возро́с в два ра́за. 회사의 자본이 두 배로 증가했다.
отраста́ть/отрасти́ 길어지다	За ме́сяц борода́ его́ си́льно отросла́. 한 달 동안 그의 턱수염이 많이 길어졌다.
прораста́ть/прорасти́ 싹이 나다	Пе́рвыми проросли́ семена́ подсо́лнуха. 제일 먼저 해바라기 씨가 싹텄다.
зараста́ть/зарасти́ 무성해지다, 뒤덮이다	Лесна́я доро́жка заросла́ траво́й. 숲길은 풀로 뒤덮였다.

48 Субббтник – сознáтельный, организóванный бесплáтный труд на блáго óбщества в выходны́е. В Росси́и в рáнние гóды Совéтской влáсти суббóтники как порождéние революциóнного энтузиáзма масс бы́ли действи́тельно добровóльными. Учáстие в суббóтниках станови́лось мери́лом общéственной акти́вности человéка, а к немногочи́сленным уклони́вшимся могли́ применя́ться мéры общéственного порицáния и́ли дáже администрати́вного воздéйствия.

Вопрóс: Что, соглáсно тéксту, отражáло учáстие в суббóтниках?

(a) Сознáтельность индиви́дуума.
(b) Физи́ческие дáнные революционéров.
(c) Биоакти́вность человéческого органи́зма.
(d) Финáнсовое состоя́ние совремéнной Росси́и.

| 해설 | 러시아가 소비에트 연방에 속해 있던 당시의 문화 현상인 'суббóтник 토요 노동'에 대한 글이다. 'сознáтельный труд 의식을 가지고 하는 노동'라는 표현을 통해서 정답이 (a)임을 알 수 있다.

번역 토요 노동은 휴일에 공공의 선을 위해 의식을 가지고 조직적으로 행해지는 무상 노동이다. 러시아에서 소비에트 정권 초기에 대중의 혁명적 열정의 산물로서 토요 노동은 실제로 자발적으로 행해졌다. 토요 노동 참여는 한 인간의 사회적 활동의 척도가 되었고, 반면 이를 기피했던 소수의 사람들은 사회적 비난을 받거나 심지어 행정적 제재를 받을 수도 있었다.

질문: 텍스트의 내용에 의하면 토요 노동 참여는 무엇을 반영했습니까?

(a) 한 개인의 의식 수준.

(b) 혁명가의 신체적 조건.

(c) 신체의 대생물 작용.

(d) 현대 러시아의 재정 상태.

참고

- **созна́ние** 의식

  потеря́ть созна́ние 의식을 잃다

- **осозна́ние** 인식

  осозна́ние действи́тельности 현실 인식

- **созна́тельность** 자각성, 의식

  прояви́ть гражда́нскую созна́тельность 시민 의식을 발휘하다

49 В Го́сду́ме мо́гут ужесточи́ть дисципли́ну депута́тов. Сли́шком шу́мных наро́дных избра́нников, меша́ющих выступле́ниям други́х поли́тиков, предлага́ется переса́живать на за́дние ряды́. За повто́рные вы́крики с ме́ста предусма́тривается бо́лее стро́гая ме́ра возде́йствия – лише́ние сло́ва от двух неде́ль до ме́сяца. Ме́жду тем, не́которые представи́тели счита́ют введе́ние «поли́ции нра́вов в за́ле» абсу́рдным.

Вопро́с: С како́й це́лью, согла́сно те́ксту, мо́жет быть ужесточена́ дисципли́на в Го́сду́ме?

(a) С це́лью лиши́ть поли́тиков го́лоса.
(b) С це́лью пра́вильно пересади́ть депута́тов.
(c) С це́лью установи́ть поря́док при заседа́ниях.
(d) С це́лью дать отдохну́ть депута́там не́которое вре́мя.

| 해설 | 정치 분야의 어휘가 사용되어 난이도가 높은 문항이다. '국회의원'을 지칭할 때 депута́т와 наро́дный избра́нник라는 단어를 같은 의미로 사용할 수 있다는 것을 기억해 두자. 국회에서 '회의장 풍기 단속반' 도입에 대해 이야기하므로 정답은 (c)이다.

번역 국가두마에서 국회의원들의 규율을 강화할 가능성이 있다. 다른 정치인들의 발언을 방해하는 지나치게 소란스러운 국민 대표들을 뒷좌석에 앉히자는 제안이 있다. 제자리에서 재차 소리를 지를 경우 보다 엄격한 조치가 고려되는데 2주에서 한 달간 발언권을 박탈하는 것이다. 한편 몇몇 대표들은 '회의장 풍기 단속반'을 도입하는 것은 터무니없는 일이라고 생각한다.

질문: 이 텍스트에 의하면 국가두마에서 규율은 어떤 목적으로 강화될 가능성이 있습니까?

(a) 정치인들의 발언권을 박탈하기 위해.
(b) 국회의원들의 자리 배치를 올바로 재조정하기 위해.
(c) 회의장에서 질서를 확립하기 위해.
(d) 국회의원들에게 일정 기간 동안 휴식 시간을 주기 위해.

참고

- **Федера́льное собра́ние** 연방 의회

Госуда́рственная Ду́ма (Го́сду́ма) 국가두마(하원)
Сове́т Федера́ции 연방회의(상원)

50 На фóне падáющего кýрса рублé россиáне пытáются сохранить накоплéния, скупáя недвúжимость. За дéвять мéсяцев числó сдéлок, заключённых в риэлторских агéнствах, вы́росло почтú на 43% по сравнéнию с прóшлым гóдом. Впрóчем, экономúческие обозревáтели предполагáют, что покупáть квартúры с цéлью их послéдующей перепродáжи в скóром врéмени в нáшей странé мóжет стать не так уж и вы́годно.

Вопрóс: Комý мóгут быть наибóлее вы́годны ны́нешние обстоя́тельства?

(a) Владéльцам риэлторских агéнтств.
(b) Лúцам, занимáющимся перепродáжей товáров.
(c) Преуспевáющим экономúческим обозревáтелям.
(d) Лúцам, занимáющимся валю́тными оперáциями.

| 해설 | 경제 분야 중 부동산 관련 내용이 주를 이루는 문항이며 추론 능력이 요구된다. (b)는 투기 목적으로 '상품을 되파는 사람들', (d)는 '환전 거래를 하는 사람들'이므로 글의 내용과 연결되지 않는다. (c)에 나오는 경제 분석가들 또한 현 상황에서 이익을 창출할 수 없다. 부동산 거래량이 증가했기 때문에 실제적으로 가장 유리한 사람들은 (a)의 '공인중개사들'이다.

번역 루블화 가치가 하락하면서 러시아인들은 부동산을 사들여 축적 자금을 보호하려고 한다. 9개월 사이에 공인중개사 사무소에서 체결된 계약 건수가 작년에 비해 거의 43% 증가했다. 그러나 경제 분석가들은 가까운 시일 내에 되팔기 위해 아파트를 사는 것은 우리 나라에서 곧 그다지 이익이 되지 않을 수도 있다고 예측한다.

질문: 현 상황은 누구에게 가장 유리할 수 있습니까?

(a) 공인중개사 사무소 소유자들에게.

(b) 물품을 되파는 사람들에게.

(c) 성공적인 경제 분석가들에게.

(d) 환전 거래를 하는 사람들에게.

참고

• -ь로 끝나는 명사의 성

-ь로 끝나는 명사는 개별적으로 그 성을 기억해야 한다. 그러나 다음과 같은 경우에는 항상 남성이거나 항상 여성이다.

성	명사의 유형	예
여성	-ость/-есть로 끝나는 추상명사	недви́жимость 부동산 но́вость 소식 со́весть 양심
	-шь, -щь, -чь, -жь로 끝나는 명사	ночь 밤 дочь 딸
남성	-тель로 끝나는 명사가 사람을 가리킬 때	обозрева́тель 분석가 учи́тель 선생님 строи́тель 건축가

SNULT 러시아어

정답표

SET 1

:: 청해

1. (c)	2. (c)	3. (d)	4. (b)	5. (b)
6. (c)	7. (b)	8. (a)	9. (a)	10. (d)
11. (b)	12. (b)	13. (a)	14. (d)	15. (b)
16. (d)	17. (d)	18. (b)	19. (d)	20. (b)
21. (c)	22. (a)	23. (c)	24. (c)	25. (a)
26. (b)	27. (c)	28. (a)	29. (b)	30. (c)
31. (a)	32. (b)	33. (b)	34. (c)	35. (b)
36. (d)	37. (d)	38. (c)	39. (b)	40. (a)
41. (a)	42. (d)	43. (c)	44. (b)	45. (b)
46. (c)	47. (a)	48. (c)	49. (d)	50. (d)

:: 독해

1. (c)	2. (a)	3. (a)	4. (c)	5. (b)
6. (c)	7. (b)	8. (a)	9. (c)	10. (b)
11. (c)	12. (c)	13. (c)	14. (c)	15. (d)
16. (b)	17. (d)	18. (c)	19. (d)	20. (d)
21. (d)	22. (d)	23. (c)	24. (c)	25. (d)
26. (d)	27. (c)	28. (d)	29. (b)	30. (a)
31. (a)	32. (a)	33. (a)	34. (d)	35. (b)
36. (c)	37. (a)	38. (a)	39. (d)	40. (b)
41. (d)	42. (b)	43. (c)	44. (b)	45. (c)
46. (b)	47. (c)	48. (b)	49. (d)	50. (b)

SET 2

:: 청해

1. (b)　2. (d)　3. (c)　4. (b)　5. (b)
6. (a)　7. (d)　8. (c)　9. (d)　10. (b)
11. (c)　12. (b)　13. (a)　14. (a)　15. (b)
16. (c)　17. (c)　18. (d)　19. (b)　20. (d)
21. (a)　22. (d)　23. (b)　24. (b)　25. (d)
26. (d)　27. (a)　28. (a)　29. (d)　30. (c)
31. (d)　32. (c)　33. (a)　34. (a)　35. (d)
36. (b)　37. (c)　38. (a)　39. (a)　40. (c)
41. (d)　42. (a)　43. (c)　44. (c)　45. (a)
46. (d)　47. (d)　48. (d)　49. (c)　50. (d)

:: 독해

1. (a)　2. (b)　3. (b)　4. (c)　5. (d)
6. (b)　7. (b)　8. (c)　9. (d)　10. (d)
11. (b)　12. (a)　13. (c)　14. (c)　15. (d)
16. (a)　17. (d)　18. (c)　19. (b)　20. (d)
21. (c)　22. (b)　23. (c)　24. (b)　25. (d)
26. (d)　27. (c)　28. (b)　29. (a)　30. (d)
31. (c)　32. (b)　33. (c)　34. (c)　35. (a)
36. (b)　37. (a)　38. (a)　39. (a)　40. (d)
41. (c)　42. (c)　43. (c)　44. (c)　45. (b)
46. (c)　47. (c)　48. (a)　49. (c)　50. (a)

SNULT 응시요강

SNULT 정기시험은 회차별로 지정된 접수기간 중 인터넷을 통하여 접수하실 수 있습니다. 응시대상은 제한이 없으며 응시료는 다음과 같습니다.

구분	응시료
정기접수	40,000원
추가접수	44,000원

▶ 접수 방법

(1) 인터넷 접수

-회차별로 지정된 정기접수기간 중 TEPS 홈페이지(www.teps.or.kr)에서 접수하실 수 있습니다.

(2) 결제 방법

-신용카드, 실시간 계좌이체, 휴대폰 결제

(3) 고사장 선택

-고사장은 TEPS 홈페이지에서 현재 접수 중인 고사장을 확인하시고 가까운 곳을 선택하시면 됩니다.

-고사장은 일정에 따라 변동될 수 있으며, 접수가 마감된 고사장은 접수가 불가능합니다.

▶ 신분증 규정

다음에 제시된 신분증 중 한 가지를 유효한 신분증으로 인정합니다.

구분	신분증
일반인·대학생	주민등록증(발급신청확인서), 운전면허증, 기간 만료 전의 여권, 공무원증, 장애인 복지카드 **＊주의: 대학(원)생 학생증은 사용하실 수 없습니다.**
중·고등학생	학생증(학생증 지참 시 유의사항 참조), 기간 만료 전의 여권, 청소년증(발급신청확인서), 주민등록증(발급신청확인서), TEPS신분확인증명서
초등학생	기간 만료 전의 여권, 청소년증(발급신청확인서), TEPS신분확인증명서
군인	주민등록증(발급신청확인서), 운전면허증, 기간 만료 전의 여권, 현역간부 신분증, 군무원증, TEPS신분확인증명서
외국인	외국인등록증, 기간 만료 전의 여권, 국내거소신고증(출입국관리사무소 발행)

※ 유의사항

- 시험 당일 위의 규정 신분증 미소지자는 시험에 응시할 수 없습니다.
- 중·고등학교 학생증은 반드시 이름, 사진, 학교명이 식별 가능해야 합니다. 위의 항목 중 하나라도 누락되거나 식별이 불가능할 경우 시험에 응시할 수 없습니다.
- TEPS관리위원회에서 규정하는 신분증 중 한 가지를 반드시 소지해야 하며, 규정 신분증 이외의 신분증을 소지하거나 신분증을 소지하지 않은 경우 시험에 응시할 수 없습니다.
- 규정 신분증 이외의 의료보험증, 주민등록등본, 각종 자격증, 대학교 및 대학원 학생증, 사진이 있는 카드 등은 절대 신분증으로 이용할 수 없습니다.
- 규정 신분증 미소지자가 시험 도중 적발될 경우에는 시험규정 위반으로 해당 시험 성적은 무효 처리됩니다.

▶ 시험 구성

구분	청해	독해	총계
시간	약 50분	50분	약 100분
문항/배점	50문항/100점	50문항/100점	100문항/100점

▶ 성적 발표

(1) SNULT 정기시험 성적 결과는 시험일 이후 2주차 화요일(또는 수요일) 오후 5시에 TEPS 홈페이지를 통해 발표되며, 우편통보는 성적 발표일로부터 7~10일 가량 소요됩니다.

(2) 성적확인을 위해서는 성적확인 비밀번호를 반드시 입력해야 합니다. 성적확인 비밀번호는 가장 최근에 응시한 SNULT 정기시험 답안지에 기재하신 4자리 비밀번호입니다. 성적확인 비밀번호를 분실한 경우에는 성적확인 비밀번호 찾기를 통해 확인하시기 바랍니다.

(3) 성적 발표일은 변경될 수 있으니 홈페이지 공지사항을 참고하시기 바랍니다.

※ 시험 성적은 응시일로부터 2년간 유효합니다.

▶ 성적표 발급

SNULT 정기시험 성적표는 최초 발급 1회에 한하여 무료로 발급받을 수 있으며, 시험접수 단계에서 최초 발급 성적표 수령 방법을 선택하실 수 있습니다.

(1) 수령 방법

- 우편수령: 성적 발표 후 일괄 우편 발송되며, 성적 발표일 기준으로 7~10일가량 소요됩니다.
- 주소변경: 시험 시행 후 7일 이내에 TEPS 홈페이지 > 접수관리 > 성적표 수령 방법 > 주소변경 메뉴에서 변경 가능합니다.

(2) 재발급 신청

- 인터넷 신청: 인터넷을 통해 신청한 후 발급받는 방법으로, 발급신청 시 우편수령과 택배수령 중 선택할 수 있으며, TEPS 홈페이지 > 성적확인 > 성적확인, 성적표 · 인증서 발급신청 메뉴에서 신청하실 수 있습니다.

앞면(Side1)

TEPS SNULT

응시일자 : 년 월 일

수험번호 Registration No.	
생년월일 Birth	
성명 Name	

문 제 지 번 호 Test Booklet No.	감독관확인란

청 해 Listening Comprehension (1–50)

독 해 Reading Comprehension (1–50)

고사실란 Room No.

성별 Gender: 남 Male / 여 Female

내/외국인 Dom./For.: 내국인 Domestic / 외국인 Foreigner

생년월일 Birth: Y Y M M D D

※ 생년월일과 수험번호를 정확히 작성바랍니다

비밀번호 Password

좌석번호 Seat No.

수 험 번 호 Registration No.

언 어 표 기 란

- 영 어
- 일 어
- 중 어
- 불 어
- 독 어
- 서 어
- 노 어
- 포 어
- 아 랍 어

답안작성시 유의사항

1. 답안작성은 반드시 컴퓨터용 싸인펜을 사용해야 하며, 아래의 'GOOD'과 같이 올바르게 마킹해야 합니다.
   Good / Bad
2. 답안작성 도중 수정이 필요한 경우 반드시 수정테이프를 사용해야 합니다.(수정액 불가)
3. 올바른 필기구와 수정도구를 사용하지 않거나 본인의 부주의로 잘못 마킹한 경우 성적 처리가 되지 않을 수 있으며 성적은 TEPS관리위원회 OMR 판독기의 판독결과에 따릅니다.
4. 성별, 생년월일, 수험번호 등의 인적정보는 성적처리를 위해 반드시 필요하므로 정확하게 기재해야 하며, 미기재 또는 기재오류 등으로 인해 인적정보가 올바르지 않는 경우 성적처리가 되지 않으며 그 결과는 응시자가 책임집니다.
5. 시험이 종료된 후 답안 및 인적사항의 수정 또는 정정이 불가능하므로 신중하게 답안을 작성하시기 바랍니다.
6. 답안지 상단의 타이밍마크(▮)를 찢거나 낙서 등으로 인해 답안지를 훼손하는 경우 성적처리가 되지 않을 수 있습니다.

서 약	**본인은 답안 작성 시 유의사항을 준수하고 인적사항 및 답안 기재 오류, 답안지 훼손 시 그 결과에 책임지며 TEPS관리위원회의 부정행위 및 규정위반 처리규정을 준수할 것을 서약합니다.**	

뒷면(Side2)

TEPS SNULT

수험번호 Registration No.		
성명 Name	영문	
	한자	

※ 접수 시 기재한 영문성명으로 작성하시기 바랍니다

<부정행위 및 규정위반 처리규정>

1. 모든 부정행위 및 규정위반 적발 및 이에 대한 조치는 TEPS관리위원회의 처리규정에 따라 이루어집니다.
2. 부정행위 및 규정위반 행위는 현장 적발 뿐만 아니라 사후에도 적발될 수 있으며 모두 동일한 조치가 취해집니다.
3. 부정행위 적발 시 이전회차 및 당해 성적은 무효화되며 사안에 따라 최대 5년까지 TEPS관리위원회에서 주관하는 모든 시험의 응시자격이 제한됩니다.
4. 문제지 이외에 메모를 하는 행위와 시험 문제의 일부 또는 전부를 유출하거나 공개하는 경우 부정행위로 처리됩니다.
5. 각 파트별 시간을 준수하지 않거나, 시험 종료 후 답안 작성을 계속할 경우 규정위반으로 처리됩니다.

성 명 (성 · 이름순으로 기재)

EX HONG GIL DONG

A B C D E F G H I J K L M N O P Q R S T U V W X Y Z

신 분	직 업		최종학력
초등학생	학 생	공 무 원	초등학교졸업
중 학 생	전 문 직	전 업 주 부	중학교졸업
고 등 학 생	경 영 직	농/임/어업	고등학교졸업
전문대학생	사 무 직	자 영 업	전문대학졸업
대 학 생	서비스/영업/판매직	자유직/프리랜서	대학교졸업
대 학 원 생	생산/기술직	기타/무직	대학원졸업
일 반 인	교사/강사		

질 문 란

1. 귀하의 SNULT 응시목적은?
ⓐ 취업준비 ⓑ 인사정책 ⓒ 개인실력측정 ⓓ 입시준비 ⓔ 국가고시지원 ⓕ 유학 ⓖ 교육목적

2. 제2외국어시험 선택의 고려 요인은?
ⓐ 성적의 활용도 ⓑ 시험인지도 ⓒ 공신력 ⓓ 난이도 ⓔ 응시료 ⓕ 주변평판 ⓖ 교재/학원

3. 귀하는 SNULT가 평가목적(다양한 소재의 질의를 통해 제2외국어의 실제 의사소통 능력을 측정)에 대체로 부합한다고 생각하십니까?
ⓐ 매우 그렇다 ⓑ 그렇다 ⓒ 보통 ⓓ 아니다 ⓔ 매우 아니다

4. 다음 중 가장 중점적으로 학습하는 영역은 무엇입니까?
ⓐ 청해 ⓑ 문법 ⓒ 어휘 ⓓ 독해 ⓔ 말하기 ⓕ 쓰기

5. 실질적으로 가장 많이 사용하는 영역은?
ⓐ 청해 ⓑ 문법 ⓒ 어휘 ⓓ 독해 ⓔ 말하기 ⓕ 쓰기

6. 귀하의 외국어실력 수준은?
ⓐ 매우높음 ⓑ 높음 ⓒ 보통 ⓓ 낮음 ⓔ 매우낮음

7. 현재 고사장의 만족도는?
ⓐ 매우만족 ⓑ 만족 ⓒ 약간만족 ⓓ 약간불만족 ⓔ 불만족 ⓕ 매우불만족

SNULT (러시아어) 등급 분류표

등급	총점	등급별 능력검정기준
1+	91~100	모국어 화자에 버금가는 최상급의 언어능력을 보이며, 모든 분야의 전문적인 업무를 원활하게 수행할 수 있음.
1	81~90	모국어 화자에 근접하는 상급의 의사소통 능력을 보이며, 단기간의 훈련을 거치면 특정 분야의 전문적인 업무를 수행할 수 있음.
2+	71~80	중상급의 의사소통 능력을 보이며, 중장기간의 집중훈련을 거치면 일반적인 업무를 원활하게 수행할 수 있음.
2	61~70	중중급의 의사소통 능력을 보이며, 중장기간의 집중교육을 받으면 일반적인 업무를 큰 어려움 없이 수행할 수 있음.
3+	51~60	초중급 수준의 의사소통 능력을 보이며, 장기간의 집중교육을 받으면 약간의 어려움은 있지만 한정된 분야의 업무를 수행할 수 있음.
3	41~50	초급 수준의 의사소통 능력을 보이며, 장기간의 집중교육을 받으면 다소 미흡하지만 한정된 분야의 업무를 대체로 수행할 수 있음.
4	0~40	해당 언어에 대한 단편적인 지식만을 갖추고 있어 의사소통에 어려움이 있으며, 장기적인 기초교육이 필요함.

